동서 사상의 회통

동서 사상의 회통

(근현대한국총서 6)

초판 1쇄 인쇄 2019년 12월 25일
초판 1쇄 발행 2019년 12월 31일

지은이 / 이원석, 엄연석, 한정길, 강중기, 이봉규, 김재현, 양일모
인 쇄 / 북토리

펴낸곳 / 도서출판 동과서
경기 고양시 일산서구 송파로 151번길 24
등록번호 / 제22 - 405호

D.K.S. Publishing Co.
24, Songpa-ro 151 beon-gil, Ilsanseo-gu,
Goyang-si, Gyeonggi-do, Korea

전화 / (02)333-7533
팩스 / (02)6280-2353

값 25,000원

ISBN 978-89-6525-130-9 (94100)
978-89-6525-124-8 (세트)

동서 사상의 회통

이원석, 엄연석, 한정길, 강중기,
이봉규, 김재현, 양일모 저

동과서

이 저서는 2014년 대한민국 교육부와 한국학중앙연구원(한국학진흥사업단)의 한국학총서사업의 지원을 받아 수행된 연구임(AKS-2014-KSS-1230004)

* 연구팀 소개 (가나다순)

강중기(姜重奇) :

서울대학교에서 철학박사학위를 취득하고, 현재 인하대학교 철학과와 성균관대학교 유학대학 강사로 일하고 있다. 저서로 『동양고전 속의 삶과 죽음』(공저, 2018), 『중국문명의 다원성과 보편성』(공저, 2014) 등이 있고, 「근대 이행기 중국의 유교 연구」(2018), 「근대 중국에서 미신의 비판과 옹호」(2012), 「현대 중국의 유교 논쟁」(2011) 등의 논문이 있다. wooriang@naver.com

김재현(金載賢) :

서울대학교에서 철학박사학위를 취득하고, 경남대학교 철학과 교수(1986-2018)로 재직했으며 현재 경남대학교 명예교수이다. 저서로 『한국 근현대 사회철학의 모색』(2015), 『한국 사회철학의 수용과 전개』(2002), 『하버마스의 사상』(공저, 1996)이 있고, 「중국에서 '철학哲學' 개념의 번역과 수용」(2016), 「철학의 제도화, 해방 전후의 연속성과 단절」(2011), 「하버마스의 해방론 연구」(박사논문,1995) 등의 논문이 있다. kjaehyun@kyungnam.ac.kr

양일모(梁一模) :

도쿄대학교에서 박사학위를 취득하고, 현재 서울대학교 자유전공학부 교수로 재직하고 있다. 저서로 『옌푸(嚴復): 중국의 근대성과 서양사상』 등이 있고, 번역으로 『천연론』(공동), 『관념사란 무엇인가』(공역) 등이 있고, 「유교적 윤리 개념의 근대적 의미 전환 —20세기 전후 한국의 언론잡지 기사를 중심으로」, 「중국철학사의 탄생 —20세기 초 중국철학사 텍스트 성립을 중심으로」, "Translating Darwin's Metaphors in East Asia" 등의 논문이 있다. yimoy@snu.ac.kr

엄연석(嚴連錫) :

서울대학교에서 철학박사학위를 취득하고, 현재 한림대학교 태동고전연구소 교수로 재직하고 있다. 저서로 『조선전기역철학사』(2013)가 있고, 「예기 텍스트의 개념지도 분석을 통한 사회적 덕목으로서 신뢰연구」(2012), 「퇴계의 역학사상에서 상수와 의리의 가역적 전환문제」(2011), 「정이 『역전』의 역학 이론에 관한 연구」(박사논문, 1999) 등의 논문이 있다. yseom05@nate.com

이봉규(李俸珪) :

서울대학교에서 철학박사학위를 취득하고, 현재 인하대학교 철학과 교수로 재직하고 있다. 저서로 『다산 정약용 연구』(공저, 2012)가 있고, 「규범의 근거로서 혈연적 연대와 신분의 구분에 대한 고대유가의 인식」(1993), 「『연평답문』 논의를 통해 본 퇴계학의 지평」(2008), 「명청교체기 사상변동으로부터 본 다산학의 성격」(2014) 등의 논문이 있다. aaji@daum.net

이원석(李遠碩) :

서울대학교에서 철학박사학위를 취득하고, 현재 전남대학교 철학과 교수로 재직하고 있다. 역서로 『주희의 역사세계』(2015), 『이 중국에 거하라』(2012), 『주자와 양명의 철학』(2012) 등이 있고, 「『대학』 〈정심(正心)장〉에 대한 이황과 박세채의 해석」(2019), 「이고(李翱)의 성선정악설(性善情惡說) 연구」(2018), 「만국공법의 두 가지 지평과 구한말 유학」(2018) 등의 논문이 있다. ophil91@jnu.ac.kr

한정길(韓正吉) :

연세대학교에서 철학박사학위를 취득하고, 현재 한림대학교 태동고전연구소 연구교수로 재직하고 있다. 저서로 『동양고전 속의 삶과 죽음』(공저, 2018) 등이 있고, 역서로 『전습록』(공역, 2001) 등이 있으며, 「태주학파 왕간의 '안신'설에 기초한 경세사상」(2019), 「정제두 「대학설」의 특성과 그 경학사상사적 의미」(2019), 「왕수인의 경세사상」(2017) 등의 논문이 있다. philohan@hanmail.net

| 간행사 |

2014년 4월 어느 따스한 봄날이었다. 춘천의 엄연석 박사가 거대한 연구 계획을 들고 서울로 찾아왔다. 18~20세기 한국에서 동서양의 철학사상이 접촉하고 변이해 간 양상을 상호 교착하는 지평과 함께 기본가치를 담은 보편개념을 중심으로 분석해 보자는 것이었다. 즉 중층적이고 융합적인 시각에서 한국의 사상문화를 조감할 수 있는 시야를 만들어보자는 제안이었다. 한국의 근현대철학에서 서양철학과의 만남 혹은 상호 영향 관계가 매우 중요한 사안이라는 점을 일단 인정하더라도, 이를 지평의 교착과 기본개념의 의미 변용이라는 관점에서 체계적으로 연구한다는 것은 결코 용이한 일은 아니었다.

동서철학의 만남은 단순히 서로 다른 두 지역의 철학이 만나는 정도의 문제가 아니다. 서양철학이 수용되기 이전에 동아시아에서는 일찍부터 다양한 사상유파들이 발생하고 성장했으며, 서양 또한 다른 문화적 토양 위에서 다양한 철학이 전개되었다. 따라서 서양철학이 동아시아에 수용되면서 시작된 동서의 철학적 대화를 분석하는 작업은 동서고금의 지적 전통에 대한 해박한 지식뿐만 아니라 이를 꿰뚫어볼 수 있는 혜안이 요청되는 일이다.

이봉규 박사와 강중기 박사가 이 이야기를 듣고 단번에 우리의 역량을 넘어서는 과분한 작업이라고 머리를 설레설레 흔들었다. 그렇지만 우리는 한국철학 연구가 주로 조선시대의 철학사상 연구에 머물고 철학사적 연구에 매몰되는 한계를 극복하면서 이른바 근현대 철학사상까지 연구 영역을 확대해야 한다는 주장에는 뜻을 같이했다. 이때부터 한국의 근현대철학사를 동서의 철학적 지평의 교착이라는 관점에서 분석하기 위한 기초 연구를 시작하기로 하고 함께 공부하는 모임을 갖기로 했다. 조선의 양명학을 연구하는 한정길 박사와 중국의 주자학을 전공하는 이원석 박사가 이 모임에 합류하여 천군만마의 역량을 보태주었다.

우리는 머리를 맞대고 엄연석 박사의 초안을 숙성해서 6월 한국학중앙연구원의 한국학총서(근현대한국총서) 사업에 지원했다. 한국학중앙연구원 심사단은 이 연구팀이 동양철학 전공자들로만 구성되어 있다는 점을 지적하면서 동서철학의 접변을 심도 있게 연구하기 위해서는 서양철학 연구자와의 공동연구가 바람직하다는 의견을 제시해 주었다. 이러한 배려로 사회철학을 연구하는 김재현 교수가 이 사업에 동참할 수 있었고, 우리 연구팀은 동서철학 전공자가 대화할 수 있는 귀중한 기회를 얻었다.

이 책은 지난 5년 동안 동서철학 연구자들이 공동으로 진행한 「근현대 한국의 동서철학사상 접변양상 연구」를 토대로 기획되었다. 그동안 이 연구에 참여한 7명의 연구자와 4명의 보조연구원은 매달 한 번씩 모여서 연구를 구상하고 발표할 때마다 열띤 논쟁을 벌였다. 동서철학의 만남이라는 구도는 평범한 도식이라고도 할 수 있지만, 이러한 만남을 통해 형성된 한국의 텍스트에 대한 이해와 분석은 지난

한 과업이었다. 동서의 철학적 지평의 교착이라는 관점은 가다머를 비롯한 해석학에서 제시된 이해와 지평융합의 방법론을 원용하고자 했다. 그렇지만 서양의 철학적 전통에서 제시된 텍스트에 대한 이해와 해석 방법을 한국의 근현대 시기의 텍스트 분석에 그대로 적용하는 데는 여러 가지 난점이 따랐다. 동서 철학사상의 만남은 고금이라는 시간적 지평뿐만 아니라 동서양이라는 공간적 지평의 융합을 모색해야 했기 때문이다.

동서양의 철학사상 사이에 전개되었던 대화와 그것을 기록한 텍스트에 대한 분석은 수용과 전파를 넘어서는 새로운 방법론을 요청했다. 우리의 연구는 우선 한국의 근현대 철학사상의 역사 속에서 동서양의 개념적 접변의 흔적을 탐색하기 위한 새로운 텍스트를 발굴하는 데 초점을 두었다. 이 과정에서 우리는 연구자 스스로 폭넓은 시야를 확보하고 지평을 확대해야 한다는 것을 깨달았다. 연구자 자신의 새로운 시야 확보와 텍스트에 대한 발굴, 텍스트에 대한 해석의 문제를 둘러싸고 의미 있는 논쟁을 전개하면서, 연구계획은 초기부터 적지 않은 진통을 겪으면서 새로운 연구 시야와 방법론을 모색하고자 노력했다.

1년차 연구보고서를 제출하면서 2차년도 연구계획을 대대적으로 수정하였다. 다행히 한국학중앙연구원은 공동연구팀의 의욕과 연구계획의 수정에 대해 문제점을 지적하면서도 계속해서 격려를 보내주었다. 2년차 연구보고서를 제출하면서도 3차년도 연구계획을 수정하지 않을 수 없었다. 한정된 연구지원 기간이 끝날 때까지 논쟁적 보고회가 지속되었지만, 오히려 이러한 논쟁을 통해 연구팀은 한국의 근현대 철학사상을 나름대로 지평의 교착이라는 관점에서 정리할 수 있게 되었다. 연구지원 기간이 끝나고도 2년 동안이나 보고와 논쟁이라는 인고의 시간을 감내하면서 이러한 성과를 상재(上載)할 수 있게 되어 감개무량하다. 대열에서 벗어나지 않고 진지하게 연구에 참여한 공동연구원 모두에게 연구책임자로서 심심한 감사의 뜻을 전한다.

동양철학 연구자들이 서양철학 전공자와 함께 대화하면서 지적 고민을 심화시킬 수 있는 계기를 마련해 준 한국학중앙연구원의 지원과 격려에 깊은 감사를 드리고 싶다. 이러한 장기적 지원은 학문 공동체를 형성할 수 있는 귀중한 기회가 되었다. 공동연구원들은 이 벅찬 작업에 도전하면서 시대와 현실을 함께 고민하는 동인(同仁)이 될 수 있었다. 그리고 동서양철학이 복합적으로 등장하는 다소 어렵게 보이는 전문 연구 서적의 출판을 기꺼이 간행하겠다고 허락해준 동과서 출판사의 황병기 박사님께 고마운 마음을 금할 수 없다. 출판사 대표라기보다도 동양철학을 전공한 동학이라 할 황병기 박사로부터 이 책의 구성과 내용에 관한 전문적인 자문을 받을 수 있었던 것은 더할 나위 없는 행운이었다.

지난 5년 동안 우리 연구팀은 「근현대 한국의 동서철학사상 접변양상 연구」를 진행하였고 그간의 연구성과를 모아 일곱 권의 단행본을 발간하게 되었다. 그 내용은 다음과 같다.

제1권은 동서철학의 만남이라는 주제 아래 동서 철학사상의 접변양상을 조감할 수 있는 새로운 시야를 확보하기 위해 개념의 접변과 지평의 확대라는 측면에서 텍스트를 분석하는 방법론과 그 사례를 제시하였다.

제2권은 조선시대에 연행사절 혹은 다른 방식을 통해 서양의 종교와 학문을 수용한 사상가들을 중심으로 서학의 충격과 접변이라는 관점에서 조선시대 후기 사상가들이 서학을 형상화하는 방식, 서학의 세계상에 대해 보인 반응을 조명하였다.

제3권은 19세기 말 이후 '서기(西器)'의 충격과 도전이 격화되던 시대적 전환기에 지식인들이 '동도(東道)'를 기초로 한 '서기'의 수용이라는 소극적 대응으로부터 '서도(西道)'까지 보다 적극적으로 수용하게 되는 동서문명의 지평융합과 역전의 과정을 탐색하였다.

제4권은 서양 정치사상의 유입이 유교의 철학적·사상적·이론적 지평에 어떤 변화를 불러왔는지를 살펴보고, 서양 근대 정치사상에 대한 반성과 유교 전통사상의 현대적 의의를 성찰하는 기회를 제공하였다.

제5권은 19~20세기 초 동아시아에 사회진화론, 무정부주의 등 서양의 다양한 사회사상 혹은 기독교 등의 사상적 조류가 급속도로 확산되는 시점에 조선의 학자들이 전통사상의 토대에서 자유와 민주, 평등과 같은 서양적 가치를 이해하고 대응하는 문법을 검토하였다.

제6권에서는 20세기 이후 서양 철학사상이 제도로서 동아시아에 권위를 구축하는 시점에서, 전통사상이 서양철학과의 불균등한 대화 속에서 자신의 인류사적 가치를 확인하고 회양(晦養)하면서 창출하는 과정에 나타난 동서철학의 접변 양상을 살펴보았다.

제7권에서는 이 연구가 시도한 방법론에 대한 종합적인 점검과 철학적 성찰을 통해 동서철학 접변연구를 평가하고 전망하면서 한국 근현대철학의 방향을 모색하는 계기를 마련하였다.

각 권에 실린 「부록」은 공동연구팀이 지난 5년 동안 연구하는 과정에서 발굴한 자료를 토대로 현대 한국의 동서 철학사상 접변 양상을 살펴볼 수 있는 동아시아 지역의 텍스트를 선정하여 함께 강독하면서 번역하고 정리한 자료를 묶었다.

이 연구는 동서양의 철학적 대화라는 관점에서 근현대 시기 한국의 철학사상을 정리하면서 현재 우리의 지평과 시야를 확대하고자 한 시론적인 구상이다. 시기구분, 방법론, 텍스트 분석 등에서 적지 않은 문제가 포함되어 있을 것이다. 학계의 기탄없는 비판과 질정을 기대한다.

2019.12.

연구팀을 대표하여

양일모 씀

차 례

서 론:

전통과 근대의 이분법을 넘는 동서 회통

이원석

이 책은 '동서 사상의 회통'이라는 견지에서 20세기 초 한국의 철학적·종교적 사상을 조망하려는 목적 하에 구성되었다. 먼저 본서의 제목에 대한 해명이 필요할 듯싶다. '동·서'라는 범주가 20세기 초의 사상적 상황을 규명하는 데에 과연 적절한 것인지 의문을 품는 분들이 있을 것이다. 왜냐하면, 20세기 중국의 대표적 철학자 중 한 사람인 펑유란이 거의 100년 전에 이미 지적했다시피, '동'과 '서'라는 범주보다 '전통'과 '근대'라는 이항대립적 범주를 사용하는 것이 더 타당한 것으로 여겨질 수 있기 때문이다.

20세기 초 동아시아의 지적 상황에서, 동아시아적인 것은 전통적인 것이었고, 서구적인 것은 근대적인 것이었으므로 펑유란의 지적에 일리가 있음을 부인하기 어려우며, 또한 그 이래로 사학계, 사회학계 등 관련 학계에서도 전통과 근대를 분석의 도구로 삼아 양자 사이의 연속성 또는 불연속성 논제를 다루어 왔던 것이다.

하지만 '전통'과 '근대'의 구도를 채택하는 것에도 나름대로 문제가 있을 것이다. 곧, 전통과 근대를 상호대립적 범주로 설정한 상태에서 20세기 초 동아시아의 지적 상황을 분석할 때, 은연중 '근대'를 보편적 기준으로 삼을 가능성이 있다. 아울러 여전히 근대적인 것과 서구적인 것이 거의 동일시되고 있기 때문에, 서구적인 것이 보편적인 것으로 간주되는 것은 당연한 수순일 것이다. 따라서 동아시아의 세계적 영향력이 확대되는 현 시점에서, 전통과 근대의 이분법적 구도를 채택하기보다, 다시 동과 서의 구도를 통하여 과거의 사상적 흐름을 분석하는 것이 오히려 여러 가지 편견으로부터 우리를 보호해 줄 수 있으리라는 생각이 든다.

물론, 교통과 통신의 급속한 발달로 인해 전 지구적 표준이 통용되는 이때에 아직도 동양적 특수성을 강조하는 것은 시대착오적 발상이며, 또 스스로 오리엔탈리즘으로 투항하는 것이라는 비판도 예상할 수 있다. 그래서 우리는 동·서의 '회통'이라는 관점 위에 서려는 것이다. '회통'이란, 어느 하나가 다른 하나를 지배·포섭하는 것이 아니라, 친연성을 갖는 복수의 인자가 모여 서로의 차이를 확인하는 가운데에 동질성을 확보해 나가는 과정이라 할 수 있을 것이다. 동양 사상의 특수성을 발견해 낸 후 거기에 머물지 않고, 그것과 서양 사상 사이에서 발견될 수 있는 보편성을 발견해 나가는 것이 회통이라고 필자는 생각한다.

이를 해석학의 용어로 표현하자면, 선입견을 갖고 있는, 즉 어떤 지평에 속해 있는 개인이 다른 지평에 속해 있는 대상을 접하여 그것을 이해해 나가는 존재론적 과정이라 할 수 있을 것이며, '지평'에 초점을 맞추어 표현한다면 그것은 다름 아닌 '지평 융합'의 과정이라 할 수 있을 것이다. 그러므로 이 책은 동아시아, 특히 구한말의 사상가들이 서구의 사상을 어떻게 규정해냈는지, 과연 정확하게 규정해냈는지에 초점을 맞추지 않고, 오해로 점철된 그 이해의 과정이 어떻게 진행되었는지 추적하려 했다. 그리고 그 과정에서 기존에는 알려지지 않았던 서양 사상의 또 다른 지평이 구한말 사상가들에 의해 열려지기를 기대했다.

이 책의 검토대상이 된 인물은 이인재, 전병훈, 한용운, 류영모, 박종홍, 그리고 최두선이다. 이인재는 성리학자였고, 전병훈은 도교 계열에 속하는 인물이었으며, 한용운은 승려였고, 류영모는 기독교 계열의 연구자이자 수도자였다. 한편 박종홍은 실존주의 철학자였고, 최두선은 일본에 유학하여 신식 교육을 받은 신세대 지식인이었다. 그래서 여기서 거론할 인물들은 각 학파와 종교를 골고루 대변한다. 게다가 이들은 모두 전문적 철학 논저를 남겼다.

이인재, 전병훈, 한용운, 류영모는 유가, 불교, 도교의 세계관, 인간관, 도덕관에 근거하여 서양의 철학과 사상을 이해하였다. 엄연석의 「이인재의 서양철학 수용양상과 지평융합」은, 이인재의 『서양고대철학고변』에 대한 분석을 통해 이인재가 성리학적 기반에 입가해 서양 고대철학 사조를 어떻게 비판했는지 살펴보고, 한 걸음 더 나아가 그가 성리학의 리일분수론적 지평과 서양의 정치사상적 지평을 융합하려 했던 시도를 면밀히 검토하고 있다. 엄연석에 따르면, 이인재는 자치(自治), 자유(自由), 민의(民議), 대의제(代議制), 민권(民權) 등과 같은 개념을 유가적 이념 및 성리학의 리일분수론 같은 이론과 결합함으로써, 전통적 이념이 무너지는 혼란기에 대응하려는 이론적 틀을 갖추었다. 이인재는 전통 사상에 대한 재해석을 통하여 서양철학과 정치사상을 받아들여 조화롭게 동서 사상의 지평을 융합함으로써 시대를 이끌어 가는 새로운 철학과 사상을 제시한 선구적인 학자로 평가되어야 한다는 것이다.

한정길의 「서우 전병훈의 『정신철학통편』에 나타난 동서 철학 접변 양상」은, 도교의 정신수련을 토대로 유·불·선의 동양철학만 아니라 서양의 고대·근세·최근세의 철학까지 융회하여 하나의 '정신철학'을 만들어냈던 전병훈의 시도를 잘 살려낸 글이다. 한정길에 따르면, 전병훈이 동서 철학을 '회통'하고 '조제'할 수 있었던 근본 바탕에는 생명의 근원으로서의 '정신'이 있었다고 한다. 그런데 전병훈의 철학에서는 정신—심리—도덕—정치가 하나로 통일되어 있으니, 하늘에 근원을 둔 정신은 인간의 생명에 내재되어 심리가 된다. 전병훈은 이를 토대로, '정(精)'을 기르고 '신(神)'을 응취하면 진인이 되고 성인이 될 수 있다고 주장했다. 그리고 정신의 심리가 일상생활 속에서 실현되어 지선에 이른 것이 바로 대도(大道)이자 정덕(正德)이라고 전병훈은 주장한다. 나아가 천지의 도덕을 체득한 이가 권력을 획득해 세계의 통일과 공화의 사업을 이루어나가는 것이 바로 정치라고 그는 보았다. 전병훈은 1920년 즈음에 이미 동서고금의 철학을 통일하여 인류 미래의 철학으로 제시한 인물이었다고 한정길은 평가하고 있다.

강중기의 「한용운의 사상과 서양 철학사상의 접변」은, 한용운의 사상을 서양 철학사상과의 접변이라는 측면에서 다루었다. 강중기는 특히 한용운이 서양 철학사상을 그대로 수용하지 않고, 그 자신의 문제의식에 기초하여 변용하거나 양계초의 견해에 대해서도 비판을 가했던 그 주체적 입장을 부각했다. 강중기는 한용운의 문제의식이 근대의 요구에 부응하여 불교를 재해석하려는 것이었음을, 한용운이 칸트의 자유 개념을 원용하여 그의 자유 개념을 정립하는 과정에서 여실히 드러난다는 것을 보여주었다. 한 걸음 더 나아가 강중기는 한용운이 서양의 심리학과 생물학을 원용하여 종교의 신앙심을 분류하고 불교의 교의를 설명하는 과정을 분석하였다. 기본적으로 한용운은 전통에 기초하여 서구 근대를 수용하였기 때문에, 서구의 근대를 절대적 선으로 여기고 무조건적으로 추종하지 않았고, 자신의 전통에 기반하여 서구를 선택적으로 수용하고 창조적으로 재구성해냈다고 강중기는 분석했다. 하지만 한용운의 작업이 인류지성사의 전개에서 얼마나 생산적인 것이었는지, 인류의 현재와 미래에 어떤 긍정적인 시사를 제공할 수 있는지에 대해서는 냉정한 성찰이 필요하다고 강중기는 강조한다.

이봉규의 「류영모와 이중의 동서접변」은, 류영모가 동아시아 사상을 기반으로 기독교 사상을 새롭게 해석하는 한편, 기독교를 기반으로 불교, 유교, 도교에 새로운 해석적 지평을 제시했다고 분석해낸 후, 이렇듯 양방향의 해석 지평을 제시했다는 점에서 '이중의 동서접변'이라는 새로운 해석 관점을 독자에게 제안하고 있다. 이봉규에 따르면, 류영모는 불교적 이해를 비탕으로 기독교의 영생과 성령 개념을 새로이 '본성'으로써 해명하였는데, 이 과정에서 자기 수행과 실천의 과정이 게재해 있었다는 점을 특히 강조했다. 한편 류영모는 그의 독특한 초월적 체험을 바탕으로 우주와 만인에게는 영원한 생명인 '얼나'가 편재한다고 보았으며, 그는 이 '얼나'에 대한 주체적 체험과 개념적 설명을 바탕으로 기독교의 영혼, 불교의 불성(佛性), 유교의 중(中) 개념을 재해석하고, 이들 각각이 영원한 생명으로 귀일할 수 있다고 보았다고 이봉규는 밝혔다. 류영모는 초월적이고 보편적인 영원한 생명이 온 세계와 만인에게 똑같이 편재한다는 생각에 따라, 유교나 불교는 물론 기독교의 기본 교리를 비판하고 그것들을 새롭게 구성하였음을 위 글은 잘 보여주고 있다. 그러나 인(仁)을 비롯한 유교의 개념들을 류영모가 정치적 층위에서 종교적 층위로 전환해서 그 보편적 의미를 재발견하는 동안, 그리스도교에 기반하여 유교의 개념을 재설정하는 오리엔탈즘적 동서접변이 일어난다는 점을 설득력 있게 밝혔다.

김재현의 「열암 박종홍에서 동서철학사상의 만남」은, 서양철학을 본격 연구하기 시작했던 초기 인물들 중 대표자 격인 박종홍의 철학관에 나타난 특징을 규명하고, 동양철학을 통해 서양철학의 한계를 돌파하려 했던 그의 노력을 집중 조명함으로써, 그의 사유 속에서 동과 서의 지평이 어떻게 융합했는지를 우리에게 보여준다. 이인재, 전병훈, 한용운, 류영모와 달리 박종홍은 이미 제도로서 확립된 근대적 철학교육 시스템 속에서 서양철학을 전문으로 익힌 인물이다. 따라서 그는 위의 인물들에 비해 서양철학을 깊이 익혔을 수밖에 없다. 하지만 동시에 그는 조선의 유교 사상이 아직 사회에 영향력을 행사하던 시기에 태어나 훈습을 받았고, 그렇게 내면화된 전통적 사유는 서양철학을 비판적으로 바라볼 수 있게 하는 거리를 그에게 제공했다. 박종홍은 이를 바탕으로, 논리실증주의와 과학철학을 향외적 철학으로, 그리고 실존주의를 향내적 철학으로 규정한 뒤, 향내적 자각을 통하여 무(無)에 부딪힌 후 다시 향외적으로 돌아오는 창조적 정신을 보여준 유가 사상 및 지눌의 불교 사상이 서양철학의 양 편향을 극복하고 새로운 길을 제시할 수 있다고 믿었다.

마지막으로 양일모의 「최두선의 궁리와 철학 : 20세기 초 한국의 서양철학 연구와 일본적 맥락」은, 최두선이 전통적 사유에 구애됨 없이 서양의 철학 그 자체를 수용하는 모습을 보여주었다고 보았다. 이 글은 서양의 'philosophy'가 어떻게 '철학(哲學)'으로 번역되었는지에 대해, 동아시아 고대의 지(智) 개념을 이용하여 설명하고, '지' 개념과 연관되어 있는 '궁리(窮理)'로써 '철학'을 재해석하는 최두선의 노력을 보여주었다. 양일모는 이 과정에서, 최두선이 '철학'을 설명할 때 그가 인용했던 구와키 겐요쿠와 달리, '진보적 학문으로서의 철학'과 '현실과 이상' 부분을 철학의 규정으로부터 누락시킨 점을 밝혀냈다.

이인재, 전병훈, 한용운, 류영모 모두 초월적 체험 또는 그에 대한 개념적 이해를 바탕으로, 서양의 근대 학문과 종교를 주체적으로 재해석하려는 모습을 보여주었다. 이들에 비해 박종홍은 전통철학에 대한 관심과 애호에도 불구하고, 이미 스스로 근대인이라는 자각을 지니고서 서양철학을 깊이 수용함으로 인해 전통철학은 반성과 해석의 대상으로 자리매김 되었다. 한편 최두선은 전통적 사유에 구애됨 없이 서양의 철학 그 자체를 수용하는 모습을 보여주었다. 그러나 그는 서양의 'philosophy'가 어떻게 '철학(哲學)'으로 번역되었는지 설명할 때 동아시아 전통철학 개념을 갖고 오는데, 이는 서양 근대철학을 전통 학문과의 관계 속에서 수용하려는 모습을 보여주는 것이다.

마지막 부분에는 '한국서양철학 수용연표'와 '1910년대 한국 철학 자료'를 부록으로 수록했다. 이들 부록은 김재현 교수와 양일모 교수가 작성하였고, 이원석은 그것을 정리하고 편집하였다. '한국철학 수용연표'는 1888년부터 1942년 사이에 발생한 철학계의 주요 사건을 정리한 것으로, 『독립신문』, 『황성신문』 등의 언론 자료와 관련 연구서를 참고하여 제작되었다. 그간 서양철학 수용에 관한 연구는 다수 이루어졌지만 이번처럼 연표를 만든 사례는 없었던 듯하다. 따라서 이 연표는 이 시기의 서양철학 수용에 관심을 갖는 연구자들에게 연구의 기초자료로서 유용한 역할을 하리라 기대한다.

그리고 "1910년대 한국철학 자료"는 최두선의 철학 관련 논설을 수록한 것이다. 20세기 초 철학이 하나의 학문 체계로서 조선에 안착하던 때 최두선은 본격적으로 철학을 연구한 이로서 그 기초적 작업을 하는 데에 매진했던 중요 인물이지만 그간 학계는 그를 그다지 주목하지 않았다. 물론 최두선은 독창적 철학 체계를 내세우기보다 철학의 소개에 더 매진했기 때문에 현대 연구자들의 구미를 끌어당기기 힘들지 모른다. 하지만 과연 최두선이 어떤 자료를 보고 그것을 어떻게 변용했으며, 더 나아가 어떤 이해를 보여주었는지 정밀하게 추적한다면 뜻밖의 성과가 나오리라 기대된다.

이인재, 전병훈, 한용운, 류영모는 전통적 사유체계로써 서양철학을 이해하려 했던 반면 박종홍과 최두선은 서양의 근대적 사유체계로써 전통철학을 이해하려 하였다. 거의 동시대를 살았던 사람들 사이에서 이러한 전면적 태도 전환이 나타났다는 것은 매우 흥미롭다. 전통과 근대의 이분법을 넘어 이들의 사유 이면에 있는 근원적 문제의식을 추적하여 밝힌다면 동서 회통의 철학사를 정립시킬 수 있는 최초의 물음을 찾아낼 수 있을 것이다.

이인재의 서양철학 수용양상과 지평융합

엄연석

1. 서양철학 수용과 지평융합 양상

이 글은 서세동점의 국란기에 서양철학을 수용하면서 기존의 전통적 세계관으로서 성리학을 재인식하고자 했던 성와(省窩) 이인재(李寅梓, 1870~1929)가 서양철학을 연구했던 동기와 함께 서양철학과 성리학 이론 사이에 내포되어 있는 개념적 지평의 만남과 교착이 어떻게 이루어지고 있는가를 고찰하고자 한다. 이 글에서는 특히 이인재가 제시한 유학과 성리학을 살펴보고, 이를 토대로 그가 저술한 『서양고대철학고변』을 중심으로 서양철학과 성리학 사이에서 연관 혹은 상충되는 개념상 의미 차이와 그 기준을 분석하는 데 중점을 두고자 한다. 이 과정에서 이인재가 전통만을 그대로 고수한 보수적 사상가가 아니라 전통성리학 이론 속에 서양철학 사상을 적극적으로 수용함으로써 두 학설 사이의 동서 사상간 지평융합을 이루고자 한 진취적 사상가였음을 드러내고자 한다.

이인재는 학문적으로 한주(寒洲) 이진상(李震相, 1818~1886)의 학설을 계승한 면우(俛宇) 곽종석(郭鍾錫, 1846~1919)에게 배움으로써 퇴계학파의 성리학설에 연원을 두고 있다. 그는 성리학의 이론적 근원을 궁구해 보면 주자와 퇴계의 근본적인 가르침을 넘어서지 않는다[1]고 하여 자신의 학문적 연원이 주자와 퇴계로부터 발원했다고 주장하였다. 특히 그는 "리는 기를 낳고, 리와 기는 결단코 다르다는 이론은 공자, 주렴계, 주자, 이퇴계가 이어서 전한 근본 가르침이다"[2]라고 하여 정통적 주리설을 자신의 이론적 표준으로 삼고 있다. 이처럼 이인재는 전통 학문에 있어서 주로 주자와 퇴계로부터 시작하여 이후 한주와 면우를 통하여 전승된 리를 중심으로 하는 학문적 계통을 자신의 철학적 기초로 삼았다.

하지만 이인재의 학문은 전통 유학으로서 구학(舊學)에 머무르지 않고 신학(新學)에 대한 관심과 탐구로 이어졌다.[3] 그가 신학문에 대

---

1) 『省窩集』 卷2, 「與曹仲謹」, "雖或有仁智之異見, 所聞之各尊. 究而原之, 則不過講求朱退之宗旨也."

2) 『省窩集』 卷3, 「雜著」, 「太極動靜說考證」, "理之生氣, 理氣決是二物, 孔周朱李, 相傳之宗旨也."

3) 신학에 관한 관심을 피력한 이인재의 글에는 「상면우선생(上俛宇先生)」, 「여조중근(與趙仲謹)」, 「답김광진(答金光鎭)」, 「답남성민(答南聖敏)」, 「답정윤수(答鄭允守)」 등이 있다. 특히 「사론(史論)」과 「만록(漫錄)」에는 시대인식과 역사의식이 반영되어 있고, 「철학사론(哲學史論)」, 「철학정의(哲學定義)」에는 철학에 관한 견해가, 「구경연의(九經衍義)」, 「학교경고문(學校警告文)」, 「자치민의회취지서(自治民議會趣旨書)」 등에는 시무론적 견해가 들어 있다.(김종석, 「성와 이인재의 서구수용론과 新學에의 관심」(『한국학논집』 26, 1999), 47쪽) 이인재의 이런 글들에는 1909년 전후로 전개되었던 신학·구학논쟁의 영향이 녹아 있다고 할 수 있다. 신학·구학 논쟁은 1905년 을사늑약 이후 급변하는 나라의 운명에 대응하여 인재양성과 정신적 계몽을 가능케 하는 기초로서 신·구 학문의 시대적 요청 및 효용성과 관련하여 각각 전통학문과 서양에서 들어온 새로운 학문을 지지하는 지식인들 사이에 전개되었던 지식논쟁이었다. 신학·구학 논쟁은 1909년에 황성신문에서 구학 개량의 슬로건을 내걸고, 서북학회월보에서 유교의 구신을 제기하는 반면, 구학에서는 전우(田愚)와 유영선(柳永善)이 양계초의 『음빙실문집』을 조목조목 비판하는 글을 쓰면서 시작되었다. 유영선이 「신서론」에서 구학의 입장에서 신학을 비판한 핵심주제는 신학은 근본인 강상을 배제하고 말단인 기예만을 강조함으로써 반인륜성을 조장한다는 데 있었다. 반면 신학을 지지하는 그룹에서는 과학을 핵심으로 하는 서양의 학문의 실용

한 관심을 가지게 된 계기는 세 가지로 추론된다. 첫째는 어릴 때 신사상과 신문화에 대한 탐구를 적극 권장했던 재종질 홍와(弘窩) 이두훈(李斗勳)의 가르침이 있었다. 둘째는 1896년 가야산을 함께 유람하면서 빈번한 교류를 가진 유림으로서 변법자강론을 전개하였던 장지연(張志淵, 1864~1921)의 영향이 있었다. 셋째는 영남지방의 신사조 보급의 중심지였던 대구의 우현서루(友弦書樓)[4]에 머물던 김광진(金光鎭)과의 교류의 영향이 있었다.[5] 이러한 인물들의 가르침 또는 교류를 계기로 이인재는 신학문에 대하여 적극적으로 관심을 가지기 시작하였다.

이인재는 전통적 가치가 무너지고 서양문명의 동점에 따른 새로운 세계사적 질서를 재정립해야 하는 시대적 요청이 절실했던 상황에

적 관점에서 구학의 추상적인 도덕적 이념만으로는 서구열강의 침략에 대응할 수 없으며 문명화도 이룰 수 없음을 비판하였다.

4) 우현서루(友弦書樓)는 시인이었던 이상화의 조부 이동진 선생이 급변하는 국제정세의 변화에 대응하여 인재를 양성하고자 하는 취지로 사재로 세우고 아들 이일우(李一雨)가 운영했던 사숙이다. 1만여 권의 책과 서고를 갖추고 전국의 인재와 지사들을 길러냈던 곳으로 박은식, 장지연, 이동휘 많은 애국지사들이 거쳐 간 곳이다. 우현서루는 경상북도 향반 가문 출신으로, 독립 운동가이자, 교육자, 사회운동가, 의생(醫生), 사상가였던 김광진이 1906년에서 1912년까지 협성학교(協成學校)와 함께 근대 지식을 받아들이고 적극적으로 독립운동과 교육·사회운동을 했던 학습의 장소였다. 우현서루에 관해서는 박지현의 「한말 식민지기 유교 지식인 해악 김광진(海岳 金光鎭)의 도시 이주와 의생 활동 그리고 지적 전환」(동아대박사논문, 2017), 최재목의 「일제강점기 신지식의 요람, 대구 「우현서류(友弦書樓)」에 대하여」(『동북아문화연구』 19집, 2009), 그리고 박용찬의 「근대계몽기 대구의 문학장 형성과 우현서루」(『국어교육연구』, 2014) 등의 논문을 참고할 수 있다. 최재목 등은 『대륜팔십년사(大倫八十年史)』에서 인용하여 "장지연(張志淵), 박은식(朴殷植), 이동휘(李東輝), 조성환(曺成煥) 등 제선생과 김지섭(金祉燮) 열사들이 이곳을 거쳐 나간 것만 보더라도 그 업적을 짐작할 수 있고, 근대 우리 민족정기의 본원지였음을 알 수 있다"고 하였다.

5) 김종석, 「고령지역 사상(思想)의 특징과 사적(史的) 전개(展開) ; 성와 이인재의 유교개혁사상」(『퇴계학과 유교문화』 43집, 2008), 135-139쪽.

서 "옛 법도를 회복하면서도 새로운 법을 채택한다(復舊道, 採新法)"고 하는 학문적 지향을 가지고 서양정치사상과 연관된 개념과 실용 과학적 신학문에 커다란 관심을 가졌다. 그는 먼저 민의(民意)와 자치를 강조하였고, 자유(自由), 민권(民權), 진화(進化)를 자주 언급하였다. 또한 강유위와 양계초로부터 영향을 받은 변법자강론의 구체적 내용으로서 보국(保國), 보종(保種), 보교(保敎)를 역설하였으며, 고전을 근대 서양 정치제도인 대의제의 관점에서 해석하기도 하였다. 이러한 시각은 천리(天理)를 근대적 법 개념의 이론적 근거로 삼는 것으로, 변법론에 근거한 실학적 사고를 수용함으로써 리일(理一)을 분수(分殊)의 개체성과 연속성을 가지는 것으로 보는 것과도 연관된다. 그는 여러 글에서 신학문으로서 법률, 정치, 행정과 함께 토목, 광산, 조선, 병기와 같은 과학기술에 관한 학문에 대하여 설명하였다.

이렇게 볼 때, 이인재의 학문적 특성은 성리학을 중심으로 하는 구학문과 서양철학사상 및 과학을 중심으로 하는 신학문의 만남을 이론적으로 정립시킴으로써 양자 사이의 상호보완적 연속성을 지향하고 있다고 말할 수 있다. 이 글은 이러한 특성을 가지는 이인재의 학문이 포괄하고 있는 전통 성리학과 서양철학 및 과학 사이에 내포되어 있는 개념 또는 이론적 지평이 어떻게 연관되어 있는가를 고찰하고자 하는 데 중점을 둔다.

그동안 이인재의 학문에 관한 연구는 몇 가지 주제로 논문이 발표되었다. 첫째, 김종석은 유교개혁론의 이론적 근거로서 성와 이인재의 성리학의 진리성에 대한 탐색을 서양고대철학에 대한 논변과 연관하여 검토하였다.[6] 둘째, 임종진은 『고대희랍철학고변(古代希臘哲學攷辨)』

---

6) 김종석, 위의 논문, 133-159쪽. 김종석은 이인재가 성리학 특히 한주학의 연구를 통해서

에 대한 비판적 분석을 통하여 한주학파의 주리적 성리학을 계승한 이인재의 성리학설의 특징을 해명하고자 하였다.[7] 셋째, 이인재의 서구수용론과 신학(新學)에 대한 관심을 퇴계학의 변용이라는 관점에서 신학과 구학의 상호 연속성과 상보성의 관점에서 해명한 논문도 발표되었다.[8] 넷째, 이행훈은 '철학' 개념의 수용과 전유라는 주제를 중심으로 서양철학 수용 초기에 유교의 사유지평에서 철학을 이해했던 것과 달리 이인재가 서양철학의 개념과 형식으로 유교와 전통철학을 재해석하는 데로 나아갔다[9]고 보았다. 다섯째, 이현구는 리기불리(理氣不離)의 관점에서 『고대희랍철학고변』을 통하여 동서 윤리론을 비교하고 공통점과 차이점을 밝혀서 현재의 시각에서 융합가능성을 모색하고자 하였다.[10] 위의 논문들은 한편으로 전통철학을 계승하는 데 중점을 두면서 서양철학을 비판적으로 수용했다고 평가하는 관점과, 다른 한편으로 서양철학과 과학의 관점에서 성리학의 개념을 해명하고자 하는 입장으로 대별된다고 할 수 있다.

이 글은 위의 연구 성과를 바탕으로 하여 전통적인 구학문과 서양

서양문화를 수용할 수 있는 논리적 근거를 도출했으며, 그 연장선 위에서 당시 보수유림 사회의 문제점을 개혁하고자 했던 것으로 보았다. 이 논문은 유교개혁론을 주로 개혁의 기본 원칙이 되는 방향과 시각을 제시하면서 동도와 서도 사이의 융합가능성을 모색하는 방향을 탐색하고자 하였다.

7) 임종진, 「성와 이인재의 성리사상 –「고대희랍철학고변」에 대한 분석을 중심으로」(『퇴계학과 유교문화』 53집, 2013), 171-234쪽. 임종진은 논문에서 이인재가 성리사상에 대하여 이론을 위한 이론으로서 논변 위주로만 진행되는 성리학계의 학문적 풍토에 대해 비판적인 입장을 취하면서 구체적인 실천을 강조한 것으로 이해하였다.

8) 김종석, 「성와 이인재의 서구수용론과 新學에의 관심」(『한국학논집』 26, 1999), 45-67쪽.

9) 이행훈, 「번역된 "철학" 개념의 수용과 전유」(『동양철학연구』 74, 2013), 227-258쪽.

10) 이현구 · 김주일, 「동서 윤리론의 기저 비교와 융합가능성 모색 –성와 이인재의 『희랍고대철학고변』을 중심으로–」(『시대와 철학』 19, 2008), 491-508쪽.

철학·과학을 중심으로 하는 신학문의 개념과 이론적 지평이 만나면서 상호 전환되는 계기와 양상을 중점적으로 고찰하고자 한다. 다시 말하면 어떤 한쪽으로도 치우치지 않고 전통의 구학문과 서양의 신학문이 내포하고 있는 개념상의 지평이 융합하고 교착하여 공통점과 차이점을 이루는 계기와 기준을 고찰하고자 한다.

제2절에서는 이인재의 학문이 어떠한 시대적 학문적 배경에서 형성되었는가를 정리하기 위하여 그가 활동했던 1900년 전후의 학문적 시대적 상황에 대하여 요약하고자 한다. 다음 제3절에서는 이인재의 유학과 성리학에 대한 이해가 어떤 계통을 따르고 있으며, 그 특징은 어디에 있는가를 고찰하고자 한다. 다음으로 제4절에서는 서양고대철학에 대한 이인재의 비판적 이해를 성리학의 학문적 특징과 연관하여 검토하고자 한다. 이어서 제5절에서는 성리학의 개념적 지평을 서양정치사상과 과학에 적용하여 그 의미의 교착과 전환 및 상호간의 연관성을 중점적으로 살펴보기로 한다. 마지막 결론에서는 성리학을 기초로 서양철학과 정치사상, 그리고 과학을 수용하고자 한 이인재의 학문적 특징을 요약하고 그 현대적 의미를 요약하고자 한다.

2. 지평융합의 시대적 사상적 배경

이 절에서는 이인재가 활동했던 시기가 어떤 시대적 상황이었으며, 그런 시대에 처했던 당시 지식인들의 지성적·실천적 활동이 어떻게 전개되고 있었는가를 살펴보고자 한다. 이인재가 정치적·지성적 활동을 했던 시기는 갑오경장, 을미사변과 광무개혁을 지나 1900년대 초에 이르러 을사늑약, 정미조약 등으로 국가가 주권을 상실하기 시작하면서 국운이 더욱 위태롭게 전개되던 시기였다. 1900년 초를 전후한 이 시기는 일방적인 여러 조약을 통하여 일본이 침략 야욕을 보다 노골적으로 전개되면서 지식인과 실천가들의 활동이 여러 방향에서 보다 긴박하게 이루어지던 때였다.

이인재가 본격적으로 활동하던 시기 이전의 시대적·학문적 상황을 살펴보면 몇 가지 흐름이 있었음을 알 수 있다. 먼저 1860년대 이후 1880년대를 전후해서는 전통적 인륜도덕이라는 도(道)에 기반하여 서양의 기능적, 실용적 학문을 기(器)로 받아들이자는 사상적 탐색으로서 동도서기론이 전개되었다. 신기선, 육용정, 그리고 김윤식은 동도서기론적 사고를 제시한 핵심 인물들이었다. 이후 동도서기론은 개항 이후 서양세력의 영향력이 커진 1890년대를 지나면서 유길준의 『서유견문(西遊見聞)』을 대표로 하는 문명개화론에 주도적인 흐름을 내주면서 쇠퇴해 갔다.[11] 이 시기 사이에 김옥균, 박영효, 박정양 등은 개화를 이념으로 하여 정치적, 실천적 활동을 주로 하였던 인물들이다. 반면 이후 유길준, 윤치호, 서재필 등은 이들의 실천적 활동을 이어서

---

11) 동도서기론의 기본입장이 도의 변화가능성을 부정하고 도와 기(器)를 구분하는 한, 이 이론은 보수성을 띠게 되는 것은 필연적이다. 동도서기론의 한계는 도기일체론의 전제 위에 도의 변화가능성을 인정함으로써만이 극복될 수 있는 것이었다. 『황성신문』의 논설은 다른 나라의 풍속과 교화까지도 취사선택의 대상으로 인정하는 등 동도서기론의 수준을 벗어나고 있다. '도'의 영역도 취사선택의 대상으로 설정됨으로써 동도서기론의 논리적 한계가 해결될 수 있는 여지가 마련되었다. 물론 동도서기론은 자체의 논리적 한계가 극복되는 것과 동시에 사명을 완수하고 해체된다.(노대환, 『동도서기론 형성 과정 연구』(일지사, 2007), 291-292쪽.)

문명개화론을 이론적으로 전개하면서도 실천적 노력을 했던 인물들이었다.

이 시기를 전후하여 문명개화론과 연관하여 또 하나의 흐름을 이룬 사상적 흐름은 서양 민주주의 정치사상을 담고 있는 『만국공법(萬國公法)』[12), 『공법회통(公法會通)』과 같은 저술을 중심으로 하는 서양정치사상이 여러 지식인들에 의해 수용되었다는 점이다. 특히 『만국공법』은 한편으로는 서양을 중심으로 그들 사이의 국제관계를 규정하는 법률이면서 제국주의적 팽창을 합리화하는 부정적 측면과 함께, 다른 한편으로 조선의 입장에서는 중국에 대한 사대질서를 극복하고 독립 국가를 지향한 이념적 근거로서의 긍정적 측면으로 작용하기도 하였다. 이들 저술을 중심으로 하는 정치사상은 많은 지식인들에게 광범한 영향을 미침으로써 당시 조선 지성계의 시대적 대응의 이론적 방향을 주도하였다.

이들 서양정치사상과 함께 동시에 1900년대를 전후하여 지성계에 또 하나의 중요한 사상적 영향을 미친 이론은 바로 사회진화론[13)]이었

12) 만국공법(萬國公法)은 중국에서 개화기에 간행되어 우리나라에 유입된 국제법 서적으로 서유럽 국제법을 이해하는 핵심서적이 되었다. 1868년 일본어로 번역되었고, 1880년 조선에 수용된 이후 『공법회통(公法會通)』, 『공법편람(公法便覽)』과 함께 지성계에 지대한 영향을 미쳤다. 1886년 9월에 설치된 한국 최초의 근대식 공립교육기관인 육영공원의 교과서로 선정되었다. 유길준의 『서유견문(西遊見聞)』, 심순택이 고종에게 올린 상소문, 황현의 『매천야록(梅泉野錄)』, 정교(鄭喬)의 『대한계년사(大韓季年史)』 등에서 이 책을 인용하였다. 『만국공법』은 개화기에 지식인들에게 널리 전해져서 정부는 물론 개화파, 위정척사파를 가리지 않고 수용되었다. 개화파의 경우는 서양정치사상을 적극적으로 수용한다는 의미에서, 위정척사파는 서양제국주의 세력의 규범을 벗어난 침략적 야욕을 객관적이고 공적인 법률로 제어할 수 있다는 측면에서 수용하였다.

13) 사회진화론은 스펜서(Herbert Spencer)에 의해 이론화되어 19세기 후반 사회학에 새로이 등록된 이론이다. 스펜서는 사회 유기체론에 의거하여 인간의 사회는 생물 유기체와 마

다. 사회진화론은 스펜서가 제시한 이론으로 생존경쟁, 약육강식과 자연선택을 핵심으로 하는 다윈 진화론의 이념적 원리를 인류 역사에 적용함으로써 당시 서양의 제국주의적 침략에 이론적 근거가 되었던 이론이다. 서양이 물리적 힘을 효율적으로 이용할 수 있는 과학과 기술을 발전시켰던 것이 서양의 힘의 원천이라는 성찰이 당시 조선지식인들이 진화론에 관심을 가지게 된 계기가 되었다.

또 한 가지 흐름으로는 전통학문 가운데 기존의 틀이 유지되는 사회에서 보편적일 수 있는 주자학을 탈피하여 유교를 새롭게 해석한 양명학에 대한 관심이다. 양명학에 관한 관심은 마음이 바로 리(理)라고 하는 명제와 본심의 양지를 발현할 것을 핵심 이론으로 삼고 있는 양명학의 실천적 특성에 초점이 있었다. 박은식의 「유교구신론」은 양명학의 이념적 특성을 가지고 위기의 시대를 이끌어갈 수 있다는 보다 실천적인 노력을 제시하고자 하는 점에서 당시의 시대적 요청에 부응하였다고 하겠다. 이후 1909년을 전후해서는 신학구학논쟁이 전개되었다. 이 논쟁은 주로 위정척사파와 문명개화파를 중심으로 하여 전개되었으며, 전통학문의 도덕적 이념과 서양 학문의 실용적 이론의 대립에 따른 논쟁을 핵심으로 한다.

1905년 을사늑약을 전후한 시기에 지식인들은 여러 학회를 중심으로 하여 실천적 활동을 하였는데, 애국계몽운동과 자강운동은 대표적 활동들이다. 대표적 학회로 대한자강회, 서북학회, 대한유학생회, 태극학회, 호남학회, 기호학회 등은 기관지를 통해 교육구국의 이념으로

찬가지로 성장하는 것으로 유목사회에서 정주(定住)사회로, 수장(首長) 없는 사회에서 수장제의 사회로, 단순사회에서 복합사회, 2중 복합사회로 진화하는 데 있어서 사회는 강제적 협동에 기초한 군사형 사회에서 자발적 협동에 기초한 산업형 사회로 발전한다는 사회진화의 도식을 정식화하였다.

국민 대중들에게 자강의식과 근대의식을 계몽하고자 하였다.[14] 이들 운동은 지식계몽, 인재양성과 여러 실천적 활동을 통하여 국가의 실력을 양성하고자 하는 목표를 지향하였다.

이런 활동 가운데서도 당시 실천적 지식인들은 교육을 통한 인재양성에 특히 역점을 두었다. 안창호, 이승훈, 이동휘 등은 교육활동에 헌신했던 대표적인 인물이었다. 안창호의 대성학교 하기사범강습소, 이승훈의 오산학교 사범과 이동휘의 보창학교 사범야학교 속성과 등은 개인이 설립한 사립학교였고, 배천군 사범강습소, 평양사범강습소 등은 지역유지나 전·현직 관리들이 세운 사립사범학교였으며, 국민사범학교, 기호학교 사범과 등은 계몽단체가 설립한 사립 사범학교였다. 사립학교 교원양성기관의 설립과 운영의 주체는 표면적으로는 다양하다 할지라도 공통적으로 표방하는 목표는 교육을 통한 국권회복과 민족자강 애국계몽이었다. 이 시기를 전후하여 전통을 유지하고자 하던 화서학파를 연원으로 하는 보수적 위정척사파 지식인들은 국가의 위기가 증대되면서 행동을 중시함으로써 보다 실천적인 방향으로 활동을 전개하였다. 곽종석, 최익현, 이소응 등은 이런 실천적 활동에 중점을 두면서 활동하였다.

이처럼 국권을 상실하기 이전에 지식인들은 여러 사상적, 교육적, 실천적 활동을 통하여 국가를 보전하기 위한 활동을 지속하였다. 여기에는 문명개화론과 서양정치사상, 진화론, 양명학에 대한 관심, 그리고 여러 교육활동 등이 포함된다.

---

14) 조상우, 「애국계몽기의 우언에 표출된 계몽의식 －신문과 잡지에 게재된 몽유우언을 중심으로－」(『동양학』 34집, 2003), 60쪽.

3. 이기심성론의 이론적 지평에 대한 해석

이인재는 성리학의 이기심성론의 개념과 이론을 변용하고 지평융합을 통하여 이해에 이름으로써 서양철학과 과학적 사고를 수용하고자 하였다. 그는 면우 곽종석을 통하여 퇴계학에 연원을 둔 한주 이진상의 성리학을 계승함으로써 리기부잡(理氣不雜)과 심즉리(心卽理) 명제를 기초로 자신의 성리학 체계를 구성하였다. 하지만 그는 서양철학과 과학적 사고를 성리학의 측면에서 이론적으로 수용하고자 리기불리(理氣不離)의 관점 또한 리일분수(理一分殊) 및 심성론(心性論)과 연결하여 일관성 있게 설명하고자 하였다.

그는 리(理)는 형체가 없지만, 모든 사물과 결합되어 있고, 그에 따라 다양성을 가지는 것으로 다음과 같이 설명하였다.

> 리는 본래 형체가 없는 것으로 만물에 두루 흩어져 있지만 조각으로 갈라져 있지 않으며, 뭉뚱그려진 하나의 몸이면서도 고착된 덩어리는 아니다. 그래서 하나의 근원적인 리는 바로 온갖 리의 총체이며, 만물의 리는 바로 일리에서 나누어진 다양하고 특수한 리이다. 오직 그 나누어짐이 있는 것은 하나이기 때문이고, 이미 나누어짐이 없는 적이 없으면서도 나뉨에 의해 제한되지 않으니, 리가 하나인 것은 바로 이 점에 있다.[15]

15) 『省窩集』 卷4, 「古代希臘哲學考辨」, 295쪽, "理本無形底, 分俵萬物而非片裂, 渾然一體而非團塊, 故一原之理, 卽萬理之總體. 萬物之理, 卽一理之分殊. 惟其有分, 乃所以一. 旣未嘗無分而亦不局於分. 理一正在此處."

여기에서 리는 형체가 없으면서도 만물에 스며서 만물을 총괄함으로써 일리이면서 동시에 분수가 된다. 이인재는 리가 만물로 분화되면서도 파편적 조각과 분리된 덩어리로 고착되어 있는 것이 아니라고 함으로써 리일(理一)과 분수(分殊)가 분리되어 고립되지 않음을 강조하고 있다. 이러한 시각은 기본적으로 리를 만물과 결합되어 있는 것으로 봄으로써 리기불리(理氣不離)의 관점을 토대로 삼고 있음을 보여준다. 이인재는 리가 구체적 현상으로 유행(流行)하기 위해서 기와 결합되어야 하는 것을 다음과 같이 언급하였다.

> 대개 리는 공중에 매달려 있으면서 사람과 만물을 낳는 것이 아니다. 반드시 기를 바탕으로 삼아서 형체를 구성한다. 기가 그 형체를 채우면 형체 바깥에 남아 있는 기는 없게 되고, 리가 그 기를 채우면 기 바깥에 남아 있는 리는 없게 된다. 오직 그 기에 통함과 막힘이 있기 때문에 이런 사물에 있는 리도 따라서 치우침과 온전함이 없을 수가 없다. … 만약 모든 사물을 총체적으로 가리켜서 말하면 더욱더 전체가 아무런 구별 없이 다함께 있는 것임을 알 수 있다. 리가 기에 얽매이지 않고 사물에 제한되지 않는다면, 또한 어찌 하늘에 있고 사람과 만물에 있다는 이유로 하여 간극이 있겠는가?[16)]

그에 따르면, 기가 형체를 이루면 결국 형체를 벗어날 수 없고, 리가 기에 내재하면 또한 기를 벗어날 수 없다. 다시 말하면, 형체 밖에 고립되어 있는 기는 없고, 기를 초월하여 고립되어 있는 리도 없다.

---

16) 위의 책, 296쪽, "大抵理非懸空以生人物, 必資氣以成形, 而氣充其形, 無形外之剩氣, 理充其氣, 無氣外之剩理矣. 惟其氣有通滯, 故理之在是物者, 亦不能不隨而偏全. … 若總指其無物不在而言之, 則尤可以見其全體之渾淪矣. 理之爲體, 不囿於氣, 不苟於物, 則亦豈以在天在人物而有所間隔乎."

곧 현상 만물의 관점에서 볼 때, 형체와 기, 그리고 리는 유기적 관계로 결합되어 있어 서로가 독립하여 벗어날 수 없다는 것이다. 그러면서도 리는 기와 사물에 얽매이기만 하는 것이 아니므로 하늘에 있는 리나 사람과 사물에 있는 리나 통하여 간극이 없다. 이인재는 리를 형체 및 기와 분리할 수 없는 것으로 이해하는 것의 논리적 연장선에서 리가 이치와 현상을 뜻하는 정조(精粗)를 포괄하는 것이라고 하였다. 곧, 리는 정밀하거나 거친 것이 없다. 그 정밀함을 말하면서도 거친 것을 버리지 않으며 그 거친 것을 말하면서도 정밀함을 버리지 않는다.[17)]

또한 그는 리가 기와 결합함으로써 묘용(妙用)의 작용으로 현상사물에 실현되는 것을 다음과 같이 강조하였다.

> 대개 천리에는 곧바로 아래로 유행(流行)하는 묘용이 있기 때문에 수직으로 선 사물은 그에 따라 생기고, 분수(分殊)와 대대(待對)의 묘용이 있기 때문에 가로로 있는 사물은 그것에 따라 생긴다. 반본(反本)하면서 상승하는 묘용이 있기 때문에, 거꾸로 되어 있는 것은 그에 따라 생기니, 이것이 그 사물들의 원인이 되는 리이다. 유행 가운데 대대의 묘용이 있고, 대대 가운데 반본의 묘용이 있어서 원만히 통하고 생생하게 연결되어 간극과 경계가 없으니 참으로 종류마다 감싸서 간직하고 있는 것이 아니다.[18)]

17) 위의 책, 304쪽, "大抵理無精粗, 語其精而不遺其粗, 語其粗而不遺其精."

18) 위의 책, 295쪽, "大抵天理有流行直下之妙, 故竪底物根之以生. 有分殊對待之妙, 故橫底物根之以生. 有反本上升之妙, 故倒底物, 根之以生, 此其原因之理也. 流行之中有對待之妙, 對待之中, 有反本之妙.融通活絡, 未有間界, 則非眞有各種之包藏也."

그는 천리(天理)에 유행, 대대, 그리고 반본의 작용이 있으며 이 세 가지 작용은 다시 서로가 서로를 함축한다고 보았다. 요컨대, 리는 천지와 사람, 사물에 따라 모두 편재하여 빠지는 부분이 없기 때문에 사람과 사물에 있는 리가 바로 천지의 리가 된다고 보았다.

이인재는 또한 리와 기의 불리(不離)의 관점을 사람과 사물의 부분과 전체의 관점에서 해석하여 이를 근대 서양정치사상 이론을 해석할 수 있는 철학적 토대로 삼고 있다.

> 각각의 사물이 갖추고 있는 관점에서 보면 개별적인 것이 온전한 전체이고, 세계를 통괄하여 본다면 다만 이 하나의 전체일 뿐이다. 나누어진 것은 하나가 아닌 적이 없고 하나는 나누어지지 않은 적이 없다. 그래서 하나의 사물이라도 제자리에 있지 않으면 이는 자연스런 천리가 아니다. 신이 어찌 하나의 사물을 전체의 지절(支節)로 삼으면서 혹 체로 삼지 않은 것을 둔 적이 있겠는가? 전체가 부분의 총합이라면서 지절은 이롭지 않고 전체는 이롭다고 하는 그런 이치는 아직 없었다. 사람마다 제자리를 얻은 후에야 나라가 안정되니, 만약 한사람이라도 제자리를 얻지 못하는데도, 전체와 관련이 없다고 하여 도외시한다면 이것이 어찌 크게 공정하고 지극히 어진 도리이겠는가?[19]

여기에서 리를 이치와 현상, 부분과 전체의 관점에서 파악하되 이 양자가 서로 유기적인 연관성을 가지는 것으로 분리되지 않음을 강조하고 있다. 특히 이인재는 부분과 전체가 하나의 총합을 이루면서도

---

19) 위의 책, 321쪽, "就各具上看之, 卽箇箇是全體, 通世界上看之, 亦只是此全體. 分未嘗不一, 一未嘗無分也. 故使一物不得其所, 便非天理之自然. 神何嘗以一箇物爲全體中支節, 而或有所不體耶. 全體是支節之總, 則支節不利而全體有利者, 亦未有其理也. 人人得所然後邦國安. 若以一箇人之不得其所, 謂無關於全體而便置之度外, 則此豈大公至仁之道乎."

지절 또는 부분이 가지는 가치의 중요성을 강조하였다. 그는 사람사람이 각각 제자리를 얻는 것이 대공지인(大公至仁)의 도리라고 함으로써 정치사상적 함축을 이끌어내고 있다. 이러한 해석은 개개인을 중시한다는 점에서 자치(自治)와 민의(民議)를 강조하는 근대 정치사상적 입장에 대한 철학적 토대를 정립하는 것으로서의 의미를 가진다. 이러한 관점은 전체주의적 사고를 부정하는 것이며, 오히려 근대 개인주의와 소통할 수 있는 측면이 존재하는 사고방식이다. 이 점에서 이인재는 유학의 전통적 논리를 근대성의 논리와 연결시켜 새롭게 읽어내는 계기를 제공했다고 할 수 있다.[20]

이치와 현상 사물의 연속성, 부분과 전체의 유기적 연관관계를 강조하는 이인재의 철학적 관점을 관통하는 중심이론은 바로 리일분수론이다. 그는 사물을 낳는 리와 사물에 갖추어진 리가 서로 같은 것임을 강조하고 리일분수론을 통하여 다음과 같이 주장하였다.

> 대개 사람과 사물을 낳는 리는 곧 사람과 사물이 갖추고 있는 리이다. 갖추고 있는 리가 낳는 리를 떠나서 그대로 두 가지 영묘한 사물이 되는 것이 아니다. 하늘이 주고 사람이 받은 것은 단지 하나의 리이고, 사물과 내가 각각 갖추고 있는 것도 단지 하나의 리이다. 만약 일리(一理)와 분수(分殊)가 서로 포함하고 있는 오묘함을 알 수 있다면 저절로 반드시 같음 중에 다름이 있고, 다름 중에 같음이 있음을 알게 된다.[21]

---

20) 김종진, 앞의 논문, 194쪽.

21) 위의 책, 294쪽, "大抵人與物所由之理, 卽人與物所具之理, 非所具之理離於所由之理體而便作兩箇靈物也. 天賦人受, 只是一理, 物我各具, 亦只是一理. 若見得一理分殊相涵之妙, 則自必識性理之同中有異, 異中有同也."

이인재는 하늘이 준 것과 사람이 받은 것이라는 생성의 주객(主客)의 관점과 함께 수여받은 객체의 다양성의 관점에서 전체적 일리(一理)와 다양한 분수(分殊)가 일단 다른 리가 아님을 강조하였다. 나아가 그는 분수됨으로써 드러나는 차이와 부여받을 때의 동일함이 서로를 포함하는 관계를 가짐으로써 다름 속에 동일함이 있고, 동일함 속에 다름이 있다고 주장하였다.

그의 이러한 이기론의 형이상학은 한주(寒洲)의 학설을 계승한 심설(心說)[22]과 연결된다. 그는 「명덕설고증(明德說考證)」에서 "대개 이 마음의 리는 비록 기에 바탕하여 이 허령함을 얻지만, 그 허령함은 리의 본질이지 기가 아니다"[23]라고 주장하였다. 그는 마음의 허령한 지각능력을 기(氣)의 관점에서가 아니라 리의 본질로 간주하고 있다. 이것은 주희가 허령은 본래 마음의 본체로서 내가 극진히 할 수 있는 것이 아니라는 견해를 수용한 것이라 할 수 있다.

이인재는 마음의 주재는 바로 성(性)이 발하는 것으로 리(理)가 근본적으로 위주가 된다는 것을 다음과 같이 설명하였다.

> 지금 리와 기는 각자가 일심 가운데 주로 하는 것이 있어서 사단이 발할 때는 리가 주인이 되고, 칠정이 발할 때는 기가 주인이 된다고 하

---

22) 이인재는 한주의 심즉리설을 진리의 근거로 확신하였고, 한주의 학설은 그의 모든 학문적 주장의 근거가 되었다. 「주재설(主宰說)」, 「심본체설(心本體說)」, 「허령지각설(虛靈知覺說)」, 「태극동정설고증(太極動靜說考證)」 등의 글에서 나타나는 주리적 경향은 한주설을 계승한 영향이다. 특히 「심본체설(心本體說)」에서는 퇴계의 「심통성정도(心統性情圖)」 상의 「중도(中圖)」가 심즉리(心卽理)로서의 마음의 본체를 가장 정확하게 나타내는 도로 간주하였다.(김종석, 위의 논문, 2008, 141쪽)

23) 『省窩集』 卷3, 「明德說考證」, 237쪽, "蓋此心之理, 雖資氣而得此虛靈. 然其所虛靈者, 乃理之本色也. 非氣也."

> 면, 근본을 둘로 하는 혐의가 없을 수 있겠는가! 이것이 이율곡이 퇴계의 호발의 취지를 의심하여 바른 견해에 걸림이 되는 까닭이다. 하지만 이율곡이 어찌 참으로 퇴계의 취지를 알았겠는가? 내가 생각하기에 퇴계가 말한 주리주기의 학설은 마음의 주재를 말하는 것이 아니다. … 마음의 주재의 측면에서는 사단칠정을 막론하고 모두 이 성에서 발한 것이다. 리라는 것은 주로 하여 발한 것이고, 기라는 것은 바탕이 되어 발한 것이다. 모든 감정의 발현에서 발하는 것은 리이고 발할 수 있게 하는 것은 기이다.[24)]

이인재는 위에서 사단과 칠정이 발하는 근원을 말하는 것과 마음의 주재를 말하는 것은 다르다고 주장하면서 마음의 주재에 대하여 설명하였다. 그 요점은 발하는 근원적 계기에서 사단과 칠정이 구별되는 것과 달리 마음의 주재성의 측면에서 볼 때 사단과 칠정이 모두 성(性)에서 발한다는 것이다.

이인재는 허령지각이 마음의 본질적 기능이라고 하였는데 이것은 신명한 리가 사람에게 부여되어 마음이 된 것으로 온갖 현상의 변화에 응할 수 있는 주인을 뜻하는 것이다. 이러한 지각능력은 그 덕목이 인의예지신의 다섯 가지인데 이것이 성이다. 그리하여 그는 만약이 허령지각의 실상이 없으면 어떻게 중리(衆理)를 갖추어 만사에 응할 수가 있겠는가라고 반문하였다.[25)] 또한 그는 마음이 발현하기 이전과 발현한 이후를 구별하여 이전을 지식(지각)의 성(性)으로 이후를

24) 위의 책, 241쪽, "今曰理與氣, 各自爲主於一心之中, 而四端發時, 理爲主, 七情發時, 氣爲主, 則得無二本之嫌乎. 此李文成所以致疑於陶山互發之旨, 以爲正見之累者. 然李文成豈眞知退溪之旨者哉. 竊意 退溪所云主理主氣之說, 非心主宰之謂也. … 若心之主宰, 則無論四七, 皆是此性所發. 理也者, 所主而發者也. 氣也者, 所資而發者也. 凡情之發, 發者, 理也. 發之者, 氣也."

25) 위의 책, 권3, 「虛靈知覺說」, 244쪽.

지식(지각)의 발용으로 간주하면서, 마음과 사물이 하나의 리로 연결되어 있음을 강조하였다. 이러한 그의 해석은 마음과 사물의 리가 유기적으로 연결되어 있다고 해석되는 리일분수론의 관점과 결부하여 이해할 수 있다. 그는 다음과 같이 마음과 사물의 리가 하나이고, 지식의 발현을 바로 리의 발현으로 보고 있다.

> 마음이 아직 감각하지 않을 때는 지혜의 덕은 밝게 빛나 어둡지 않으니 바로 인식의 성이다. 마음이 감각하여 지의 실마리는 어긋나지 않게 변별하니 바로 인식의 발용이다. … 마음과 사물은 바로 하나의 리이다. … 저 만물의 리는 내 마음을 벗어나 있는 것이 아니고 본래 두루 연관되어 있다. 인식하게 되는 것은 이러한 리를 넘어서지 않으니 인식의 발현은 바로 이 리의 발현이다.[26)]

위에 따르면 마음에는 분수로서의 만물의 리가 있기 때문에 마음의 인식이 가능한 근거는 바로 마음에 내재한 성이며, 이것은 바로 리가 된다는 것이다. 마음이 외부 사물의 모든 리를 인식하는 것은 바로 사물에 있는 리와 마음에 있는 리의 동일성에 근거하는 것이다. 나아가 이인재는 마음에 내재해 있는 리가 통일적인 하나의 리이면서도 본성은 한쪽으로 밝음이 있음으로써 외물의 분수를 인식할 수 있다는 취지를 다음과 같이 말하고 있다.

> 각각의 본성과 한 측면에서의 밝음은 참으로 리일(理一) 가운데 분수

---

26) 위의 책, 권4, 「古代希臘哲學考辨」, "心之未感也, 智之德烱然不昧者, 卽知識之性也. 心之已感也, 智之端辨別不差, 卽知識之發用也. …心與物, 只一理, …彼萬物之理, 不外吾心, 本屬共通, 知之識之, 不過此理, 則知識之發見, 卽此理之發見也."

이니, '분수'와 '리일'은 서로 연속되지 않는 것이 아니다. 다만 모두 치우쳤거나 한쪽이 치우친 기질이 완전한 기질이 되지 못하기 때문에 그 성(性)의 차이 나는 실상이 일정하여 바뀌지 않는다. [27]

이인재에 따르면, 분수와 리일이 연속성을 가짐으로써 마음속의 일리에 따라 만물의 분수를 인식할 수 있는 것은 본성의 한쪽으로 밝음이다. 그러나 그는 기질이 완전히 치우치거나 막혀 있기 때문에 본성도 고정되어 바뀔 수 없다고 하여, 기질의 차이가 본성의 차이를 가져오는 본질적 요소라고 주장하였다. 하지만 그에 따르면, 인간존재의 생성조건에 대하여 "천지가 처음 열릴 때에 그 기운이 뒤섞여서 간혹 동물 형태에 사람의 몸을 가진 자가 있었으나 실은 본래 바르고 통하여 뛰어난 기를 품부받은 것이다. 또한 천지의 리는 단지 유행하여 그치지 않는 오묘함이 있을 뿐이며 고정 불변하는 한계는 없다."[28] 이것은 바로 치우친 기질의 제한에도 불구하고 리가 유행함으로써 마음은 그 제한을 넘어서 일리(一理)로부터 분수로서 사물의 리를 인식할 수 있다는 것이다. 이러한 그의 관점이 통일적이고 수직적인 전통적 정치제도와 신분관을 넘어서 민중의 자치와 다양한 민의를 수용할 수 있는 철학적 지평융합을 가능케 하는 것이라 할 수 있다.

---

27) 위의 책, 권4, 「古代希臘哲學考辨」, "各一之性, 一路之明, 固理一中分殊, 而非分殊與理一不相貫串, 特以全塞偏塞之氣質, 不能變爲完全氣質, 故其爲性之異實, 一定而不移矣."

28) 『省窩集』 卷4-40b, "天地始闢之際, 其氣混沌, 或有獸形人身者, 而其實則本稟得正通之秀氣也. … 然則天地之理, 只有流行不已之妙, 而無一定不可易之分矣.

4. 서양고대철학에 대한 비판적 이해

이 장에서는 이인재가 자신의 성리학의 이론적 관점에 근거하여 서양고대철학의 어떤 이론적 문제점을 비판하고 있으며, 그의 이러한 비판이 가지는 문제점과 의미가 어디에 있는가를 살펴보고자 한다. 그는 전통학문의 이론적 틀에 의거하여 서양고대철학에 대하여 비판적 시각을 가지고 평가를 했지만, 한편으로는 스스로 희랍고대철학 자체에 대한 이해의 부족에 근거하여 잘못된 비판을 한 것으로 이해되기도 한다. 따라서 그의 이러한 철저하지 못한 이해에 대한 분석을 통해서 역으로 희랍철학에 대한 해석상의 특징을 살펴볼 수 있을 것이다.[29]

이인재는 무엇보다도 먼저 존재론과 우주론적 원리에 대하여 자신의 성리학의 이기론에 근거하여 고대희랍철학에 대하여 비판적 이해를 제시하고 있다. 그는 먼저 이기론의 리일(理一)의 관점에 근거하여 탈레스의 이론에 대한 해석과 비판을 제시하고 있다. 이인재는 탈레스의 이론에 대하여 "원리에 두 가지가 있는데 하나는 형체가 있는

---

29) 예컨대, 이인재가 소크라테스의 신(神)을 실체화시키고 있는 것은 다분히 잘못된 파악이다. 이는 이인재의 잘못이라기보다는 이인재가 참고한 책들, 특히 소크라테스의 신 개념에 대해서 이인재가 인용하고 있는 이노우에 엔료(井上圓了)가 이런 이해를 보이고 있는 탓이 있다. 이노우에 엔료는 불가의 승려로 신을 비롯한 종교에 대한 관심이 많았던 탓에 이런 태도를 보인 듯하다. 더 세밀한 연구는 이노우에 엔료가 동경대학을 다닌 1885년부터 『철학요령(哲學要領)』을 저술한 1902년 사이 일본철학계의 풍토에 대한 연구가 선행되어야 한다.(이현구 · 김주일, 「동서윤리론의 기저 비교와 융합 가능성 모색 – 성와 이인재의 희랍고대철학고변」(『시대와 철학』 19권, 2008), 499쪽)

물질이고, 다른 하나는 형체가 없는 정신이다"[30]고 하였다. 여기에서 탈레스는 물질과 정신 두 가지를 모두 원리라고 보았다고 하였다. 반면에 이인재는 리와 기를 구분하면서, 물질과 정신을 모두 기의 차원에서 보는 기준을 가지고 탈레스의 관점을 바라보았다.

> 이른바 신(神)은 기(氣)의 영묘한 본체를 가리키는 것이나, 정신은 기의 영묘한 작용을 가리키는 것이다. (탈레스는) 기가 영묘한 까닭이 본연의 리가 있기 때문이라는 것은 알지 못했다. 리를 알지 못했기 때문에 기를 리라고 생각했으며, 기는 제한되고 통하지 않기 때문에 물질과 정신 두 가지 원리로 나누어졌다. 그런데, 기가 모여서 형체를 이룬다고 하여 형체와 기를 두 가지로 나눈다면 또한 기를 알지 못했다고 할 수 있다.[31]

이인재는 탈레스가 정신과 물질을 모두 기로 간주하면서 리 또한 기로 보았다고 해석하였으며, 기에서 형체가 이루어지지만 형체와 기 또한 두 가지로 구분함으로써 리도 알지 못하고 기도 알지 못했다고 하였다. 이인재는 탈레스 이론을 비판하면서 기가 영묘한 까닭이 본연의 리가 있기 때문이라고 하여 리와 기를 구별하였다.

이어서 이인재는 『철학요령』을 인용하여 사물의 본원에 대하여 아낙시만드로스의 견해를 제시하면서 이 이론에 대하여 비판하고 있다. 그에 따르면, 아낙시만드로스는 천신이라는 가상을 버리고 사물의

---

30) 『省窩集』 卷4-1a, "原理有二種, 一有形之物質, 一無形之精神."

31) 『省窩集』, 「古代希臘哲學考辨」, "所謂神者, 指氣之靈妙本體, 而精神則指氣之靈妙作用, 未見到氣之所以靈, 以有本然之理也. 不知理, 故以氣爲理, 而氣者局而不通, 故以二種原理分之. 然氣聚成形而以形與氣爲二種, 則亦可謂不知氣矣."

이치를 설명하는데 물질의 본원이 물의 본체에 있지 않다고 증명하였으며, 한계가 없는 빈 것[32]을 계기로 형질이 없는 체(體)로써 만물의 원리를 규정하였다[33]고 하였다. 여기에 대하여 이인재는 한계가 없는 넓고 공허한 것이 어찌 물질의 본원이 될 수 있는가[34]라고 하여 비판하였다.

반면 그는 파르메니데스의 학설에 대하여 "그는 모든 현상들이 실체성이 없는 것으로 논구하면서 모든 사물이 유일한 실체의 원리에서 벗어나지 않는다고 증명하였다. 그는 그 진리를 마음에서 논구하였고, 원리에 관한 학문이 감각으로 말미암는 모든 상(想)으로써 증명하고자 한다면 그것은 진리의 기초가 될 수 없으며, 형이상의 순수한 리를 가지지 않고는 진리를 드러내 밝힐 수 없다"[35]라고 설명하였다. 파르메니데스는 여기에서 현상 사물들은 자체로는 유일한 실체와 떨어져

---

32) '한계가 없는 빈 것'은 아낙시만드로스에서는 '무한자'로서 'to apeiron'으로 언급된다.

33) 『省窩集』, 「古代希臘哲學考辨」, "亞那機曼的廢天神之假想, 始說明物理, 證物質之本源, 不在水體而如無涯之空虛, 因以無形無質之體, 而定萬物之原理."

34) 위의 책, 같은 곳, "以無形無質之體, 定原理, 而比諸無涯之空虛, 則其體也, 卽空蕩蕩而何能爲物質之本源乎?" 거스리에 따르면, 아낙시만드로스는 "물질의 최초의 상태가 거대한 크기의 분화되지 않은 상태의 덩어리이고, 비록 이 덩어리는 대립되는 요소들 내지 그 성질들을 말하자면 잠재적 내지 가능적인 형태로 즉 완전한 융해상태로 포함하고 있지만, 그 속에서 그러한 요소나 성질은 아직 구별되지 못한다. 이 최초의 덩어리는 영속적인 운동 속에 있고, 이 결과로 그 덩어리의 어떤 부분에 있어서 어떤 시기에 대립되는 성질들 또한 그것을 함유하고 있는 원질들이 스스로 분리되어 나오기 시작한다"라고 생각했다. 이렇게 하여 아낙시만드로스가 말하는 '풍부한 산출의 핵'이라는 것이 생겨나게 되었다.(W.K.C. 거스리 저, 박종현 옮김, 『희랍철학입문』(서광사, 2000), 45쪽) 여기에서 아낙시만드로스의 무규정자가 단순한 공허가 아니라 영속적인 운동성을 함유면서 대립자를 낳는 본원이라는 점에서 이인재의 비판은 한계를 가진다고 볼 수 있다.

35) 위의 책, 같은 곳, 卷4-4, "扒蔑尼的氏終論究其諸象之無實體, 證明諸物不外惟一體之原理, 而氏攷其理於心, 理學證從感覺來之諸想, 不可爲眞理之基祉, 非有形而上之純理, 不足以表明眞理."

실재성을 가지지 못하는 것으로 이해하였다. 여기에 대해 이인재는 "대체로 사물과 떨어져서 독립한 것이 아니며, 사물에 갖추어진 리가 바로 본연의 진리이다. 만약 모든 사물이 원리에서 벗어나지 않는다고 하면서 사물이 이루어진 후에 오관에서 감각하는 것은 곧 리 밖의 일이라고 한다면, 이것은 리와 사물이 서로 현격하게 떨어져서 이른바 유일한 원리가 한쪽으로 치우치고 기울게 되니 어떻게 모든 사물을 벗어나지 않게 할 수 있겠는가!"[36]라고 하였다. 그는 리와 사물의 연속성의 관점에서 파르메니데스가 주장하는 각각의 현상이 진리와 분리되어 있음을 비판하였다.

파르메니데스가 모든 현상의 존재성을 부정하는 것에는 다음과 같은 논리가 전제되어 있다. 곧, 모든 변화와 운동은 있는 것이 그것 아닌 것으로 됨을 뜻하기 때문에 실재하지 않는다. 따라서 있는 것을 '있지 않다'고 말하는 것은 무의미한 말이다. 운동은 또한 허공과 같은 것이 없다는 두 번째 이유로 해서 불가능했다. 공간은 오직 '실재하는 것', 즉 있는 것이 있지 않던 곳으로 묘사될 수 있을 뿐이다. 그렇다면, 실재의 세계 즉 있는 모든 것은 한 가지 실체의 불변 부동의 한 덩어리임이 틀림없으며 또한 그것은 영원하고 변화 없는 정지 속에 언제나 머물러 있어야 한다.[37] 이러한 관점에서 존재와 변화를 동시에 설명하고자 하는 리기론에 입각하여 이인재는 파르메니데스의 불역(不易)의 존재론을 비판하고 있다.

플라톤의 학설과 관련해서도 이인재는 『요령』을 인용하여 비판하

---

36) 위의 책, 같은 곳, 卷4-4, "大抵理非離物而獨立, 物上所具之理, 卽本然之眞理也. 若謂諸物不外原理, 而成物之後, 五官所感覺者, 便是理外之事, 則理與物相懸隔, 所謂惟一原理者, 偏枯尖斜, 何以使諸物不外乎!"

37) W.K.C. 거스리 저, 박종현 옮김, 위의 책, 72쪽.

였다. 플라톤 학설에서는 인지의 본원을 감각(感覺), 영혼[總念], 이데아[理想] 등 세 가지로 구별하는데, 이 가운데 핵심은 이데아에 있다. 그 이데아의 본체를 일컬어 신(神)이라고 말한다. 물리(物理)에 대한 플라톤 학설에 따르면 우주는 작용할 수 있게 하는 신과 작용 대상이 되는 물질로 인하여 이루어진 것이다. 대개 신은 항상 머물러 변하지 않는 리의 본체이고, 사물은 무상하게 변화하는 현상으로 그 성질이 완전히 상반되는 것이라[38]고 보았다. 여기에 대하여 이인재는 생성소멸이 없는 리의 관점에서 말하면 신은 상주불멸하는 것이지만, 음양으로 이루어지는 사물에서 말하면 신은 변화를 예측할 수 없는 것이다. 따라서 두 가지가 전혀 상반되어 어그러진다면 신과 사물은 서로 격리되므로 어떻게 언급할 만한 신묘한 작용을 할 수 있겠는가[39]라고 반문하였다. 이렇게 이인재는 신과 사물이 분리되지 않는 연속성을 가진다는 측면에서 플라톤 철학을 비판하였다.

플라톤에 있어서 영혼은 그 불멸론에서 알려지는 것과 마찬가지로 볼 수 없고 비물질적이고, 정신적이며 이 세상의 실체를 넘어선 것인바 세계영혼이건 인간의 영혼이건 이 점에 있어서는 마찬가지이다.[40] 영혼은 생명이요 운동이라고 하는 점에 있어서 이데아와 감각적인 것 사이의 중간에 있는 것이 된다. 인간의 영혼은 정신으로서 이데아를 인식하는 장소가 된다. 동시에 감각적 영혼은 감각의 내용

---

38) 『省窩集』, 「古代希臘哲學考辨」 卷4-12, "栢來圖氏分人智之本源, 爲感覺總念理想之三種.… 栢來圖言人智之本源, 全在理想, 其理想之本體, 名之曰神. … 然栢氏之說, 物理也, 謂宇宙者, 因能作用之神力與所作用之物質而成. 蓋神者, 常住不變之理體, 物者, 不定變化之現象, 以其性質全相反."

39) 위의 책, 같은 곳, "以理無生滅言之, 則神卽常住不變者也. 以一物兩在言之, 則神卽變化不測者也. … 苟全相反戾, 則神與物便相離, 安能有所及之妙用乎!"

40) 요하네스 힐쉬베르거, 강성위 옮김, 『서양철학사』(이문출판사, 2003), 152쪽.

이 그곳으로 흘러 들어가는 곳이기도 하다. 이 감각 내용이 그곳으로 흘러 들어감으로써 한편으로는 이데아들이 일깨워지고 다른 한편으로 이데아들에 의해 그 내용이 읽혀지기도 한다. 영혼은 두 가지의 대립되는 것을 결합시킨다.[41)]

『학설』에서는 플라톤이 말하는 이데아를 리(理)로, 영혼(靈魂)을 정신(精神)으로 번역하였다. 여기에 따르면, 이데아는 본래 우리의 영혼 속에 존재하지만 이데아는 본래 불멸한다. 이제 나의 영혼도 이데아를 포함하고 있기 때문에 불멸하는 성질이 있음을 알 수 있다. 플라톤이 이데아가 우리의 영혼에 항구적으로 존재한다면 우리의 영혼도 불멸하는 것에 속한다고 말하는 것은 의심의 여지가 없다.[42)]

하지만 이인재는 정신 또는 영혼은 리(理: 이데아)의 존재 여부에 따라 그 존재와 소멸이 의존해 있기 때문에 리가 존재와 함께하여 소멸의 가변성이 있는 만큼 마찬가지로 리가 소멸함에 따라 소멸하는 성질을 가진다고 하였다.

> 천지의 공통된 리(理: 이데아)로 말하면 실로 인물과 피차의 차이와 고금의 구별이 없으나 한 사물이 받은 '리'로 말하면 사물의 처음과 끝은 바로 '리'의 처음과 끝이다. 대개 이 생리(生理)가 있기 때문에 이 생기(生氣)가 있는데, 생기가 흩어져 소멸하면 이에 생리도 이미 소진한다. 생리가 소진하면 성(性)이 없어진다. 성이 없으면 이 영혼의 본체가 없어짐을 알 수 있다. 생기가 다하고 나면 영혼의 발용도 없어지게 된다. … 만약 만물이 각기 갖추고 있는 리와 연관하여 사물이 소멸하는데도

---

41) 위의 책, 157쪽.

42) 『省窩集』, 「古代希臘哲學考辨」 卷4-30, "理者本存於吾人精神之中, 而理本屬不滅. 今我精神而能懷抱之, 其有不滅之性, 可知矣. 先生有云理而果常存於吾人精神中, 則吾人精神亦屬不滅, 無可致疑矣."

리가 소진하지 않고 각각이 정신(또는 영혼) 가운데 있으면서 세계에 영속한다면 이것은 리가 만유(萬有)에 국한되는 것으로 하나가 될 수 없다. 또 저것이 이미 영혼을 바로 리라고 말하지 못하는데 리를 포함하는 사물이 된다고 한다면 불멸하는 리를 가지고 리를 포함하는 것 또한 불멸한다고 하겠는가?[43)]

플라톤이 보편적인 이데아의 불멸성에 근거하여 이데아를 담고 있는 영혼 또한 영속한다는 견해를 피력한 것에 대하여, 이인재는 영혼과 리(이데아)에 대한 자신의 관점에서 플라톤의 영혼불멸설을 비판하였다. 그에 따르면, 생리와 생기는 상호의존적인 것이고, 영혼은 다시 생기와 생리에 의존하는 것이므로 생기가 흩어지면서 생리가 흩어져 소멸하게 되면, 영혼은 존립할 수 있는 근거를 상실하여 그에 따라 소멸하게 될 것이다. 플라톤이 영혼과 이데아의 결합관계를 말

43) 『省窩集』, 「古代希臘哲學考辨」 卷4-30, "以天地公共之理言之, 則固無人物彼此之間, 死生古今之別, 而自一物所受之理言之, 則物之終始, 卽理之終始矣. 蓋有是生理, 故有是生氣, 而生氣之散滅, 是乃生理之已盡也. 生理已盡, 則無性矣. 無性則是無精神之本體可知. 生氣已盡, 則亦無精神之發用者矣. … 若謂萬物各具之理, 物滅而理不盡, 箇箇抱在精神中, 永存於世界間, 則是卽理局於萬而不可爲一也. 且彼旣不以精神卽謂之理, 而爲抱理之物, 則以理之不滅, 而抱理者亦不滅耶" 거스리는 플라톤의 영혼불멸설을 다음과 같이 서술하고 있다. "플라톤은 혼(psychē)은 본질에 있어서 영원한 세계에 속하는 것이지, 일시적인 세계에 속하는 것이 아니라는 피타고라스 교설의 진리를 재차 확인했다. 혼은 지상에서의 여러 차례에 걸친 삶을 살았고, 그 지상에서의 삶에 앞서, 그리고 삶과 삶 사이에 육신을 떠나 있는 동안 초월적인 실재를 바라볼 기회를 가졌었다. 육신은 감옥 및 무덤에 비유되고, 혼은 이 지상에서의 삶에 앞서 친히 지내던 이데아들의 세계로 되돌아갈 수 있기 위해서 이 육신에서 풀려 나오기를 갈망한다. 이데아설은 혼의 불멸성에 대한 믿음과 존립 여부를 같이 한다."(W.K.C. 거스리, 박종현 옮김, 『희랍철학 입문』(서광사, 2000), 127쪽)고 하였다. 여기에서 영혼은 육신을 벗어나 과거와 현재의 생멸의 세계를 넘나드는 과정에서 이데아를 망각하기도 하고 이데아를 상기하는 주체가 되기도 한다.

하면서 영혼의 불멸성을 이데아의 불멸성에 따른 것으로 논증하는 것에 비하여, 이인재는 똑같이 생기, 생리와 영혼의 결합관계를 말하지만, 생기와 생리가 사물의 생성소멸에 따라서 흩어져 소멸하는 성질을 가진 가변적인 것이기 때문에 영혼 또한 불멸성을 가질 수 없다는 것으로 논증한다는 점에서 다르다. 이처럼 이인재는 플라톤의 영혼불멸설을 자신의 리와 영혼에 대한 이론에 근거하여 부정하고 있다.

이인재는 플라톤과 달리 아리스토텔레스에 대해서는 그의 철학을 비판하기보다는 오히려 긍정하는 태도를 취한다. 플라톤이 이데아로서 형상들이 자연물과 독립되어 있다고 보는 것에 비하여 아리스토텔레스에 있어서 자연계의 독립적인 각각의 대상은 하나의 복합체임을 발견하게 된다. 어떤 주어진 순간에 있어서의 대상은 한편으로 그것의 질료라고 일컬어지기도 하는 기체가 거기에 함께 어떤 형상적 성질이 넣어지거나 갖추어져 이루어진 것이다.[44] 이리하여 아리스토텔레스에 있어서 형상들은 언제나 자연물 안에 존재한다.

『요령』에 따르면, 아리스토텔레스는 플라톤의 이데아론에 대항하여 지식이 감각으로부터 오는 '리'임을 증명하였는데, 이것은 바로 이데아와 감각 중에서 취하여 인지(人智)의 본원을 논한 것이라고 한다. 또한 논리로 모든 학문의 원칙으로 삼아서 그 형상(形相)은 마음을 따라 생기고, 그 자료는 감각으로부터 온다고 아리스토텔레스는 말하였다. 아리스토텔레스가 제기한 논리학에는 명사, 명제, 추론의 세 종류가 있고, 이것이 당시 세상에 전하는 연역법이라고 이인재는 보았다.[45]

---

44) W.K.C. 거스리, 박종현 옮김, 『희랍철학입문』(2000), 168쪽.

45) 『省窩集』, 같은 곳, 卷4-32, "亞氏抗栢來圖氏之理想論, 而證知識所以從感覺而來之理, 卽取理想與感覺之中, 而論人智之本源也. 而又以論理爲諸學之原則, 謂其原形則從心生, 其資料則自感覺來. 其組成論理學者, 有名辭命題推論三種, 今日所傳於世之演繹法, 是也."

이인재는 아리스토텔레스의 관점에 대하여 다음과 같이 설명하였다.

> 지식은 우리 마음속에 있는데 그 본체의 신명(神明)은 물리(物理)를 주관할 수 있다. 이 리가 만물에 흩어져 있으나 그 미묘한 작용은 우리 마음에서 벗어나지 않아서 애초 내외정조(內外精粗)의 구별이 없다. 이데아는 바로 내 마음의 양지로 본래 허명함이 비할 바가 없다. 그러나 그 기품의 청탁의 차이에 따라서 리에 통하지 못함이 있거나 앎에 가려짐이 있게 된다. 하지만 가려진 중에도 꿰뚫어 밝은 본체가 없는 것이 아니어서 그 감각적인 사물에 나아가 이미 알고 있는 것을 미루어 더욱 궁구한다. 쌓아 익히는 것이 많아지면 가려진 것이 제거되고 앎이 다하지 않음이 없게 된다. 그러니 지식이 감각으로부터 처음 오는 것이 아니라도, 다만 감각으로부터 미루어 궁구할 때 본원의 이데아가 모두 드러날 것이다. 아리스토텔레스는 논리학에서 형상이 마음에서 생기므로 또한 지식은 이데아 본체에 근본하는 것을 알 수 있으며, 그 물리적인 질료는 감각에서 오는 것일 뿐이다. 그 감각적인 사물 가운데 의미가 깊은 것은 직각으로 이해할 수 없기 때문에 세 종류의 연역법이 있는 것이다.[46]

이인재는, 아리스토텔레스가 지식의 근원을 감각적 대상에 내재한 리(이데아)에 대한 인식에 말미암고 이 리가 마음에서 생긴다고 하는 것을 자세하게 설명하였다. 그는 성리학적 해석에 따라서 마음의 텅 비고 밝은 본체가 만물에 내재해 있는 리를 인식할 수 있는 만큼 리

---

46) 『省窩集』, 같은 곳, 卷4-32, "知識在乎吾心, 而其體之神明, 足以管萬物. 這理散於萬物, 而其用之微妙, 不外乎吾心. 初無內外精粗之別也. 理想者, 卽吾心之良心, 本虛明無比, 而因其氣稟清濁之殊, 於理或有所不通, 而知有所蔽也. 然於有蔽之中, 亦不無本體之透明, 則卽其感覺之事物, 推其所已知者, 而益窮之, 積習旣多, 則蔽無不祛, 識無不盡矣. 然則知識非從感覺始來, 特因感覺上推究, 而本源之理想畢露矣. 氏於論理學謂原形從心生, 則亦知知識原於理想之本體, 而其格致資料, 則自感覺來而已. 其於感覺事物之中, 意義深遠者, 不可以直覺解得, 故有三種演繹之法."

에 내외정조(內外精粗)가 없는 것으로 이해하였다. 여기에서 마음의 본체는 기품의 청탁수박(淸濁粹駁)에 따라 리를 그대로 드러내지 못할 수도 있다. 그래서 감각적인 사물에 나아가 이미 아는 것을 통하여 반복하여 본원을 궁구할 때 리(이데아)가 모두 드러날 것이라고 보는 것이 아리스토텔레스의 세 단계로 이루어진 연역법이라고 주장하였다.

이인재는 『학설』에 수록된 아리스토텔레스의 중용에 관한 이론을 다음과 같이 소개하고 있다. "낮은 수준의 여러 덕행은 모두 실천을 하고자 하는 것인데 혹은 몸을 고생시키고 혹은 힘을 쓰는 것은 바로 지금 행하는 것이다. 대개 이러한 덕행은 모두 우리의 여러 기능을 단속하기 위한 것이어서 임의적으로 저 고요히 관조하여 깊이 생각하는 덕의 쓰임에 기여할 수 없다. 그러나 그 단속하는 것 또한 다른 것이 아니고 과불급이 없이 중용(中庸)의 도를 얻는 데 불과하다. 지금 우리 실제 경험에 나아가서 살펴보면, 과불급은 모두 커다란 해로움을 낳는다. 음식이나 노동 또는 오락과 같은 데 비유하면, 모두 지나쳐도 해로움이 있고, 미치지 못해도 해가 있다. 그래서 덕이 있는 군자는 모두 중용을 지켜서 과불급의 근심을 없애고자 노력한다"[47]고 하였다.

이인재는 아리스토텔레스가 말하는 낮은 수준의 중용의 도(道)를 행하는 것과 중용의 의리를 관찰하는 것을 구별하고 있다. 그는 중용(中庸)에서 '중'은 고정된 형체가 없이 상황에 따라 존재하는 것으로 보아, 구체적인 행위에서 과불급을 따지는 것과 의리로써 말할 때 시중(時中)이 되는 것을 구별하였다.

---

47) 『省窩集』, 같은 곳, 卷4-53, "下級之諸德行, 皆所以實踐者, 或勞身或勞力, 乃於現在有所施行也. 蓋此等德行, 皆所以檢制吾人之諸機能, 不得自肆以供夫靜觀深念之德之用也. 而其檢制之亦無他, 不過使其無過與不及, 得中庸之道耳. 今夫就吾人實驗而觀之, 過與不及, 竝有大害. 譬之如飮食如勞作如娛樂, 皆過則有害, 而不及亦有害, 故有德君子, 皆務守中庸, 而無過與不及之患也."

> 대개 '중'은 고정된 형체가 없이 상황에 의존한다. 우임금이 치수(治水)할 때 세 번 자기 집 문 앞을 지나면서 들어가지 않은 것은 노동이 지나친 것이고, 공자가 소(韶) 음악을 들으면서 세 달 동안 음식 맛을 알지 못한 것은 즐거움이 지나친 것이며, 식사 때에 배불리 먹지 않고 익지 않은 것을 먹지 않은 것은 음식에 미치지 못하는 것이다. 하지만 지나치거나 미치지 못하는 것은 바로 행위상의 자취이고, 의리로 말하면 이것은 시중(時中)이라고 말한다. 일에는 변화가 있기 때문에 절대적으로 옳은 것도 옳지 않은 것도 없으나, 리에는 같지 않음이 없기 때문에 오직 의리만 따를 뿐이다. 만약에 행위만을 기준으로 삼고 의리를 준거로 삼지 않으면 '중' 또한 일정한 형체에 고착하게 된다. 난폭함과 인색함 같은 것이 바로 악덕으로 흐르기 때문에 참된 용기는 실로 난폭하거나 비겁하지 않고, 참된 어짊은 실로 인색하거나 사치하지 않는다. 그것이 양쪽으로 치우치지 않고 '그 중간에 있다'고 말하므로 뜻이 통할 수 있다. 그러나 또한 난폭함과 인색함을 적게 쓰는 것이 바로 용기가 되고, 어짊이 된다.[48]

이인재는 과불급에 따른 행위로만 기준을 삼는다면 중용이 고착될 수 있기 때문에, 언제나 같지 않음이 없는 의리를 기준으로 한 시중(時中)을 실천해야 한다고 하였다. 여기에서 참된 용기와 참된 어짊이 기준으로 삼아야 하는 의리(義理)는 바로 포악함과 비겁함, 사치와 인색의 중간임을 강조하고 있다. 이것은 바로 아리스토텔레스가 만용

48) 『省窩集』, 같은 곳, 卷4-53, "蓋中無定體, 隨時而在. 如禹之治水, 三過其門而不入, 則過於勞矣. 孔子之聞韶三月, 不知食味, 則過於樂矣. 如共食不飽, 失飪不食之類, 不及於飲食矣. 然其或過或不及, 卽事爲上現迹, 而以義理言, 則是謂時中矣. 事有變遷, 故無適無莫, 而理無不同, 故惟義之與比矣. 若只以事爲準, 而不以義爲的, 則中亦有定形之倚著矣. 亂暴吝嗇之類, 卽流於惡德者, 故眞勇果不暴怯, 眞仁果不吝侈矣. 以其不流於兩邊, 而謂在其間, 則意固可通. 然亦未可以暴與吝少用者, 爲勇爲仁矣."

과 비겁의 중간이 바로 진정한 용기라고 하는 예로 중용의 원리를 설명한 것을 해설한 것이다. 요컨대, 낮은 수준의 중용이 구체적으로 드러나는 형적으로서 과불급이 없는 행위라고 한다면, 높은 수준의 중용은 과불급이 없는 행위가 의리에 따르는 시중이 될 때라는 것이다.

결국 이인재는 탈레스로부터 아낙시만드로스, 파르메니데스와 같은 소크라테스 이전 멜레토스 학파의 이론을 이루는 정신과 물질 구도, 그리고 그 근원에 대하여 자신의 이기론적 관점에 따라 비판적으로 평가하였다. 탈레스에 대해 정신과 물질을 모두 기로 간주하고, 형체와 기를 둘로 나누어 '기' 또한 알지 못했다고 하였고, 아낙시만드로스에 대해서는 한계가 없이 빈 것을 물질의 본원이라고 본 것을 비판하였다. 플라톤의 영혼불멸설에 대해서도 이인재는 생기와 생리는 사물의 생성소멸에 따라서 흩어져 소멸하는 성질을 가진 가변적인 것이기 때문에 영혼 또한 불멸성을 가질 수 없다고 비판하였다. 반면에 감각적 대상에 내재한 리(이데아)에 대한 아리스토텔레스의 인식과 그의 중용론에 대해서 긍정하는 태도를 취하였다. 아리스토텔레스에 대해 긍정적 입장을 취한 이유는 아리스토텔레스 철학이 현상과 본체 사이의 구별을 강조하기보다 양자가 구체적 사물에 결합되어 존재하는 측면에 초점을 맞추고 있는 만큼, 이런 이론이 성리학에서 리기 사이의 불상리의 측면에 좀 더 근접하기 때문이라고 이해된다.

5. 성리학 지평의 해석을 통한 서양정치사상과 제도의 수용

이인재는 곽종석을 통하여 한주 이진상의 리를 중심으로 하는 성리설을 계승하면서도 시대적 요청에 따라 고대희랍철학과 진화론, 그리고 서양정치사상과 제도를 수용하였다. 이러한 그의 사상적 특색은 전통사상과 서양사상을 의미론적 지평에서 융합시키고자 한 시도로 이해된다. 이인재는 성리학의 재해석을 통한 철학적 탐구과정에서 세 가지 방향에 유의하여 자신의 사상적 체계를 세웠다.

첫째, 그는 서양문명이 흥성하게 된 근원을 고찰하면서 헌법과 행정 등이 모두 철학에 근거하고 있다는 것을 인식함으로써 고대희랍철학에 대한 이해가 필수적임에 유의하였다. 둘째, 그는 자신의 시대를 서양문명이 발전시킨 물리적 힘이 위세를 떨치는 우승열패, 약육강식의 현장으로 인식하면서 '진화' 또는 '개화' 개념에 주목하였다. 여기에서 그는 희랍철학의 형상과 질료가 성리학의 리와 기 개념과 유사한 의미연관성을 가지는 것에 착안하였다. 셋째, 그는 자유(自由), 민권(民權), 자치(自治), 민의(民議), 대의제와 같은 개념에 대한 이론적 설명을 통하여 서양정치사상 및 제도를 리일분수론(理一分殊論)을 중심으로 하는 자신의 철학체계에 수용하였다.

그러면 이 절에서는 먼저 이인재가 항구적인 도는 변치 않으나 구체적 현실에서의 제도를 시의에 따라 수정하고 변화시킬 수 있다는 시각을 가지고 제기하는 변법론을 살펴보기로 한다. 이어서 그가 약육강식, 우승열패의 진화론적 세계관을 어떻게 자신의 사상체계에 받아들이고 있는가를 점검하고자 한다. 이어서 그가 서양정치사상과 제도를 어떻게 자신의 성리학 이론과 연결시키고 있는가를 살펴보기로 한다.

이인재는 도는 고금을 막론하고 불변하지만, 제도는 시의에 따라 수정해야 한다는 것을 언급하면서 도는 『대학(大學)』이, 제도는 『주관(周官)』이 성대하게 갖추고 있음을 다음과 같이 언급하였다.

> 저 수기치인의 도는 『대학』이 지극하고, 제도와 규범의 성대함은 『주관(周官)』에 갖추어져 있다. 도(道)는 비록 고금에 걸쳐서 변화가 없지만, 제도는 시대에 따라 수정하는 것이 없을 수 없다. 제도를 논의하고 법을 고찰하는 것은 실로 윗자리에 있는 사람이 할 일이지만, 강론하여 그것을 밝히는 것은 비록 초야의 선비라도 본분을 넘어서지 않는다.[49)]

이인재는 항구적으로 불변하는 특성을 가지는 도는 바로 『대학』에서 말하는 수기치인의 원리를 말하는 것이며, 시의에 따라 바꿀 수 있는 제도는 『주관』에서 말하는 주나라의 360관직을 범례로 들고 있다. 여기에서 시의성에 따라 제도를 바꾸는 것은 정치적 지위를 가지는 윗사람이 해야 하는 일이지만, 그렇게 바꾸어야 하는 불변의 보편적 도를 밝히는 것은 재야의 지식인 선비라도 논할 수 있다고 하였다. 그의 이러한 관점은 동도서기론과 연속되는 의미를 가지고 있으며, 바로 그의 변법론으로 연결되고 있다.

이인재에 있어서 물리력에 따르는 우승열패와 생존경쟁이 보편화

49) 『省窩集』 卷2-21, 「上俛宇先生」, “夫修己治人之道, 大學至矣. 制度文章之盛, 周官備矣. 道雖亘古今無變, 而制度則不能無隨時損益. 議制考法, 固在上之事. 然講而明之, 雖草茅之士, 非踰分也.”

된 변혁의 시기에 변법은 서양의 법과 제도, 문물을 수용하는 것을 의미하였다. 하지만 그는 서양의 법이나 제도의 외적인 것만 바꾸거나 변치 않는 옛 도리만 완고하게 지키는 것을 말단만 추구하는 개화라고 하여 비판하였다.

> 그러나 조정의 신하가 시국을 목도하고 대략 서양의 법을 쓰지 않을 수 없음을 알고 의복 제도와 문장법규로 오로지 개화의 외양만 일삼고, 초야의 선비가 몸소 경전에 의지하여 늘 고도(古道)를 회복하지 않을 수 없다고 말하면서, 과거 자취를 진술하는 것으로 다만 존왕양이(尊王攘夷)의 헛된 습속만을 숭상하여 외양만 갖춘다면 이는 개화에 있어서 말단이다.[50]

이인재는 국가의 진정한 발전과 개화는 옛 제도와 현 제도가 서로 참조하여 돌아보면서 시의에 따라 수정을 거치는 것이라고 보았다. 그는 "지금 새로운 것을 따르는 것이 바로 옛것을 회복하는 길이다. 그러나 현제도에 의거하여 옛것을 본받지 않으면 피상적이어서 본원에 이르지 못할 것이고, 옛것만 헤아려서 현제도를 참조하지 않으면 구원하여 현실적 사정에 맞지 않을 것이다. 그래서 시대에 따라 수정을 거친 것은 삼대에도 피하지 못한 것이니, 더하고 덜어내는 것이 바로 스스로 새롭게 하는 길이다"[51]라고 하였다. 이것은 바로 현재는

---

50) 『省窩集』 卷5-14a, 「萬綠」, "其所以培養國家之元氣, 扶持生民之命脉者, 非在於賢士大夫乎. 然而朝廷之臣, 目睹時局, 略知西法之不得不用, 而以衣章文具, 專事開化之外貌, 草野之士, 身托經籍, 每稱古道之不可不復, 而以陳言往迹, 徒尙尊攘之虛習. 外貌具則於開化末矣."

51) 『省窩集』 卷5-18, 「學校警告文」, "學校之名卽三代之所刱, 而在泰西則於斯爲盛. 彼曰維新, 固無怪而在我則實爲古制. 今之從新, 乃所以復古矣. 然據今而不師古, 則膚淺而不達本源. 酌古而不參今, 則迂遠而不合事情. 故因時損益三代之所不免, 而損之益之, 乃所以自新矣."

옛것을 통하여 본원성을 확보하고 현제도에 대한 참조를 통하여 현실에 부합하는 시의성을 가지게 된다는 것이다. 이처럼 이인재는 새로운 제도를 추구하면서도 옛 도에 근거를 두어야 하며 옛 도는 시의에 맞게 새롭게 바뀌어서 고금(古今)이 결합되어야 한다는 관점을 제시하였다.

이인재가 민주주의의 핵심 원리로서 대의제, 자유, 민권, 민의 등과 같은 서양정치제도를 수용한 것은 이러한 시각에 따른 논리적 결과이다. 그는 『주역』의 「태괘(泰卦)」와 「비괘(否卦)」를 인용하여 민주주의 제도의 출발이라 할 수 있는 민의, 자치, 대의제와 같은 이론을 정치적 상하 계층의 소통의 측면에서 설명하였다.

> 『역』은 위아래가 소통하는 것을 「태괘」로, 위아래가 소통하지 않는 것을 「비괘」로 삼았다. '소통하다'라는 뜻이 대단하도다! 지역이 서로 소통하면서 고을과 나라의 형세에 단합이 확립되고, 마음이 서로 소통하면서 인민의 마음이 단결된다. '행정'이라고 하고 '덕택'이라고 하는 것은 위로부터 아래로 소통하는 것이고, '자치'라고 하고, '민의'라고 하는 것은 아래로부터 위로 소통하는 것이다. 아래에서 자치할 수 있으면 위에서 행하는 행정이 백성에게 베풀어지는 것이 쉬워지고, 아래에서 민의가 정해지면 아래로 은택이 사람들에게 들어가는 것이 빨라진다.[52]

그는 소통의 방향에 따라 위로부터 아래로, 아래로부터 위로 소통하는 것을 각각 '행정', '덕택'과 '자치(自治)'와 '민의(民議)'로 구별하지만

---

52) 『省窩集』 卷5-17, 「自治民議會趣旨書」, "易以上下交爲泰, 上下不交爲否, 大矣哉, 交之爲義也. 區域相交而郡國之形團立. 情意相交而人民之心團成. 曰行政曰德澤, 自上而交下也. 曰自治, 曰民議, 自下而交上也. 下能自治, 則上政之施於民也易, 下有民議, 則下澤之入於人也速."

이것은 마음이 서로 소통한 것을 목표로 하는 것이다. 이때 특히 '자치'와 '민의'는 지역 단위로부터 마음을 합하는 것에서 이루어지는 것으로 보았다. 이인재는 "백성들의 생각을 위로 올리는 것은 민의에 달려 있고, 민의를 발달시키는 것은 단체협력에 달려 있으며, 단체협력의 확고함은 자치력의 정도에 달려 있다. 자치력은 실로 민의의 원동력이다"[53]라고 하였다. 요컨대, 자치력은 단체협력의 원동력이고 이를 통하여 민의를 상달하므로 자치력은 민의의 근원이 된다는 것이다. 그는 민의는 기본적으로 자치를 통하여 형성되는 것으로 보았다. 그는 또한 인민을 쌓아 하나의 군을 만드는 것은 한 몸이 기관을 쌓는 것과 같아서, 기관을 쌓아 각각 그 직분을 다한 후에 맥락이 관통하고 기혈이 융통하게 되어 한 몸이 건강하게 된다고 하였다.[54]

이인재는 나아가 서양이 강성하게 된 이유를 민주주의의 핵심원리로서 대의제와 민중에게 자유권을 인정한 점에서 찾고 있다. 동서양이 소통하는 시대에 쇄국정책의 폐습을 비판하면서 서양이 부강하게 된 이유를 대의제와 지방자치를 들고 있다. 그는 "비록 쇄국정책으로 각기 자기 풍속을 높이더라도 이런 폐습은 오히려 지탱하기 어렵다. 하물며 지금 세계 육대주는 문호를 열어서 소통하고, 황인과 백인이 서로 교류하면서 장단점이 서로 드러나고, 미추가 더욱 현저함에 있어서랴! 서양이 강하게 된 것은 또한 대의제도에 따른 의원과 지방자치가 입헌의 핵심이 되었기 때문인데 이는 우리 옛 제도와 큰 뜻에서 서로 부합한다."[55] 서양의 대의제와 자치제는 우리의 옛 제도와 합

53) 『省窩集』 卷5-18, 「自治民議會趣旨書」, "蓋民情之上達, 在民議. 民議之發達, 在團協. 團協之堅確, 在自治力之程度. 自治力, 實民議之原動力也."

54) 『省窩集』 卷5-18a, "積人民而爲一郡, 猶一身之積官骸而成官骸, 各盡其職, 然後脈絡通徹, 榮衛融洽, 而一身乃康."

하는 것으로, 조선에도 이념적으로 이들 서양 민주주의제도와 견줄 만 한 것이 있었다는 것이다.

민주주의에서 자유권은 민권 가운데 중요한 요소이다. 이인재는 서양의 부강을 자유권과 함께 군주가 민생을 두터이 길러 주는 것에서 찾았다. 그에 따르면 "서양이 천하를 휘젓고 다니면서 세계에 기세를 떨치는 것은 또한 민생을 두터이 길러주면서 그들의 자유권을 잃지 않게 하기 때문이다. 어떻든 시대가 쇠퇴한 이래로 동양의 임금은 어리석은 백성들을 감독하고 책려하는 정책을 써서 명령하는 것이 그들이 좋아하는 것과 달라서 임금과 백성이 합하지 못한 것이 이미 오래되었다."[56] 이것은 군주가 백성들의 삶의 문제를 해결함으로써 그들과 마음을 합하는 것이 부강의 첫째 조건임을 강조한 것이다.

> 현 상황을 타개하는 방책은 국인(國人)의 재능을 다하고 국인의 마음을 합하는 것만한 것이 없다. 서법의 외피를 답습하지 말고 민권(民權)을 중시하고 공적인 제도를 천명하는 것을 개화의 요점으로 삼는다면, 조야의 뜻이 안정될 것이고, 고인의 껍데기에 고착되지 말고 널리 돌아보고 교화에 통하는 것을 내수(內修)와 양이(攘夷)의 공안으로 삼는다면, 나라 안과 밖의 사정에 밝아지게 될 것이다.[57]

---

55) 『省窩集』 卷5-18a, "雖鎖國而各尙其俗, 此等弊習, 猶難自支. 況今六洲開通, 黃白相交, 而長短相形, 尤彰其姸醜者乎! 泰西之致强, 亦不過代議士, 及地方自治之爲立憲要領, 而與我之古制, 大意相符也."

56) 『省窩集』 卷5-6b, "泰西之所以縱橫天下, 氣駕寰宇者, 以養民厚生, 使不失其自由之權也. 夫何叔季以來, 中東之君, 例行愚民督責之術, 所令反其所好, 而君民之不合, 已久."

57) 『省窩集』 卷5-14b, 「萬綠」, "爲今之計, 莫若竭國人之才, 合國人之心, 毋襲西法之皮膚, 而以重民權擅公擧爲開化之要務, 則朝野之志定矣, 毋泥古人之糟粕, 而以廣遊歷通敎化爲修攘之公案, 則中外之情明矣."

이인재는 서양제도를 받아들이되 외양만 답습하지 말고 개화의 요체로서 종적 제도를 제시하고 민권을 우선적 원칙으로 삼을 것을 역설하였다. 이를 기초로 하여 내수와 양이의 핵심 방안으로 삼으면 내외의 여러 문제에 대응력을 확보할 수 있을 것이라고 보았다.

그는 이러한 서양과 동양의 제도적 결합과 정치적 상하 지위에 있는 통치자와 민중 사이의 합일을 성리학의 리일분수론을 통하여 설명하고자 하였다. 그는 다음과 같이 리일분수론을 정치적 관계에서의 소통을 전제하고 있는 것으로 해석하였다.

> 대개 헌법은 인심이 똑같이 여기는 것에서 나온다. 인심이 똑같이 여기는 것은 바로 천리(天理)의 공정함[公]이다. 고대에 군주가 과실이 있으면 하늘을 칭탁하여 경계하였는데, 또한 천명의 존재 여부가 인심의 향배에 달려 있다는 것이 바로 이 뜻이지만, 단지 그것을 정해진 법으로 드러내진 않았을 뿐이다. 또한 리일분수(理一分殊)는 본래 서로를 포함한다. 우두머리는 하나의 근본[一本]이고, 만백성은 분수이다. 위아래가 서로 교감하는 것은 바로 일본이 분수를 포함하는 것이고, 위아래가 격리되는 것은 바로 분수가 일본에서 분리되는 것이다.[58]

이인재는 여기에서 헌법이 인심이 모두 동일하게 생각하는 것으로서 천리의 공정함에 근거하는 것이라고 주장하였다. 나아가 리일분수에서 리일이 군주를 뜻하고, 만백성이 분수가 된다는 것이다. 그래서 위아래가 교감하여 소통하는 것을 일본이 분수를 포함하는 것이

58) 『省窩集』 卷2-21, 「上俛宇先生」, “大抵憲者出於人心之所同然. 人心之所同然, 卽天理之公也. 古者, 君有過, 稱天以儆戒, 又天命之存否, 在人心之向背者, 卽此意, 而特未著之爲定法爾. 且夫理一分殊, 本相涵矣. 元首者, 一本也. 萬民者, 分殊也. 上下相交, 卽一本涵分殊也. 上下隔塞, 卽分殊離一本也.”

며, 반대로 위아래가 소통이 안 되는 것을 일본과 분수가 분리된 것으로 이해하였다. 이러한 논리는 그가 헌법을 군심과 백성이 모두 한 마음으로 인정하는 천리의 공으로서 리일(理一)이 되는 것으로 이해하는 것이라 할 수 있다.

요컨대, 이인재는 기본적으로 당시 우승열패와 생존경쟁의 국제사회의 추세를 정면으로 응시하면서 이에 적절하게 대응할 수 있는 이론적 근거를 제시하고자 하였다. 그의 시대인식에는 당시 중국과 일본을 통하여 수용된 진화론에 대한 이해가 전제되어 있었다. 그리하여 그는 세계사적 격변기에 대처하는 노력의 하나로 전통 성리학에 토대를 두면서 동시에 고대희랍철학과 서양정치사상과 제도의 핵심개념에 대한 이해를 통하여 자신의 학문적 이론적 체계를 세우고자 하였다. 여기에는 자치, 자유, 민의, 대의제, 민권 등과 같은 개념이 포함되며, 이인재에 있어서 이들 개념은 유가적 이념 및 성리학의 리일분수론 같은 이론과 결합함으로 전통적 이념이 무너지는 혼란기에 시대에 대응하고자 하는 이론적 틀에 자연스럽게 융합되었다.

6. 전통의 재해석과 서양사상과의 융합

이 글은 서세동점의 격변시기에 서양철학과 정치사상 및 제도를 수용하면서 기존의 전통적 세계관으로서 성리학을 재인식하고자 했던 이인재가 서양철학을 연구했던 동기와 함께 서양철학과 성리학 이론 사이에 내포되어 있는 개념적 지평의 만남과 교착이 어떻게 이루어지고 있는가를 고찰하고자 하였다. 이 글에서는 이인재가 제시한 유학과 성리학을 살펴보고, 이를 토대로 그가 저술한 『서양고대철학고변』에 대한 비판적 이해와 함께 서양정치사상과 제도를 수용한 내용과 그 의미를 살펴보았다. 이를 통하여 이인재는 전통성리학 이론 속에 서양철학 사상을 적극적으로 수용함으로써 두 학설 사이의 의미의 연속성을 제시하고자 한 진취적 사상가였음을 드러내고자 하였다.

이인재는 분수와 리일의 연속성에 대하여 밝은 본성으로 마음속의 일리에 따라 만물의 분수를 인식할 수 있는 것으로 이해하였다. 그러나 기질이 완전히 치우치거나 막혀 있기 때문에 본성도 고정되어 바뀔 수 없다고 하여, 기질의 차이가 본성의 차이를 가져오는 본질적 요소라고 주장하였다. 하지만 천지의 리는 단지 유행하여 그치지 않는 오묘함이 있을 뿐이며 고정 불변하는 한계는 없다. 이것은 바로 치우친 기질의 제한에도 불구하고 리가 유행함으로써 마음은 그 제한을 넘어서 일리(一理)로부터 분수로서 사물의 리를 인식할 수 있다는 것이다. 이러한 그의 관점이 통일적이고 수직적인 전통적 정치제도와 신분관을 넘어서 민중의 자치와 다양한 민의를 수용할 수 있는 철학적 근거를 제시하는 것이라 할 수 있다.

이인재는 탈레스로부터 아낙시만드로스, 파르메니데스와 같은 소크라테스 이전 밀레토스 학파의 이론을 정신과 물질, 그리고 그 근원에 대하여 자신의 이기론적 관점에 따라 비판적으로 평가하였다. 탈레스에 대해 정신과 물질을 모두 기로 간주하고, 형체와 기를 둘로 나누어 기 또한 알지 못했다고 하였고, 아낙시만드로스에 대해서는 한계가 없이 빈 것을 물질의 본원이라고 본 것에 대해서도 비판하였다. 플라톤의 영혼불멸설에 대해서도 이인재는 생기와 생리는 사물의 생성소멸에 따라서 흩어져 소멸하는 성질을 가진 가변적인 것이기 때문에 영혼 또한 불멸성을 가질 수 없다고 비판하였다. 반면에 감각적 대상에 내재한 리(이데아)에 대한 아리스토텔레스의 인식과 그의 중용론에 대해서 긍정하는 태도를 취하였다. 아리스토텔레스에 대한 긍정적인 입장을 취한 이유는 아리스토텔레스 철학이 현상과 본체 사이의 구별을 강조하기보다, 양자가 구체적 사물에 결합되어 존재하는 측면에 초점을 맞추고 있는 만큼, 이런 이론이 성리학에서 리기 사이의 불상리의 측면에 좀 더 근접하기 때문이라고 이해된다.

이인재는 당시 세계적 추세였던 진화론에 근거한 것으로서 우승열패와 생존경쟁으로 특징되는 세계를 정면으로 응시하면서 이에 능동적으로 대응할 수 있는 사상적 근거를 제시하고자 하였다. 그리하여 그는 전통성리학에 토대를 두면서 동시에 고대희랍철학과 서양정치사상과 제도의 핵심 개념에 대한 이해를 통하여 자신의 학문적 이론적 체계를 세우고자 하였다. 여기에는 자치, 자유, 민의, 대의제, 민권 등과 같은 개념이 포함되며, 이인재에 있어서 이들 개념은 유가적 이념 및 성리학의 리일분수론 같은 이론과 결합함으로 전통적 이념이 무너지는 혼란기에 시대에 대응하고자 하는 이론적 틀에 자연스럽게 융합되었다. 이렇게 볼 때, 이인재는 전통 사상에 대한 재해석을 통하여 서양철학과 정치사상을 받아들여 조화롭게 융합함으로써 시대를 이끌어가는 새로운 철학과 사상을 제시한 선구적인 학자로 평가할 수 있다.

【참고문헌】

『論語』, 『孟子』, 『周易』

李寅梓, 『省窩集』

李震相, 『寒洲全書』, 『理學綜要』

張志淵, 『張志淵全書』, 『儒教淵源』

張立文, 『宋明理學硏究』, 北京: 中國人民大學出版社, 1985.

김경일, 『한국의 근대와 근대성』, 백산서당, 2003.

김영식, 『중국전통문화와 과학』, 창작사, 1986.

김도형, 『근대 한국의 문명전환과 개혁론』, 서울: 지식산업사, 2014.

김재현, 『한국 사회철학의 수용과 전개』, 서울: 동녘, 2002.

노대환, 『동도서기론 형성과정 연구』, 파주: 일지사, 2005.

김종석, 「고령지역 사상(思想)의 특징과 사적(史的) 전개(展開) –성와 이인재의 유교개혁사상」, 『퇴계학과 유교문화』 43집, 경북대학교 퇴계연구소, 2008.

김종석, 「성와 이인재의 서구수용론과 新學에의 관심」, 『한국학논집』 26, 계명대학교 한국학연구원, 1999.

김종석, 「한말 영남 유학계의 동향과 지역별 특징」, 『국학연구』 4집, 안동: 한국국학진흥원, 2004.

김주일, 「개화기부터 1953년 이전까지 한국의 서양고대철학에 대한 연구와 번역 현황 연구」, 『시대와 철학』 14, 한국철학사상연구회, 2003.

이행훈, 「번역된 "철학" 개념의 수용과 전유」, 『동양철학연구』 74, 동양철학연구회, 2013.

이형성, 「한주 이진상과 그 학파 연구의 현황과 전망」, 『유교사상문화연구』 39, 한국유교학회, 2010.

임종진, 「성와 이인재의 성리사상 –「고대희랍철학고변」에 대한 분석을 중심으로」, 『퇴계학과 유교문화』 53집, 경북대학교 퇴계연구소, 2013.

전재원, 「근백년 대구·경북의 서양고중세철학 수용과 전개」, 『철학논총』 40, 새한철학회, 2005.

서우 전병훈의 『정신철학통편』에 나타난 동서 철학 접변 양상

한정길

1. 전병훈의 정신철학

서우(曙宇) 전병훈(全秉薰, 1857~1927)의 철학은 매우 독특하다. 도교의 정신수련을 통해 얻은 '깨침'을 토대로 유·불·선의 동양철학만이 아니라 서양의 고대·근세·최근세의 철학까지 융회하여 하나의 '정신철학'을 만들어내고 있기 때문이다. '정신철학'은 전병훈이라는 인물이 당대의 인류가 직면한 현실 문제들을 냉철하게 직시하고, 그에 대한 근본적인 해법을 모색하는 과정에서 현실을 구제하고 인류의 밝은 미래를 열기 위한 방안으로 제시된 것이다. 따라서 그것은 전병훈 자신이 읽어낸 그 시대의 물음에 대한 하나의 응답이었다고 할 수 있다.

이 장은 전병훈이 당대의 현실로부터 들려오는 시대적 물음을 어떻게 이해하고 있으며, 그 물음에 응답하는 과정에서 동양과 서양철학을 어떻게 융회시키고 있는지를 살펴봄으로써 그의 철학적 작업이 지니는 의의와 한계를 규명하려는 데 그 목적이 있다.

전병훈은 동서 철학을 융회시킬 때 '회통'과 '조제'라는 방법을 사용한다.[1] '회통'은 현상적으로 이질적인 것처럼 보이지만, 그 본질적 측면에서는 동일하다는 점을 밝히는 방법이다. '조제'는 이질적인 것들을 잘 배합하여 서로의 단점을 보완하고 장점을 기르는 방법이다.[2] 이 글에서는 전병훈의 '정신철학' · '심리철학' · '도덕철학' · '정치철학'에서 동서 철학이 접변하는 양상을 각각 '회통'과 '조제'의 두 측면에서 살펴보고자 한다. 그리고 그 '회통'과 '조제'가 지니는 함축과 적절성을 비판적으로 검토할 것이다.

전병훈 철학을 이해하고자 할 때 무엇보다 중요한 것은 그가 동서 철학을 '회통'하고 '조제'할 수 있었던 그 근본 바탕은 무엇인지를 규명하는 일이다. 동서 철학의 융회는 용광로에서 쇠를 녹이는 것이나, 여러 가지 약제를 하나의 약단지에 넣고 조제하는 데 비유할 수 있다. 다양한 쇠붙이를 하나의 용광로 속에서 끓여 하나로 융회시키기 위해서는, 잘 녹을 수 있는 쇠붙이를 선별하고, 그것들을 함께 담아낼 수 있는 커다랗고 단단한 용광로가 필요하다. 약제를 조제할 때도 병을 치유하는 데 필요한 약제를 고르고, 그것들을 함께 담아낼 수 있는 약단지와 약제를 달일 수 있는 화로가 필요하다.

이처럼 동서 철학을 융회하는 데도 지금 시대의 병이 무엇인지를 진단하여 그에 필요한 처방을 찾아내고, 그 처방에 따라 조제할 수 있는 성분들을 동서고금의 철학에서 선별하며, 나아가 그것들을 함께

---

1) 『精神哲學通編』, 「政治哲學 · 總結論」, 340쪽. "余編精神心理道德, 專以調劑新舊, 而折衷合致, 俾學以成兼聖極哲." ; 『精神哲學通編』, 91쪽, "취사절충하고 新舊를 調劑하여 兼聖圓德을 이루는 것을 요체로 삼음."

2) 김성환, 『우주의 정오』(소나무, 2016), 727쪽. 김성환은 조합의 두 가지 요령에 대해서 다음과 같이 말한다. "조합의 요령에는 크게 두 가지가 있다. 첫째는 언뜻 보기에 서로 어긋나더라도, 본질에서 궁극의 접점을 찾는 것이다. 둘째는 부족한 것을 서로 상대로부터 보완해서 '원만하게 잘 통해 펼쳐지도록(圓滿通暢)' 하는 것이다."

다룰 수 있는 커다랗고 단단한 하나의 틀을 만들고, 동서철학에서 선별된 것들을 그 속에 집어넣어 달이는 작업이 필요하다. 우리는 전병훈이 선별해낸 동서고금의 철학이 무엇인지를 살펴보는 작업과 함께 그가 동서 철학을 융회시키기 위하여 마련해둔 크고 단단한 틀은 무엇인지를 보아내야 한다. 그것이 바로 동서 철학을 융회시킬 수 있는 근본 바탕인 것이다.

2. 전병훈의 철학적 문제의식과 지향점

전병훈은 개인과 사회를 구원하고자 하는 구세주의자로 나선다. 그의 철학적 문제의식은 개인과 사회를 구제할 수 있는 새로운 철학을 건립하려는 데 있었다. 이러한 문제의식은 그의 현실에 대한 인식에 기반을 두고 있다.

구한말에서 일제강점기를 살고 있는 전병훈은 조선의 지성인과 지사들이 일반적으로 지니고 있었던 '국권회복'과 '민생구제'라는 문제를 공유한다. 그러나 그의 관심은 여기에 국한되지 않는다. 그는 조선이라는 '일국'의 시야를 벗어나 당대의 '인류'가 직면한 문제에 관심을 갖는다. 국권회복과 민생구제라는 조선의 특수한 문제도 '인류'의 보편적인 문제의 차원으로 끌어올린다.[3] 그리고 그 문제를 해결하기 위

3) 전병훈 역시 국권회복과 민생구제를 당시의 시대적 과제로 인식한다. 그런데 그가 이 과제를 해결하는 방식은 매우 독특하다. 그는 제국주의 침탈을 정당화하는 사상을 비판

한 방법도 동서고금의 철학을 두루 활용한다. 그는 자신의 해법에 보편적인 의미를 담고자 했던 것이다. 이처럼 전병훈은 자신의 문제의식과 그 문제를 해결하는 방법에서 보편성을 지향한다. 그의 문제의식과 그것을 해결하기 위해 그가 애썼던 분투는 조선과 조선인의 문제로 국한되지 않는다. 뿐만 아니라, 동양과 서양의 구분을 넘어서서 당대의 시대문제와 동서철학을 인류사적 측면에서 읽어내고자 하였다. 여기에 현실을 읽어내는 그만의 독특성이 자리한다.

그럼 그가 읽어낸 바의 당대 인류가 직면한 시대적 과제는 무엇인가?

우선 그는 인간 개개인이 자신의 자연수명을 온전히 누리지 못하는 점을 개인의 차원을 넘어선 인류의 보편적인 문제로 인식한다. 특히 개인의 삶과 죽음의 문제는 사회적 혼란기에 주요 논제로 등장한다. 19세기 말~20세기 초반은 제국주의의 빈번한 약소국 침탈과 제국들 사이의 전쟁으로 인하여 개인의 심신이 불안하고 목숨이 위태로운 지경이었다. 어떻게 하면 민심을 위로하여 안정시키고, 몸에 깃든 병을 물리쳐 그들의 목숨을 온전히 누리게 할 수 있을까? 이것이 바로 전병훈이 당대의 현실에서 읽어낸 일차적인 과제였다. 이 과제는 '개인의 목숨 보존[住命]'과 '참나의 실현[成眞]'이라는 말로 표현된다.

전병훈은 당대 인류가 정치·경제·사회적 측면에서 직면한 병리

하고, 그것을 극복할 수 있는 사상체계를 수립하고자 한다. 이점에서 그의 학자로서의 면모가 잘 드러난다. 예를 들면 전병훈은 공리주의가 제국주의의 침탈을 가지고 온 것으로 인식한다. 사익의 추구를 당연시하는 공리주의가 서양 제국주의의 침탈을 정당화하는 윤리학으로 기능하고 있음을 간파한 것이다. 그는 제국주의의 침탈 자체를 비판하기보다는 그러한 행위의 사상적 근거가 되는 공리주의의 윤리학을 비판·극복하고자 했다. 이를 위해서는 무엇보다 먼저 공리주의의 윤리학의 문제점을 지적하고, 그것을 극복할 수 있는 새로운 윤리학의 수립이 요구되었다.

현상들을 날카롭게 파헤친다. 정치의 혼란으로 민의가 반영되지 못하고 폭력과 전쟁이 난무하고 있었고, 경제방면에서는 물질주의가 팽배하여 빈부의 격차가 날로 심해지고 있었으며[4], 사회방면에서는 권력을 숭상하는 우승열패의 사회진화론의 원리가 사람들의 의식과 행위를 지배하고 있었다. 한 마디로 도덕이 상실되고 폭력이 난무하는 생존경쟁의 시대였던 것이다. 이러한 시대에 임하여 전병훈은 세상을 구제하는 것을 자신의 소명으로 받아들인다. 이 과제는 '자기완성[盡性]'과 '겸성(兼聖)'이라는 말로 표현된다.

당대의 현실로부터 전병훈이 읽어낸 철학적 과제는 '주명성진(住命成眞)'과 '진성겸성(盡性兼聖)'으로 요약될 수 있다. 그의 정신철학은 바로 이 과제에 대한 응답으로 제시된 것이다. 이것은 자기 '정신철학'의 독특성을 밝힌 다음 발언에 명료하게 드러난다.

> 지금 이른바 정신학설이 있을지라도, 이와 같이 정신을 응결하여 진인이 되고 목숨을 안정시키는 학설은 여전히 빠져 있다. 하물며 이 학설은 안으로 기를 뿐만이 아니다. 위로는 진인이 되고 성인이 될 수 있으며, 다음으로는 병을 물리치고 수명을 늘이며 세상을 구하고 사람을 구제할 수 있다. 이것들을 고르게 경험한다면 어찌 성스러움을 겸하고 이치에 지극히 밝은 것이 아니겠는가? 이른바 '겸성(兼聖)'이란 황제가 군주로 천하를 다스리면서 아울러 수양하여 신선이 될 수 있었기 때문에 그렇게 말한 것이다.[5]

---

4) 『精神哲學通編』, 「緖論」, 23쪽. "嗚呼宇內世界, 時尙物質, 由物質入精神必矣."

5) 같은 곳, 23쪽. "今雖有精神學說, 而如此凝結精神, 成眞住命之學, 則尙闕如也. 矧且此學也, 不惟內養, 上可以成眞成聖, 次可以却病延年, 救世度人, 均是經驗者, 則豈非兼聖哲理之極致者耶. 所謂兼聖, 黃帝君治天下, 幷能修養成仙故云耳."

진인과 성인이 되고, 병을 물리치고 수명을 늘이며, 세상을 구하고 사람을 구제하고자 하는 것이 전병훈이 당대의 현실로부터 읽어낸 철학적 문제의식이자, 지향점이었다.

한편 당시의 세계정세로부터 전병훈이 읽어낸 또 하나의 철학적 과제가 있다. 당시는 1차 세계 대전이 종전을 고하고 국제연맹의 결성을 논의하던 때였다. 전병훈은 서구 제국의 이러한 논의를 '대동'을 여는 맹아로 간주하면서도, 그 시기가 아직 도래하지는 않은 것으로 간주한다.[6] 그럼에도 그는 세계가 장차 대동하는 날이 올 것이라고 전망한다. 이로부터 그는 세계가 대동 통일하는 길을 인도하고자 한다. 그의 『정신철학통편』은 바로 그 길을 대비하기 위한 것이었다.

> 아! 세상의 다스림이 장차 대동하여 통일되는 날에 이른다면, 어찌 이 책이 그 길을 인도하는 효시와 서광이 되지 않을 줄 알겠는가?[7]

전병훈은 세계의 영구평화와 대동통일을 이끄는 길을 마련하는 것을 자신의 철학적 과제로 인식한 것이다. 그럼 어떻게 하면 그 길이 가능할까? 이를 위해서는 동서고금의 철학을 한 용광로에 넣고 주조하여 원만한 무상의 도덕을 이루고, 이를 통해 만세의 근본적 가르침을 세워야 한다.

---

6) 『精神哲學通編』, 「政治哲學緖論 · 再識」, 252쪽. "論世之士, 引申春秋三世之義, 由亂世以至昇平世, 太平世, 而終以大同之說者, 謂今歐戰告終, 和議聯盟, 實啓大同之萌芽. 然愚見尙未到其時也. 如海牙會之設, 陽託公理, 陰植强權, 究竟何補於世哉? 惟美總統主張人道正義, 其能成就世界之永久和平, 大同至治否? 苟非聖雄至德, 孰能廓掃世界惡氛, 而太平極樂之致治, 有如康德所謂造化之妙用者乎?"

7) 앞의 글, 23쪽. "烏乎! 世治將躋大同一統之日, 此篇者, 安知不作嚮導之先河曙光也."

> 커다란 소원을 지닌 학인(學人)이 (도에) 합치되 원만한 덕을 이루고자 한다면 반드시 유불도와 철학 및 새롭고 오래된 과학을 아울러 취해 한 용광로에 녹여 주조해야 한다. 그런 뒤에야 하늘의 도를 체득하고 성스러움에 통해 만세의 근본적 가르침으로 삼을 만하며 폐단이 없을 것이다.[8)]

참으로 전병훈은 동양의 유불도와 서양의 고대·근세·최근세의 철학을 하나의 용광로 속에 녹여 주조하여 만세의 가르침을 세우고자 하였다. 이 작업을 통해 이루어진 것이 바로 『정신철학통편』이다. 그런데 동서 철학을 융회하기 위해서는 그것들을 한군데 담아 요리할 수 있는 거대한 용광로가 있어야 했다. 전병훈은 동서 철학을 회통하고 조제할 수 있는 기본 토대를 '정신철학'에서 찾는다.

3. 동서 철학의 회통과 조제의 기본 토대

1) 생명의 근원으로서의 정신

천에 관통하는 생명주체의 정신 심리가 진인이 되고[成眞] 겸하여 성인이 되는[兼聖] 존재론적 근거로 설정된다. 전병훈은 자기 내면에서

8) 같은 곳, 23쪽, "世治將躋大同一統之日, 此篇者, 安知不作嚮導之先河曙光也. 然宏願學人, 將欲合致以成圓德, 則必也并取儒道佛哲, 新舊科學, 而鎔冶一爐, 然後可以爲體天通聖, 萬世可宗, 而無弊矣. 故拈出道哲之最要約者, 以冠此篇, 而并撫中西古今心理道德政治諸哲學之精粹者, 以成此篇也."

정신이 응취하여 성진(成眞)이 되고, 그것이 다시 겸성(兼聖)의 능력으로 발휘되고 있음을 깨닫는다. 그리고 이러한 깨달음의 틀 속에서 동서고금의 철학적 성분들을 취하여 함께 녹여낸다. 그것은 인류의 생명과 사회를 구원하는 처방약으로 제시된다.

(1) 전병훈의 오도(悟道)

전병훈의 철학은 도에 대한 깨달음에 기초한다. 그는 자신의 도에 대한 체득 과정을 다음과 같이 서술한다.

> 내가 본래 유학을 업으로 삼았으나 나이 50이 되도록 성취가 없고, 도가 이뤄지는 효험을 보지 못했다. 그러다가 동월(東粵, 지금의 광동성) 지역을 떠돌며 『주역참동계』를 연구했으나, 스스로 해득하지 못하고 마침내 나부산(羅浮山)에 들어가 참 스승인 고공섬(古空蟾) 선생을 만났다. 백발이 검게 돌아와 있었으며, 단지 반 치 정도 남아 있던 백발도 이듬해에 모두 검게 되었다. 참으로 경이롭고 특수하며 기이한 경험이었다. 그래서 현빈(玄牝)의 요지를 간절히 청해 물었다. 그러자 "성인 또한 능치 못한 바가 있으니 이와 같은 것이다"라고 대략 말해 줄 따름이었다. 그러나 또한 의문을 풀 수가 없었다. 마침내 『도장』 2천여 권을 정밀히 연구하고 몸소 실험한 지 십년 만에 비로소 신이 현관에 응결하고, 이어서 도가 이루어지는 증험이 딱 들어맞아 어긋나지 않았다.[9]

그는 도를 얻는 데 뜻을 두고 50세에 이르기까지 유학을 업으로

---

9) 위의 글, 20쪽. "噫! 余素業儒, 五十無成, 未見道凝之驗, 而梗漂東奧, 硏究周易參同契, 不能自解, 遂入羅浮山, 遇眞師古空蟾先生. 髮白還黑, 只半寸餘白者, 翌年盡黑, 誠絶異之特殊奇驗也. 懇求以聞玄牝之指眞, 則蓋云聖人亦有所不能者, 此等也. 然亦不能釋疑, 遂竭純精於道藏(二千餘卷), 而躬自實驗者十載, 始焉(周年)神凝玄關, 而次第道成之證驗不差."

삼았으나 특별한 소득이 없었다. 유가의 수련서로 알려진 『주역참동계』를 연구했지만 이해가 되지 않았다. 그러던 차에 1910년 나부산(羅浮山) 충허관에서 고공섬(古空蟾)을 만나게 된다. 나부산의 충허관(沖虛觀)은 송대 도교 내단학인 남종(南宗)의 주요 거점 중의 하나로, 갈홍(葛洪)과 북송의 도사 백옥섬(白玉蟾)이 수도했던 도관이다. 고공섬은 남송의 내단학을 전수받은 인물로서 도교수련의 효과를 여실히 보여주고 있었다. 전병훈은 그를 스승으로 모시고 현관타좌식(玄關打坐式)의 내단 수련법을 익혔다. 그러나 도를 깨닫는 방법은 전수할 수 있지만, 도를 전해줄 수는 없다. 도는 자신이 직접 터득할 수밖에 없다. 전병훈은 고공섬의 가르침을 받은 이후에 다시 10여 년 동안 이론과 실천을 병행하여 연마하는 과정을 거친 뒤에야 비로소 신(神)이 현관(玄關)에 응결하고, 도가 이루어지게 되었다.

전병훈의 깨침은 '신응도성(神凝道成)'이라는 말로 요약된다. 그 깨침의 참된 내용을 이해하기 위해서는 신(神)과 도(道)가 어떤 의미인지를 알아야 한다. 그는 신과 도를 정(精)·기(氣)·신(神)의 개념들과의 연관 속에서 풀이한다.

> 정·기·신이 엉기고 모여 사람의 몸을 이룬다. 그러므로 도법은 현빈 안에서 신으로 정과 기를 운용하는 것이다. 정을 단련해 기로 변하고, 기가 변화해 신이 되며, 신이 변화해 진(眞)을 이뤄 하늘과 합하는 것이 대도의 참된 전승이다.[10)]

10) 위의 글, 19쪽. "蓋精氣神凝聚以成人軀, 故道法以神運用精氣於玄牝之內. 煉精化氣, 氣化爲神, 神化成眞, 而合天者, 此是大道眞傳也." * 깨달음을 표현한 自箴: 『精神哲學通編』, 20쪽. "道凝辰表, 甘露曠世, 家視宇內, 慈雲長空. 烏乎此是分䁈宇內社會同胞之質天願力也."

사람의 몸은 정·기·신이 모여 이루어진다. 그것은 일체 천지만물의 존재론적 근원인 원기(元氣)가 분화하여 형성된 것이다. 그는 우주의 가장 근원적 존재를 원기로 이해한다.[11] 그 원기는 자체 내에 태극이라는 운동력을 지니고, 이 동력에 의해 생성작용이 이루어진다.

> 하늘과 땅이 생기고, 음과 양의 원정이 모여 해와 달과 별이 되었다. 하늘에서 물이 생기고 땅에서 불이 생기는데, 물이 하늘의 외곽을 감싸고 하늘은 땅을 감싼다. 사상(四象)이 성립되고 음양오행의 원기가 유동해 오르내리며 따뜻해진다. 그 풍기 가운데 주재하는 원신이 있어 만물을 낳고 기른다. 이로부터 사람과 사물이 생겨난다.[12]

인간은 음양의 원정과 오행의 원기 및 정과 기를 주재하는 능력을 지닌 원신 가운데 가장 영명하고 빼어난 것을 얻은 존재이다. 이처럼 인간은 존재론적으로 우주와 동일한 구조를 지닌다. 이 때문에 인간은 자신이 지니고 있는 정·기·신의 본래적 기능을 충분히 발휘하게 하면 우주와 회통할 수 있다. 전병훈은 정·기·신이 제 기능을 발휘하기 위해서는 현빈 안에서 신으로 정과 기를 운용하는 수련을 해야 한다고 본다. 현빈은 내단 수련에서 정·기·신이 만나는 통로이다. 이 현빈에서 신으로 정과 기를 운용하는 것이 바로 도를 닦는 방법, 즉 도법(道法)이다. 이 수련을 통해서 인간은 천과 합일할 수 있다. 이

---

11) 『精神哲學通編』, 「精神哲學」, 42쪽. "天地未判, 只混沌一氣. 此氣卽元氣, 太極在其中, 有動能力, 故能生天生地也."

12) 같은 곳, 42쪽. "生天生地, 則陰陽之元精, 聚以爲日月星辰. 天一生水, 地二生火, 水涵天外, 地爲天包, 四象立而陰陽五行之元氣, 流行乘降, 溫暎和蒸, 其風氣中有主宰之原神, 以造化焉. 於是人物乃生. 得精氣神之最靈秀者爲人, 得其偏且駁雜者爲禽獸動物. 此乃開闢後, 以氣化而始生人物者也."

것이 바로 천인이 회통(會通)하는 이치이다. 전병훈은 이 이치를 통찰하면 미래에 벌어질 일에 대해서도 미리 알 수 있다고 말한다.[13] 이러한 이치를 터득한 학문이 바로 대도(大道)의 학문, 도진지학(道眞之學)이다. 대도의 학문은 정신을 길러서 참을 이루어 진인이 되고, 겸하여 세상을 다스려 성인이 되는 학문이다.

(2) 대도의 학문: 도진지학(道眞之學)

대도의 학문은 자기를 수련하여 참을 이루어 천에 합하는 학문이다. 참이란 정과 기를 주재하고 운용하는 존재인 신(神)이다. 이 신은 이목구비사지와 오장유부 및 백해인 몸을 주관하는 존재라는 점에서, '참나[眞我]'이다. 이 '신즉진아(神卽眞我)'의 활동은 어떤 사적이고 인위적인 의도나 목적이 개입하지 않고 자연의 운행원리에 따르는 것이라는 점에서 천에 부합한다고 할 수 있다.

대도의 학문은 참을 이루어 천에 합하는 학문일 뿐만 아니라, 세상 사람들을 어질게 만들고 장수하게 하는 학문이다.

> 삼대 이전의 사람들은 모두 도를 학문으로 여겼다. 황제와 노자만이 아니라, 복희 · 신농 · 요순 · 이윤 · 부열이 오랜 세월 동안 세상 사람들을 어질게 하고 오래 살게 한 것은 참으로 이 때문이다.[14]

신(神)은 생명을 부여받은 인간이 살아 움직일 수 있는 근원적인 힘이다. 따라서 이 힘을 기르면 병들지 않고 장수할 수 있다. 사람들

---

13) 『精神哲學通編』, 「政治哲學」, 331쪽. "苟非洞見天人會通之理, 而能前知百世者, 寧有是否?"

14) 『精神哲學通編』, 「緖論」, 19쪽. "三代以上之人, 皆以道爲學, 不惟黃老而羲農堯舜伊傅之歷年長久, 躋世仁壽者, 良以此也."

에게는 병들지 않고 자신이 부여받은 자연수명을 오래도록 누리고자 하는 욕망이 있다. 전병훈은 '양신(養神)'의 내단 수련을 통하여 이러한 욕망을 실현할 수 있다고 여긴다. 그리고 내단을 통하여 세상 사람들이 장수하기를 기원한다.[15)]

사람이 지닌 욕망 가운데 장생의 욕구는 다른 그 무엇에 뒤지지 않는다. 권세욕, 물질욕, 명예욕 등을 실현하는 데는 다른 사람들과의 갈등과 투쟁이 요구되지만, 내단 수련을 통하여 장생의 욕구를 실현하는 데는 다른 이와의 쟁탈이 동반하지 않는다. 전병훈은 장생의 욕망을 실현하도록 욕구충족의 방향을 조정함으로써 사람들 사이의 쟁탈을 잠재우고 세계의 평화를 도모하고자 한다. 말하자면 장생의 욕망을 실현하는 방법을 알려줌으로써 권세욕을 제어하고, 이를 통해 장차 병력을 잠재우고 세계의 평화를 가져오고자 한 것이다. 이 점에서 대도의 학문은 장생의 방법만이 아니라, 세계의 평화를 가져올 수 있는 학문이다.

대도의 학문은 개인을 수련하는 학문일 뿐만 아니라, 경세의 학이기도 하다. 그래서 전병훈은 이 학설은 "위로는 진인이 되고 성인이 될 수 있으며, 다음으로는 병을 물리치고 수명을 늘이며 세상을 구하고 사람을 구제할 수 있다. 이것들을 고르게 경험한다면 어찌 성스러움을 겸하고 이치에 지극히 밝은 것이 아니겠는가? 이른바 '겸성(兼聖)'이란 황제가 군주로 천하를 다스리면서 아울러 수양하여 신선이 될 수 있었기 때문에 그렇게 말한 것이다"[16)]라고 말한다. 정신을 길러 진

15) 김성환, 『우주의 정오』(소나무, 2016), 1124쪽. 전병훈은 1911년 충허관 지역의 돌에 '丹以祈壽世'라는 말을 새겨두었다고 한다.

16) 앞의 글, 23쪽. "今雖有精神學說, 而如此凝結精神, 成眞住命之學, 則尙闕如也. 矧且此學也, 不惟內養, 上可以成眞成聖, 次可以却病延年, 救世度人, 均是經驗者, 則豈非兼聖哲理之極致者耶. 所謂

인이 되고 성인이 되며, 장생하고 세계의 평화를 가지고 오기 때문에, 전병훈은 자신이 제창한 '도진(道眞)의 학술이 세계 최고의 학술이다'[17] 라고 천명한다.

2) 정신−심리−도덕−정치철학의 통일 체계

정신은 생명과 관계가 있다.[18] 삶의 주체가 자신의 생명과 가치를 실현하기 위해서는 건강한 몸과 마음을 확립해야 한다. 건강한 정신과 몸에서 건전한 심리와 도덕 및 정치가 실현될 수 있다. 따라서 정신을 길러 참됨을 이루고 성인이 되고자 하는 전병훈의 정신철학은 정신−심리−도덕−정치가 하나로 통일된 체계를 갖추게 된다. 전병훈의 철학에서는 정신−심리−도덕−정치가 하나로 통일되어 있다. 하늘에 근원을 둔 정신은 인간의 생명에 내재되어 심리가 된다. 정신이 곧 심리인 것이다. 이 정을 기르고 신을 응취하면 진인이 되고 성인이 된다. 그리고 정신의 심리가 마음속에 보존되어 있다가 바깥으로 드러나서 일상생활 속에서 실천되어 지선에 이르는 것이 바로 대도이고 정덕이다. 나아가 천지의 도덕을 체득한 이가 권력을 잡아 사람들을 독려하여 세계의 통일과 공화의 사업을 이루어나가는 것이 바로 정치이다.

兼聖, 黃帝君治天下, 幷能修養成仙故云耳."

17) 위의 글, 24쪽. "西以哲學爲最高學術. 余則以此道眞之學爲世界最高之學術."

18) 위의 글, 21쪽. "人身之精神爲性命(神是性, 精是命). 故將欲盡性住命, 則必先養精凝神. 養精凝神之學, 眞性命雙修之道.

(1) 정신과 심리

정신은 하늘로부터 부여받은 것이다. 정신이 사람에게 내재된 것을 심리라고 한다.

> 심리는 하늘에 근원을 둔다. 정신이 곧 심리이다. 심리는 곧 도이다. 도는 사람에게 내재하기에 그것으로써 정을 기르고 신을 응취하면 목숨을 안정시키고[住命] 진인의 경지에 이르는 학문이 되고, 그것으로써 리를 궁구하고 본성을 실현하면 세상을 경영하고 성인의 경지에 들어가는 학문이 된다.[19]

심리는 선천적으로 부여받은 정신이다. 정신과 심리는 구분할 수 없다.[20] 또 심리는 인간의 본성 가운데 있는 원신의 일점영명으로서 일신을 주재하고 만사를 주관하는 것이다.[21] 그것은 마음이 따라야 할 바의 길, 즉 도이다. 이 도는 양생과 경세의 두 측면에서 효력을 발생한다. 즉 양생의 측면에서는 이 도로써 생명의 근원인 정기를 기르고 생명을 주재하는 신을 흩어지지 않게 응취하면 목숨을 안정시키고 진인의 경지에 이를 수 있다. 또 경세의 측면에서 말하자면 이 도를 통하여 리를 궁구하고 본성을 다함으로써 세상을 경영하고 성인의 경지에 이를 수 있다.

---

19) 『精神哲學通編』, 「心理哲學緖言」, 91쪽. "心理, 原天也. 精神卽心理, 心理卽道也. 道之在人, 以之養精凝神, 則爲住命成眞之學, 以之窮理盡性, 則爲經世入聖之學也."

20) 다만 정신은 수양의 내적 공부에 치중해서 말한 것이고, 심리는 내외를 통일하고 성진을 합한 일용 인사의 측면에 치중해서 말한 것이다. 『精神哲學通編』 권2, 「心理哲學緖言」, 91쪽. "若是乎精神心理, 何可區分乎? 然余所以分作兩篇者, 精神專於修養之內功, 而心理篇則統內外合聖眞日用人事而言也."

21) 앞의 글, 92쪽. "心理卽性內元神之一點靈明, 主宰一身宰制萬事者也."

(2) 심리와 도덕

전병훈은 도덕 역시 천에 근원한다고 주장한다.

> 도덕은 천에 근원한다. 정신의 심리가 마음속에 보존되어 있다가 바깥으로 드러나서 일상생활 속에서 실천되어 지선에 이르는 것이 대도이고 정덕이다. 그러나 감응하여 움직이는 근거가 천리의 공에 말미암지 않고 인욕의 사사로움에 관련되는 경우가 있으면, 공리의 길로 흘러가 버리게 되니 이른바 천에 근원하는 도덕이 아니다.[22]

하늘에 근원을 둔 정신의 심리가 일상생활 가운데 표현되어 지선에 이르는 것이 대도이고 정덕이다. 따라서 도덕은 궁극적으로 천에 근원한다. 하늘에 근원을 둔 정신 심리가 일상생활에 표현된 것이 도덕이다. 정신 심리가 일상생활에 표현되면 모든 말과 행실이 사욕에 가리지 않기 때문에 공정하게 된다. 따라서 정신심리가 표출된 언행은 만세의 법칙이 될 수 있다. 그렇지 않고 언행이 사욕에 가리게 되면 공리를 추구하는 길로 나가게 된다. 전병훈은 사욕에 물들지 않은 참된 도덕은 천에 근원한다는 것을 근거로 당시 공리주의의 윤리관을 비판하고 있다.

(3) 심리와 도덕 및 정치

전병훈은 정신 심리가 사람들의 일상생활 가운데 발휘된 것이 도덕이며, 행사에 발휘된 것이 정치라고 본다. 그리고 도덕과 정치도 떨

22) 위의 글, 155쪽. "道德原天也. 精神心理之存於中者, 發於外, 踐行之於日用人事以至至善者, 卽大道也, 正德也. 然所以感動之者, 不由天理之公, 而惑涉於人欲之私, 則流入功利之途矣, 非所謂原天之道德也."

어질 수 없는 관계에 있다. 도가 응취되고 덕이 갖추어져 '진아(眞我)'를 이룬 뒤에라야 정치에 나아가 세상을 구제할 수 있는 겸성(兼聖)의 단계로 나아갈 수 있다.

> 정신과 심리가 지극해지면 이법에 통달해 성인의 자리에 오를 수 있다. 그리고 본심이 본래 태양처럼 밝게 빛나니, 『천부경』의 가르침과 같다. 온갖 변화를 주재하면서도 본마음을 움직이지 않으니, 천지와 나란히 할 수 있다. 그러므로 자유 · 평등 · 애국 · 구세가 어디에서든 원융하고 적합하지 않겠는가? 그러니 먼저 참나를 이룬 뒤에 겸성의 행보를 잇는다면, 학문의 분야를 막론하고 어찌 심리 지식을 벗어나는 학문이 있겠는가?[23]

'진아 이후에 겸성'이란, 진인이 된 이후에 세상을 구제할 수 있다는 것이다. 수양이 먼저 된 이후에 자유, 평등, 구세가 원만하고 적절하게 이루어질 수 있다. 이처럼 치인 이전에 수기, 외왕 이전에 내성을 요구하는 것은 동양철학의 독특한 점이다. 이러한 체계에서는 세상을 경영하는 성인의 출현을 요구한다.

> 세상에는 반드시 성스러운 영웅이 있다. 천지의 도덕을 능히 체득하는 자가 출현해서 세상을 잡아 고정시킨 연후에, 천하의 도가 있는 사람들을 독려하여 세계의 통일과 공화의 사업을 함께 다스릴 것이다. 그러면 성인이 좌계(左契)를 손에 쥔 것과 같을 것이다.[24]

---

23) 위의 글, 151쪽. "精神心理至到, 可以通理位聖, 而本太陽之昂明, 猶天符之訓. 宰制萬變而不動本, 可與天地參矣. 然則自由平等愛國救世, 何往而不圓融適宜哉. 然先致眞我以後, 兼聖爲次第步趨, 毋論諸家百科之學, 安有出心理知識而爲學者耶."

24) 『精神哲學通編』, 244쪽. "世必有聖雄, 能體天地之道德者出, 秉軔然後, 驅策天下之有道, 共濟一統

영구평화와 대동의 정치를 이루기 위해서는 세상의 군주와 재상들이 먼저 도를 응취하고 덕을 겸비해야 한다. 그래서 전병훈은 "이(정치철학) 편의 서두에서 논했듯이 세상의 군주와 재상들이 모두 도를 좋아해 참나를 이룬다면, 영구평화와 대동의 정치가 자연스럽게 성립돼 다시 덕·예의 정치를 보게 될 것이 분명하다"[25]고 말한다.

이상의 논의에서와 같이 전병훈의 '정신철학'은 하늘에 근본한 정신–심리–도덕–정치가 하나로 통일되어 있다.

4. 동서 철학의 접변 양상

전병훈은 하늘에 근원을 둔 '정신' 철학의 관점에서 동양과 서양철학을 회통하고 조제하여 융회시킨다. 여기에서는 그의 『정신철학통편』에 나타난 동서 철학의 접변 양상을 정신철학·심리철학·도덕철학·정치철학의 네 방면으로 나누어서 살펴보고자 한다.[26]

共和事業, 如執左契, 嗚乎.

25) 『精神哲學通編』, 「政治哲學」, 332쪽. "苟如此篇首論而世之君相, 皆好道以成眞我, 則永久和平, 大同政治, 自然成立, 復見德禮之化必矣."

26) 전병훈이 접한 서양철학 관련 서적으로는 다음과 같은 것이 있다. 蔡元培의 『哲學大綱』, 몽테스키외의 『法意』(엄복의 번역본을 참조하였을 가능성이 크다.) 칸트의 『영구평화론』(프랑스 철학자 알프레드 푸예(Alfred Fouillee, 1838~1912)의 『철학사』(1879), 일본의 나카에 초민(中江兆民, 1847~1901)의 『理學沿革史』(1886), 梁啓初의 「近世第一大哲康德之學說」(新民叢報, 25·26·28號(1903), 46~48號(합간호, 1904).) 하랄드 회프딩(Harald Hoffding)의 『心理學

1) 정신철학 방면의 접변 양상

정신철학 방면에서 전병훈이 동양과 서양을 회통시키고자 한 주요 개념은 '정신'이다. 특히 그는 플라톤과 칸트의 '정신' 개념을 동양의 그것과 연관 짓는다.

먼저 플라톤이 인간 정신의 근원을 우주의 정신에서 찾는 점에 주목한다.

> 플라톤이 말했다. "세계의 대정신은 만물이 생겨나는 근원으로, 내 몸에 내려와 머문다. 이념[理]이자 결과[果]로 항상 우리의 정신 가운데 존재한다. 곧 우리의 정신은 응당 세계의 정신과 그 본성이 같으며, 함께 불멸한다. 이를 의심할 수 없다.[27]

이 발언에는 플라톤의 영혼관이 잘 나타나 있다. 여기에서 말하는 '세계의 대정신'은 플라톤의 저술에서 흔히 '세계영혼' 혹은 '우주혼'으로 번역되는 우주적 정신을 가리킨다.[28] 플라톤에게서는 이 '세계정신'이 물질과 결합하여 만물이 생겨난다. 따라서 그것은 만물의 생성 근원이라고 할 수 있다. '세계정신'은 형성된 만물 가운데 이념[理]으로 내재한다. 따라서 우리 개개인의 '정신'은 '세계정신'과 본질적으로 동일하고, 함께 불멸한다.

概論』(王國維 번역(1907년)) 파울젠(泡爾生, F, Paulsen, 1846~1908)의 도덕서인 『윤리학의 체계』(일본의 카니에 요시마루(蟹江의환)이 부분번역. 蔡元培가 재번역하여 『윤리학의 원리』라는 제목으로 출판.)

27) 『精神哲學通編』, 「精神哲學」, 51~52쪽. "西哲栢拉圖曰, '世界之大精神, 爲物之所由生, 而降寓吾體也. 理而果常存於吾人精神中, 則吾人精神當與世界之大精神, 同其性而同屬不滅, 無疑也.'"

28) 김성환, 『우주의 정오』(소나무, 2016), 192쪽.

플라톤의 '정신'에 대한 이해는 전병훈의 그것과 더불어 다음과 같은 유사성을 지닌다. ① 정신을 만물의 생성 근원으로 본 점이다. 전병훈은 원신(原神)이 원정과 원기를 주재하여 만물이 생겨나는 것으로 이해한다. ② 정신이 개물에 내재한다고 본 점이다. 전병훈도 정기신이 응취하여 사람과 동물이 된다고 본다. ③ 우리 개개인의 정신을 우주정신과 본질적으로 동일한 것으로 보아 그 불멸성을 주장한다는 점이다. 전병훈은 사람의 정신은 하늘에 근원을 두고 있으며, 불멸한다고 이해한다. 세계의 유기체적 일체성, 정신의 우주적 근원성, 그리고 세계를 하나의 '살아 있는 것'으로 보는 등의 진술에서 플라톤과 전병훈의 사상은 분명히 합치한다.[29] 이러한 점을 근거로 전병훈은 플라톤의 정신관을 극찬한다. 그렇지만 전병훈은 양자 사이의 차이점도 분명히 인식하고 있다.

> 서양철학의 밝게 통하는 지식이 이와 같다. 참으로 우리 유가에서 리가 불멸한다고 여기는 것과 같지만, 언설이 극히 정밀하고도 박식해서 탄복할 만하다. 그러나 현빈에서 참나를 이루는 도는 역시 아직 투철하지 않다. 지금 내가 이 책을 저술하여 세계의 동서 철학자에게 희망을 보내는 것이 그 어찌 우연이겠는가?[30]

이 단락은 위에서 인용한 플라톤의 정신관에 대한 전병훈의 평론이다. 그는 플라톤의 정신관을 극찬하면서도 그 한계를 지적한다. 그것은 바로 '현빈에서 참나를 이루는 방법'에 대해서는 알지 못했다는

29) 김성환, 같은 곳, 192쪽.

30) 『精神哲學通編』, 「精神哲學」, 52쪽. "西哲通明之識, 如是哉. 誠與吾儒以理爲不滅者同, 而言極精博可佩. 但玄牝成眞之道, 亦尙未透. 今余著此編, 深有望於宇內東西哲學者, 夫豈偶然哉?"

점이다. '현빈에서 참나를 이루는 방법'의 유효성은 전병훈이 내단 수련을 하는 과정에서 직접 체험한 것이다. 유교나 불교만이 아니라, 서양철학과도 구분되는 전병훈 철학의 독특성이 거기에 자리한다. 전병훈은 플라톤의 정신관을 자신의 정신철학 속에 포함시켜 이해하여 그 논설의 정밀함을 높이 평가하면서도, 그 한계를 분명히 지적함으로써 자기 철학과 구분하고 있다.

그런데 전병훈이 플라톤의 정신관을 자기 철학 가운데 끌어들여 회통시킨 데에는 부적절한 점이 없지 않다. 말하자면 플라톤의 정신관에는 전병훈의 정신철학으로 회통시킬 수 없는 근본적인 요소들이 존재하는 것이다. 전병훈은 정신에 대한 이해에 있어서 양자 사이에 근본적 차이가 있음을 이해하지 못했다.

플라톤과 전병훈의 정신관에는 다음과 같은 차이가 발견된다. 첫째, 정신과 물질의 관계에 대한 이해가 다르다. 플라톤은 정신과 물질을 서로 근원을 달리하는 이원적 존재로 이해한다. 반면에 전병훈은 정신과 물질, 혹은 정신과 육체를 모두 기적 존재로 이해하여 일원론의 입장을 취한다. 전병훈이 정신을 '기른다'거나 '응취시킨다'고 말할 수 있었던 것은 그것을 기적 존재로 이해했기 때문에 가능했다. 뿐만 아니라 플라톤보다 자신의 정신철학이 우수한 점을 '현빈에서 참나를 기르는 방법'을 보아냈다는 점에서 찾고 있지만, 전병훈이 그 방법을 제시할 수 있었던 것도 정신을 기로 보았기 때문이다. 전병훈은 기론 체계 밖에서 논의되고 있는 플라톤의 정신을 기적 존재로 오해하여 자신의 정신철학으로 끌어들였던 것이다. 이것은 플라톤의 정신에 대한 심대한 오해라고 할 수 있다. 둘째, 우주 창조신의 필요성과 역할에 차이가 있다. 이원적으로 분리된 정신과 물질이 결합해 하나의 '살아 있는 것'이 되려면, 그 결합을 추동하는 외부적인 힘이 필요하다. 플라톤에게서 이 외부의 힘이 바로 우주의 창조신인 데미우르고스이다. 그는 이미 존재하는 질료(물·불·공기·흙)로 세계의 몸체를 만들고, 거기에 (자신의 본성으로 이미 존재하는) 선하고 진실한 혼을 불어넣는 자이다.[31] 이와 달리 전병훈의 정신철학에는 이런 외재적인 힘이 필요하지 않다. 정신과 물질의 통합체인 태초의 원기에 운동력이 내재되어 있기 때문이다. 전병훈은 플라톤이 우주의 창조신을 물질과 영혼의 외부에 따로 설정하고 있음을 간과한 것이다.

전병훈은 또 칸트의 영혼불멸설에 대해서도 높이 평가하면서도 그 한계를 지적한다.

> 서양철학자 칸트는 말했다. '나의 정신은 반드시 육체와 함께 생멸하지 않는다. 다시 고등의 성명이란 것이 있으니 그것이 바로 본질이요, 진아이다. 진아는 항상 시간과 공간을 초월하여 자립해서 자유롭고 활발한 존재가 되니, 다른 것이 끌어당겨 속박할 수 있는 것이 아니다.' 또 말했다. '장생술은 철학자의 지극한 말이다.' 이것으로 보면 서양철학은 이미 정신이 멸하지 않는 진아의 경지에 도달했다. 그러나 아직 현빈이 운용하고 양신이 출현하는 오묘함은 꿰뚫어 알지 못했다. 그러므로 진아의 진면목을 볼 수 없었다.[32]

위의 인용문에서 언급된 바의 정신은 칸트의 저술에서 흔히 '영혼'

---

31) 김성환, 앞의 책, 193-194쪽.

32) 『精神哲學通編』, 「緖論」, 21쪽. "西哲康德曰, '吾人精神, 當必不與色身俱生滅, 復有高等性命者, 卽本質也, 卽眞我也. 眞我者, 常超然自立於時間空間之外, 爲自由活潑之一物, 非他之所能牽縛.' 又曰, '長生術爲哲學家至言.' 由此觀之, 西哲學已到精神不滅眞我之境也. 然尙未透玄牝運用, 陽神出現之妙. 故不能見眞我之眞面目也."

으로 번역된다. 따라서 '정신불멸'은 바로 '영혼불멸'을 의미한다. 칸트에게서 영혼불멸은 존재론적 사실을 지시하는 것이 아니라, 도덕적으로 요청된 것이다. 칸트는 인간세계를 선한 세계로 만들기 위해서 실천이성이 요청하는 세 가지 이념을 언급한다. 의지의 자유, 영혼불멸, 신이 바로 그것이다. 이것들은 모두 이 세상을 선한 세상으로 만들기 위해서 실천이성이 요청한 것이다. 전병훈은 칸트의 영혼불멸설이 도덕적으로 요청된 것임을 이해하지 못하고, 그것을 존재론적 사실로 오해하고 있다. 따라서 '칸트가 현빈이 운용하고 양신이 출현하는 오묘함을 알지 못했으므로 진아의 진면목을 볼 수 없었다'고 평가하는 것도 적절한 평가라고 보기는 어렵다. 이러한 오류가 발생하게 된 것은 칸트의 영혼관을 자신의 정신관의 틀 가운데 무리하게 끌어들여 소통시키려고 한 데서 비롯되었다고 할 수 있다.

한편 전병훈은 철학하는 방법의 측면에서 동양과 서양의 장·단점을 지적하고, 양자를 서로 조제하여 단점을 보완하고 장점을 극대화시키고자 한다. 그는 우선 동양이 배워야 할 서양철학의 장점을 다음과 같이 말한다.

> 무릇 학술과 물리는 모두 옛것을 익혀서 오직 새로워지며, 새로워져서 진화하는 것을 귀하게 여긴다. 그러나 실천 경험하는 것이 더욱 귀하다. 저 서양철학은 실천과 경험을 사용하기 때문에 더욱 정밀해지고 더욱 진보하게 된다. 아아, 우리 동아시아가 그 사상을 바꾸지 않을 수 있겠는가? 저들의 학문은 희랍의 위대한 철학의 범위를 벗어나지 않지만 그 새로운 지식을 끌어내어 넓히고 그것을 경험하기 때문에 그 학술의 웅비가 날로 새로워진다. 이것은 참으로 동아시아의 얕은 학술이 옛것에 어둡고 새로운 것에 거친 것과는 다르다.[33]

서양철학사는 플라톤 철학에 대한 주석사라는 말이 있듯이 서양철학은 기본적으로 희랍철학의 범위를 크게 벗어나지 않는다. 그러나 서양의 철학자들은 희랍철학을 그대로 따르는 것이 아니라, 그로부터 새로운 지식을 끌어내어 확장하고 그것의 진리성을 경험을 통해 증험한다. 이 때문에 그 학술이 더욱 정밀해지고 날로 새로워진다. 이처럼 서양철학의 두드러진 장점은 기존의 이론에 대한 비판적 성찰을 통하여 새로운 지식을 도출해내고, 그것의 진리성을 실천과 경험을 통하여 확증하려고 한다는 것이다. 전병훈이 이것들을 서양철학의 장점으로 지적한 것은 매우 적절하다고 하겠다. 동양철학에는 새로운 지식을 끌어내어 확장시키고, 그것을 경험적으로 논증해내는 도전과 방법을 갖추고 있지 못하다. 이것은 분명 동양철학이 보완해야 할 점이다.

반면에 동양철학에는 정신을 응취하여 진인이 되고 겸하여 성인이 되는 '성진겸성'의 구체적인 방법을 갖추고 있다. 이것은 서양철학이 보완해야 할 점이다. 전병훈이 '정신철학'을 널리 제창한 까닭도 바로 이 때문이다.

2) 심리철학 방면의 접변 양상

심리철학 방면에서도 몇 가지 개념에 대한 동서회통이 이루어진다. 전병훈은 '신'에 대한 플라톤의 이해를 인용하고, 그것을 도교의 '원신'과 회통시킨다.

---

33) 위의 글, 25쪽. "凡學術物理, 皆溫故而維新, 維新而進化爲貴. 然實踐經驗者, 尤爲貴焉. 噫彼西哲之學, 用是之故, 精益精進. 吁我東亞者, 可不換其思想乎? 然彼學也, 不出乎希臘大哲之範圍, 而抽廣其新識而經驗之, 故其學術之雄飛日新, 固異乎東亞淺學之昧古而粗新者也."

> 신은 아버지이고, 실질은 어머니이며, 만물은 자식과 손자이다. 신이란 천하에 지극히 선하고 의로운 것이다. 여기에서 뭇 허령한 존재를 만들어 자연계의 아름답고 선한 것의 전형으로 삼는다. 그러므로 무릇 형체가 없는 리는 모두 신과 더불어 서로 일체가 되며, 신의 아름답고 선한 덕행이 깃들게 된다. 우리의 정신은 허령한 지혜를 가지고 말하건, 활발한 운동을 가지고 말하건 모두 멸하지 않는 것으로서 육체와 성질을 전혀 달리한다.[34]

> 플라톤이 말하는 신은 가장 높은 자리에 거하는 최고의 존재로 도가의 원신이 가장 높은 천궁에 거하는 뜻과 일치한다. 오호라, 동양의 도가와 서양의 철학자 양가가 신이 뇌수에 거하는 이치를 먼저 보아냈다고 말할 수 있으니, 근세에 뇌신경을 처음 발명한 것이 어찌 그들의 독창적인 견해이겠는가? 이어 보태서 더욱 정밀하게 하였을 뿐이다.[35]

플라톤에게서 신은 생존과 지혜의 본원으로 이해된다.[36] 그것은 이데아계의 최고의 존재로 학문이 지극한 데 이르는 발판이 된다. 생존과 지혜의 본원인 신은 지극히 선한 존재로 현상계의 뭇 아름답고 선한 것들의 이데아[典型]가 된다. 전병훈은 플라톤의 '신' 개념을 도교의 '원신(元神)'과 같은 것으로 이해한다. 양자는 각 철학체계에서 최고의 존재로 설정된다는 점에서 일치한다. 전병훈은 바로 이 점에 주목

---

34) 『精神哲學通編』, 「心理哲學」, 132쪽. "神者父也, 實質者母也, 萬物者兒孫也. 神者天下之至善而至義者也. 於是製造衆虛靈物, 以爲下界美善之典型. 故凡無形之理, 皆與神相爲一體, 而爲神美善之德行寓也. 吾人之精神, 毋論由虛靈之智慧以言之, 由活潑之運動以言之, 皆爲不滅之物而夐乎與軀殼異性也."

35) 위의 글, 131쪽. "此云神居最高之巓者, 與道家元神居巓上天宮之旨相脗合. 烏乎! 東西之道哲兩家, 可謂先見神居腦髓之理, 而近世之始發明腦神經者, 豈其創見乎? 乃述益就精之良法也."

36) 같은 곳. "神者生存之本原, 知識之本原也."

하여 양자를 소통시키고 있는 것이다. 그러나 양자 사이에는 역시 간과할 수 없는 본질적 차이가 있다. 플라톤에게서의 신은 추상적 관념으로 이데아계에 존재하는 반면, 도교에서의 신은 자연계에 존재한다. 도교의 신 개념은 그 배후에 기적 세계관, 즉 기론이 놓여 있다. 반면에 플라톤의 신 개념은 그 배후에 기하학적 세계관이 놓여 있다. 그 사상사적, 문화사적 배경이 서로 다른 것이다. 전병훈은 이 동서철학의 이질적인 문화적 배경을 고려하지 않고, 그 의미와 내용의 유사성을 근거로 양자를 무리하게 소통시키고자 한다. 더욱 황당한 것은 신이 육체에 내재되어 있는 것을 근세 과학의 뇌신경과 연관 짓고 있는 점이다. 근세 과학에서 발견한 뇌신경을 도교의 정신과 연관 짓는 것이 얼마나 적절한지는 모르겠으나, 그것을 플라톤의 선의 이데아인 신과 연관 짓는 것은 부적절하다. 이처럼 플라톤의 '신' 관념에 대한 전병훈의 이해에는 뚜렷한 한계가 있다. 이것은 서양철학을 깊이 접할 수 없었던 현실에서 불가피한 것이었다고 할 것이다. 그럼에도 자신의 '정신철학' 내에서 서양철학을 흡수 통일시키고자 한 시도는 긍정적으로 평가할 만하다.

한편 전병훈은 동아시아 전통의 심리를 구학으로, 서양철학의 심리학을 신학으로 간주한다. 양자 모두 장단점을 가지고 있으며, 한쪽에 치우쳐 있다. 따라서 새로운 심리철학을 건립하기 위해서는 양자 가운데 취사선택하여 신구를 조제해야 한다. 그럼 동양과 서양의 심리철학에서 각각 무엇을 버리고 무엇을 취하며, 어떻게 조제할 것인가? 이 신구를 조제하려는 태도 내지 방법이 지니는 의의와 한계는 무엇인가?

우선 양자의 장단점 가운데 단점을 버리고 장점을 받아들여 서로 조제하려고 한 이러한 태도는 동서의 사상과 문화를 통일적으로 이해할 수 있는 새로운 지평을 요구하는 시대적 요청에 대한 전병훈 나름대로의 응답이라는 점에서 그 의미가 있다. 그러나 동양과 서양의 심리철학은 각자 그 나름의 독특한 사상과 문화를 그 배경으로 하고 있다. 양자 가운데 취사선택하여 신구를 조제하는 방법은 서로 섞이지 않는 것을 자의적으로 섞었다는 비판을 받을 여지가 있다. 마치 동양의학의 약방문과 서양의학의 약방문을 조제하여 만든 새로운 약이 사람의 병을 치료하기 어려운 것처럼 자칫 이질적인을 것을 뒤섞어 만든 심리철학이 사람의 심리를 건강하게 만들기보다는 오히려 해치는 결과를 가져오지 않을까 우려된다. 따라서 조제보합을 통해 이루어진 새로운 심리철학이 사람들의 몸과 마음, 나아가서 인간 사회의 문제를 해결하는 데 어떤 유용성을 지니는지를 묻지 않을 수 없다. 현실적 유용성을 담보하지 못한다면 전병훈의 철학은 공허한 울림으로 그치고 말 것이기 때문이다.

전병훈은 심리철학 방면에서 유가와 도가 및 서양철학이 서로 조제해야 할 점을 다음과 같이 말한다.

> 동양의 도가는 일찍이 두뇌 가운데 원신이 도심의 리임을 보아냈으나 유가의 심학은 심령이 반드시 두뇌의 신경에 의지하고 있다는 것을 알지 못했다. 오직 근세의 서양철학은 오로지 대뇌와 소뇌로 이어진 두뇌가 심령의 작용을 한다고 여겼는데 특이한 것이 아니다. 그러나 그들은 마음이 하늘의 리에 근원을 둔다는 점에 대해서는 어두웠으며, 욕심을 줄이고 마음을 기르는 요령에 대해서는 끝내 빠뜨리게 되었다. 내가 감히 유·도·불·철이 합치된 이론을 주장하는 것은 새로 발명하여 서로 조제할 수 있는 것이 아니겠는가? 이 때문에 도를 숭상하는 이는 심

> 리에 대한 유가의 견해가 이와 같이 하늘에 근원하여 세상을 경영할 수 있음을 알아야 한다. 유가도 어찌 두뇌의 신심(神心)에 대한 도가의 독창적인 견해를 따르지 않을 수 있겠는가? 『황제내경』에서는 뇌수를 단을 맺는 곳이요, 뇌궁은 원신이 사는 신사(神舍)로 보았다. 애석하게도 유가에서는 마음을 말하지만 뇌신경은 보지 못하였으며, 오직 황제와 광성자(廣成子)의 견해만 근세 서양철학에 꼭 들어맞는다. 이제 이것들을 융합하여 일가로 만든다면 또한 원만하지 않겠는가?[37]

유가 심리철학의 장점은 마음이 하늘에 근원한다는 것을 보아내고 그것으로 세상을 경영하고자 하였다는 점이다. 유가에서는 '심리가 하늘에 근원을 두고 있으며, 우리의 본성 가운데 내재된 일점영명으로서 일신을 주재하고 만사를 주관한다'고 여긴다.[38] 그리고 심학의 공부법으로 정일(精一), 신독(愼獨)과 극기복례(克己復禮), 과욕(寡慾), 사천(事天) 등의 가르침을 제시한다.[39] 반면에 유가 심리철학의 단점은 심령이 두뇌의 신경에 내재되어 있음을 알아내지 못했다는 점이다. 이 때문에 유가에서는 현빈에서 정신을 응취하여 진인이 되는 길이 열리

37) 위의 글, 114쪽. "東亞道家, 先見腦中元神, 道心之理, 而吾儒之心學, 固未有知得心靈, 必寄於腦部神經者也. 惟近世西哲專以大小連腦, 爲心靈之用者, 不是特異哉? 然反昧心原於天之理, 而寡慾養心之要, 則殊爲其缺然也. 余敢主張以儒道佛哲, 合致之論者, 此非新發明之可相調劑者耶? 是以尙道者, 安可不識儒家心理之見, 若是源天而經世乎? 儒家亦安得不從道家腦神心之創見乎? 黃帝經指腦髓爲結丹之處, 腦宮卽是元神所居之神舍也. 惜儒家言心, 未曾見及腦神經, 而惟黃帝廣成之見, 脗合近世西哲. 今乃以打成一家, 則不亦圓滿哉?"

38) 『精神哲學通編』 권2, 「心理哲學緖言」, 92쪽. "心理卽性內元神之一點靈明, 主宰一身宰制萬事者也."

39) 『精神哲學通編』, 「심리철학」, 105-106쪽. 전병훈은 "동양심학의 精一과 愼獨으로부터 克己復禮와 寡慾 및 事天의 가르침에 이르기까지, 이것들은 서학이 능하지 못한 것으로서, 서양의 결점을 보완할 수 있다.(東亞之心學自精一愼獨至克己復禮寡慾事天之訓, 則西學之所不能也, 可以補其缺點矣.)"다고 말한다.

지 않았다. 이 길을 보아낸 것은 오직 도가이다. 도가에서는 두뇌 가운데서 원신을 체득하여 진인이 되는 길을 열었다. 서양 근세철학에서는 정신활동을 두뇌의 작용으로 이해한다. 정신작용을 두뇌와 연관 짓고, 그 관계를 보다 정밀하게 설명한 것은 서양철학의 장점이다.[40] 그러나 서양철학은 마음이 하늘의 이치에 근원한다는 점을 이해하지 못했고, 욕심을 줄이고 마음을 기르는 요령을 끝내 갖추지 못하게 되었다.[41] 이러한 인식을 토대로 전병훈은 유가와 도가 및 서양철학에서 각각 그 장점을 취하여 조제하고 융합함으로써 하나의 철학체계를 만들고자 한 것이다.

결론적으로 전병훈은 동양과 서양의 학문이 서로 보완해야 할 점을 다음과 같이 말한다.

> 내가 서로 바꾸어 보완해야 한다고 말하는 것은, 서양의 학문은 마땅히 우리의 하학상달의 방법을 보태어 먼저 효제와 이륜의 일에 심력을 기울이고, 청심과욕하고 존심하여 하늘을 섬기고 하늘을 받들어야 하며,

---

40) 위의 글, 149-150쪽. "오직 도가에서 腦神을 말한 것은 근세 서양철학에서 새롭게 창안해낸 신경에 관한 견해와 같다. 그러나 그들의 이론이 더욱 정미한 것은 그 연구의 취향이 같지 않기 때문이다. 그들의 감각과 촉각 등의 설은 불교 이론으로부터 온 것이 많지만 더욱 상세하다. 그러나 총괄적으로 정신의식을 심리의 체용으로 간주하여 감정과 의지와 지력과 감각관념을 커다란 요체로 세운 것은 동서 심학 경험의 본보기이다.(惟道家言腦神者, 與近世西哲之新唱神經之見同, 而他論愈精微者, 以其研究趨向之不同故也. 蓋其感覺觸覺等說, 多由佛論而愈詳細. 然總以精神意識爲心理之體用, 而情志智力感覺觀念, 立爲大要, 則此乃東西心學經驗之矩步也.)"

41) 위의 글, 127쪽. 서양심리학은 유도불 삼가가 지닌 장점을 취하여 그 약점을 보완해야 한다. 전병훈에 따르면, "유도불 삼가의 심리철학의 장점은 무욕을 극점으로 삼는다는 데 있다. 따라서 서양의 심리학은 무욕설을 수용해야 한다.(三家之心理學, 皆以無慾爲極點焉, 則他新學心理者, 安得不互換缺點, 以就圓滿乎?)"

또 마땅히 원신과 식신의 구별을 연구하여 마음을 길러 진인이 되는 것이 좋겠다는 것이다. 우리의 학문은 마땅히 그들의 정신우주관과 신경의 작용을 취하여 하나로 만들어 합하여 함께 만들어야 한다. 그러면 하늘에 근원을 둔 심리학이 비로소 원만하고 완미하게 될 것이다. 아! 우리 신구의 학문을 배우는 사람들이 어찌 통융하여 원덕겸성을 이루는 데 뜻을 세우지 않을 수 있겠는가?[42]

서양의 학문은 동양철학 가운데 유가로부터는 하학상달의 학문방법과 효제와 이륜의 윤리 실천, 그리고 마음을 보존하여 하늘을 섬기는 점을 배워야 하며, 도가로부터는 원신과 식신을 구별하는 방법과 마음을 길러 진인이 되는 수련법을 익혀야 한다. 반면에 동양의 학문은 서양철학으로부터 정신을 최고의 존재로 간주하는 우주관과 정신활동을 두뇌의 신경작용으로 이해하는 관점을 수용해야 한다. 이러한 조제를 통하여 이루어진 심리학이 바로 원천심리학이다. 하늘에 근원을 둔 심리학이야말로 가장 원만하고 완미한 심리학이 될 것이다.

3) 도덕철학 방면의 접변 양상

전병훈은 도덕철학 방면에서도 동서의 회통과 조제를 통해 '원천도덕학'을 새롭게 구성하고자 한다. 그는 도덕의 의미를 다음과 같이 규정한다.

---

42) 위의 글, 150쪽. "余謂當互換相補者, 西學當添我下學上達之法, 先盡心力於孝悌彝倫之事, 而淸心寡慾, 存心以事天, 而孝天. 且當硏究元神識神之別, 以養心成眞可也. 吾學當取其精神宇宙之觀, 神經條分之用, 以打成一團, 以合致而竝做焉, 則可謂原天心理學, 始臻圓滿而完美者也. 嗟我新舊學人, 盍亦通融, 以成圓德兼聖, 立志乎哉!"

> 도덕은 천에 근원한다. 정신의 심리가 마음속에 보존되어 있다가 바깥으로 드러나서 일상생활 속에서 실천되어 지선에 이르는 것이 대도이고 정덕이다. 그러나 감응하여 움직이는 근거가 천리의 공에 말미암지 않고 인욕의 사사로움에 관련되는 경우가 있으면, 공리의 길로 흘러가 버리게 되니 이른바 천에 근원하는 도덕이 아니다.[43]

도덕의 근원을 천에 설정한 것은 사람은 선천적으로 도덕적인 행위를 할 수 있는 근거를 자기 내면에 지니고 있다는 것이다. 그것이 바로 정신의 심리이다. 이 정신의 심리가 일상생활에서 드러나서 지선에 이르는 것이 대도이고 정덕이다.

도덕원리는 모든 사람들에게 두루 통할 수 있는 보편적인 것이라야 한다. 도덕원리가 보편적 원리일 수 있기 위해서는 그것이 공적인 것이라야 한다. 동양의 철인들은 전통적으로 사람이 마땅히 따라야 할 바의 공적인 행위원리를 천(天)에서 찾았다. 거기에는 두 가지 이유가 있다. 하나는 동양인들이 생각하는 천은 지극히 커서 밖이 없기에, 그 밖에서 삶의 어떤 대안을 발견할 수 있는 길이 닫혀 있었기 때문이다. 또 하나는 그들이 경험하고 관찰한 '천'은 어떤 사적인 의도나 목적이 없이 성실하게 만물을 길러내고, 나아가 세계 전체의 질서와 조화를 실현하고 있기 때문이었다. 그야말로 천은 하나의 지선체였다. 그들은 이 지극히 선한 하늘의 운행과 그 원리를 '천도', 혹은 '천리'라는 개념으로 표현했다. 그리고 천의 선성이 사람들의 마음 가운데 본성으로 내재되어 있고, 사람들은 일상생활에서 이 본성을 실현하기만

---

43) 『精神哲學通編』, 「道德哲學」, 155쪽. "道德原天也. 精神心理之存於中者, 發於外, 踐行之於日用人事以至至善者, 卽大道也, 正德也. 然所以感動之者, 不由天理之公, 而惑涉於人欲之私, 則流入功利之途矣, 非所謂原天之道德也."

하면 지선에 이를 수 있으며, 그 지선의 실현이 바로 도덕인 것이다. 이처럼 동양에서 말하는 도덕학은 궁극적으로 하늘에 근원을 둔 '원천도덕학'이다.

도덕의 근원을 하늘에서 찾는 도덕학은 동양에서 그 주류를 형성하고 있다. 그런데 전병훈에게서 '천' 관념은 '신'적 존재로까지 이해된다. '원신'이나 '상제'가 바로 그것이다. 이로 인하여 그는 서양철학 가운데서 도덕의 근원을 '신'에서 찾는 것까지도 원천도덕학의 범주에 포함시킨다. 그에 따르면 서양철학자 가운데 도덕의 근원을 신에서 찾은 대표적인 인물이 소크라테스이다. 그는 "소크라테스는 과연 서양철학에서 이미 성인의 지위에 이른 사람이다. 이 도덕의 제반 이론을 보면 알 수 있다"[44]고 말한다. 소크라테스의 도덕의 제반 이론 가운데 무엇보다 중요한 것은 도덕의 궁극적 근원을 '신'에 설정하고 있다는 점이다.

> 소크라테스가 말했다. "천지간에 만물이 벌여 있으나, 반드시 '절로 있는 하나의 큰 지혜'로 만물의 질서를 정리하고, 이로써 지극히 선한 경지로 이르게 됨이 틀림없다."[45]

> 소크라테스에게서 '절로 있는 하나의 큰 지혜'는 곧 '신'을 가리킨다.[46]

이 신을 통해 지선한 경지에 이른다. 지선한 경지는 도덕이 실현

---

44) 위의 글, 213쪽. "梭氏果是西哲之學已到聖人地位者, 觀此道德諸論可知矣."

45) 위의 글, 212쪽. "梭格拉底曰, 天地間庶物羅列, 必自有一大智慧以整理之, 使以達於至善之境, 無疑矣."

46) 『精神哲學通編』, 「心理哲學」, 129쪽. "自有一大智慧者存也, 此卽所謂神也."

되는 지평이다. 소크라테스는 도덕이 신에 기원하고 있다고 본 것이다. 전병훈의 문법에서 보자면 이것은 곧 '하늘에 근원하는 도덕', 즉 원천도덕에 다름 아니다.[47]

서양철학자 가운데 도덕의 근원을 하늘에 둔 또 한 사람은 칸트이다. 전병훈은 「도덕철학」에서 칸트의 철학을 서술할 때 사람이 도덕적 책무를 알 수 있는 능력을 선천적으로 지니고 있음을 인용한다.

> 칸트가 말했다. "도학에서 원리학이 유래하지, 원리학에서 도학이 유래하는 것은 아니다. 우리가 만약 의지를 도덕의 경지와 일치시킨다면, 양지의 능력이 나로 하여금 도덕의 책임을 알게 할 것이다. 하지만 이는 실로 교육의 효과로 얻을 수 있는 바가 아니요, 또한 제도의 힘으로 정할 수 있는 것도 아니다. 바로 사람이 태어나면서부터 아는 것이니, 곧 이른바 도덕의 선험적 인식에 속하는 것이다. 도덕의 책임이 도덕의 법령이다. 도덕의 법령은 우주의 안에 제한되지 않으며, 영겁 가운데에 제한되지도 않는다. 이 때문에 그것의 존엄함과 고귀함은 멀고 가까움을 따지지 않고, 고금을 분간하지 않는다. 그 광대함은 우주의 밖에서 나오고, 그 유구함은 영겁의 뒤에서 출현한다."[48]

칸트에 따르면 우리는 도덕적 책임이 있음을 알게 하는 양지를 선천적으로 부여받고 있다. '양지'로 번역된 선험적 실천이성은 우리에게 도덕적 책임을 부과하는 도덕 명령을 내린다. 이 도덕 명령은 시간과

47) 김성환, 『우주의 정오』(소나무, 2016), 650쪽.

48) 『精神哲學通編』, 「道德哲學」, 221-222쪽. "康德曰, 道學者, 乃原理學之所由出, 而原理學則非爲道學之所由出也. 夫吾人若一致意於道德之境界, 則良知之能使我知存有道德之責任矣. 然此固非有敎育之功所致, 亦非制度之力所定, 乃爲人生而知之者, 卽所謂屬於道德之事前意識也. 道德之責任, 道德之法令也. 道德之法令, 不限於宇宙之內, 不限永劫之中. 是以其可尊可貴, 無論遠邇, 無分今古也. 其普博出於宇宙之外, 其悠久出於永劫之後也."

공간에 제한되지 않는다. 도덕명령의 존귀함은 시간과 공간의 제한을 초월하여 보편성을 지닌다. 이로써 보면 칸트 도덕학의 핵심이 되는 양지도 선천적인 것이다. 따라서 칸트의 도덕학도 궁극적으로는 하늘에 근원을 둔 '원천도덕학'이라고 할 수 있다. 이로 인하여 전병훈은 칸트의 도덕학을 도가와 유가의 뜻에 부합한 것으로 평가한다.

> 칸트는 성스러운 철인이다. 여기에서 도덕원리의 뜻이 우주의 밖에까지 미치고, 영겁의 뒤에까지 이른다고 논한 것은 바로 도가의 지극한 철리와 같고, 또한 유가 본원의 견해에 꼭 들어맞는다.[49]

전병훈은 칸트를 '성철'로 표현한다. 그가 서양철학자들 가운데 '성인'이나 '성철'로 표현하는 이들은 소크라테스, 플라톤, 아리스토텔레스에 이어 칸트가 유일하다. 그가 칸트를 '성철'로 평가하는 이유는 바로 도덕의 근원을 시간과 공간의 제한을 벗어난 초월적이고 선험적인 영역에 설정하고 있기 때문이다. 역시 '원천도덕학'을 수립했다는 점을 높이 평가한 것이다.[50]

전병훈이 원천도덕학을 주장한 현실적 이유는 당대에 유행하고 있었던 공리주의 윤리학을 비판극복하기 위함이었다.

> 서양 고래의 철학과 도덕학은 칸트에 이르러 비로소 조제되고 도태

49) 위의 글, 222쪽. "康氏聖哲也. 此論道德原理之義, 出於宇宙之外永劫之後者, 正與道家之極致哲理同, 而亦脗合於儒家本原之見也."

50) 위의 글, 223쪽. 전병훈은 칸트 도덕철학의 한계도 함께 지적한다. "칸트의 학문은 도불양가의 지극한 것을 겸하여 얻었다고 할 만하다. 그러나 정신을 응취하고 진인이 되는 오묘함은 아마도 진전을 다 얻지 못한 듯하다.(康氏之學, 可謂兼得道佛兩家之致者也. 然其凝神成眞之妙, 則恐未必盡得眞傳矣.)"

> 되어 크게 이루어졌다. 그 광명이 중천에 뜬 태양과 같고 그 친절함을 다하였다. 그러나 저 이타이기(利他利己)에 시끄럽게 떠들면서 공사신구의 설을 펼치는 이들은 반드시 스스로를 그르치고 남을 그르치고 나라를 그르침이 많을 것이니, 경계하지 않을 수 있겠는가? 에피큐로스는 늘 마음을 맑게 하고 욕심을 줄이고 염담하고 안정하는 것으로 스스로를 기르는 것을 최대의 행복이라고 여겼다. 벤담의 락리주의는 자기 한 사람의 사사로운 이익이 공공의 공리와 본래 서로 화합하기 때문에 내가 하는 일이 다른 사람에게 이로우면 역시 반드시 나에게도 이롭다고 생각하였으니, 이른바 실제로 조화를 이루는 학설이다. 그러나 서양철학에서 이와 같이 이익을 논하는 학설은 반드시 공리와 권리의 폐단으로 흐르는 근원이 된다.[51]

> 의도하는 바가 있는 것은 사욕이요, 의도하는 바가 없는 것은 곧 공심이다. 오직 천리의 공심이 곧 도덕이다. 이것은 장남헌이 의와 리를 구변한 것과 같지만 말이 더욱 친절하다. 지극하도다, 성인이여. 아, 저 근세에 오로지 이익으로 도덕을 풀이하는 자들은 칸트의 이 말을 듣지 못했는가? 슬프다.[52]

전병훈은 공리주의가 제국주의의 침탈을 가지고 온 것으로 인식한다. 사익의 추구를 당연시하는 공리주의가 서양 제국주의의 침탈을

---

51) 위의 글, 228-229쪽. "歐西古來之哲理道德學, 至康氏始乃調劑陶汰而大成也. 其光明如日中天, 極其親切而彼尙呶呶於利他利己公私新舊之說者, 其必自誤誤人誤國多矣, 可不戒哉? 伊璧鳩魯, 常澄心寡慾, 恬澹安靜以自養, 而以爲最大幸福, 邊泌樂利主意, 益於人, 則亦必有益於我, 所謂實地調諧之說也. 然西哲如此論利益之說, 必流爲功利權利之弊源矣. 嗚乎! 康聖可謂撑天柱地於歐西, 而幷及宇內乎?"

52) 위의 글, 228쪽. "有所爲者是私欲, 無所爲者乃公心. 惟天理之公心, 則道德也. 此與張南軒義利之辨, 意同而語尤親切. 至哉! 聖乎. 噫! 彼近世專以利益解道德者, 抑未聞康氏此語否耶? 噫!"

정당화하는 윤리학으로 기능하고 있음을 간파한 것이다.[53] 그는 제국주의의 침탈 자체를 비판하기 보다는 그러한 행위의 사상적 근거가 되는 공리주의의 윤리학을 비판하고자 했던 것이다.[54]

공리주의의 윤리학은 사회진화론과도 밀접한 연관이 있다. 전병훈은 사회진화론에 대해서도 다음과 같이 비판한다.

> 또한 서양 이론에서 생존경쟁의 자연선택과 우승열패의 설을 말하는 것을 고찰해 보자. 비록 학계의 환영을 받지만, 내가 보기에 이는 공리와 강권이 자라도록 인도한다. 덕을 숭상하는 자가 취하고 버릴 것을 알아서, 현혹되지 않을 수 있겠는가?[55]

전병훈은 또 동양과 서양의 도덕학이 서로 소통하는 점을 지선, 애중, 쾌락을 도덕의 체와 용으로 삼았다는 데서 찾는다.

> 서양과 동양의 견해가 모두 '지극한 선[至善]', '널리 사람을 사랑하기[愛

---

53) 위의 글, 231쪽. "스펜서는 최근의 철학자이다. 이익을 즐거워하는 주의로 도덕을 해석한 것은 잘못된 견해이다."

54) 조남호, 「전병훈 도덕 철학 연구」(『동양철학연구』 제62집, 2010), 168쪽. 조남호는 공리주의에 대한 전병훈의 비판에 다음과 같은 의미를 부여한다. "전병훈은 공리주의적인 경향으로 경도되었던 서양의 도덕철학을 바로 잡기 위해서 플라톤과 칸트의 본질주의적 도덕철학과 동아시아 전통의 도덕철학 사이에 새로운 소통을 도모하려고 시도하였다. 사실 이것은 서양의 제국주의가 기본적으로 공리주의적 도덕철학에 근거하고 있었다는 점에서 심각한 정치철학적 함축을 가지고 있다. 전병훈은 서양의 제국주의의 이면에 공리주의를 발견한 것이고, 그 대안으로 본질주의적 도덕철학을 제안했던 것이라고 할 수 있다."

55) 『精神哲學通編』, 「道德哲學」, 246쪽. "又攷西論云, 天擇物競優勝劣敗之說, 雖爲學界之歡迎, 而愚見則此啓功利强權之漸也. 尙德者知所取捨, 而可以不眩乎?"

衆]', '즐거움[快樂]'으로 도덕의 체와 용을 삼은 것은 다르지 않다.[56]

동양철학은 지극한 선에 머물고자 하고, 널리 사람을 사랑하고자 하며, 쾌락을 마음의 본체로 보기까지 한다. 전병훈은 서양철학자들 가운데서 지선, 애중, 쾌락을 도덕의 핵심으로 간주한 이들에 주목했다. 그는 플라톤이 '정의와 지선, 및 애인을 도덕으로 여긴 것'을 지적하고 있으며[57], 플라톤이 '지극한 선을 참으로 사랑하는 것을 도덕의 목적으로 삼은 것은 참으로 지극한 언설이며 성스러운 가르침'[58]이라고 평가하고 있다. 그리고 칸트가 "도덕명령은 반드시 내 마음의 자유의 섭리를 따르지 않을 수 없다. 이로써 행복의 지극한 즐거움이 생기는 것은 반드시 내 마음의 불멸의 이법을 구하는 데서 일어나지 않을 수 없다"고 말한 것에 대해 '지락으로 도덕을 말한 것은 실제로 얻은 경험이다. 만약 지락이 아니라면 도덕의 취미를 말하기에 부족하다'고 평가한다.[59]

한편 전병훈은 동서양의 도덕학의 장단점을 지적하고 양자를 서로 조제할 것을 주장한다.

> 이른바 조제(調劑)란 서양철학은 하늘에서 근원하는 섭리와 일상에서 효친하는 범절에 마땅히 더욱 힘쓰고, 우리 동양은 사회단결, 물질의 사용을 공적으로 증익하는 데에 더욱 힘써야 하는 것이다. 그러면 비로소

---

56) 위의 글, 242-243쪽. "西東之見, 均以至善愛衆快樂爲道德之體用者不殊."

57) 위의 글, 216쪽. "柏氏以正義至善愛人爲道德."

58) 위의 글, 215-216쪽. "柏氏是西邦聖哲. 今以眞愛至善爲道德之目的, 誠至言聖戒也."

59) 위의 글, 224-225쪽. "康氏又曰, '夫道德之法令必不可不從斯心之自由之理, 以生幸福之至樂之必不可不求斯心之不滅之理以作.' 謹按以至樂言道德者, 亦實得之驗也. 苟非至樂, 則不足以言道德之趣味矣."

'원만하게 잘 통해 펼쳐진다'고 말할 수 있을 것이다.[60]

서양은 동양으로부터 도덕의 근원을 하늘에 두는 것과 일상생활에서 부모에게 효도하는 예의범절을 배워야 한다. 그리고 동양은 서양으로부터 사회단결과 물질의 사용을 공적으로 증익하는 태도를 배워야 한다.

그럼 도덕철학에서 일반적으로 발견되는 동양과 서양의 차이는 무엇인가? 이에 대해 전병훈은 서양의 학설은 매번 의로움[義]을 위주로 말하는 반면, 우리는 어짊[仁]을 위주로 말하는 경향이 있음을 보아낸다.[61] 그리고 거기에는 지리적 조건에서 기인하는 동서양인들의 기질적 차이도 반영되어 있다고 본다.[62]

전병훈이 도덕철학에서 관심을 갖는 또 하나의 주제는 사덕과 공덕의 관계이다. 전병훈은 사덕과 공덕을 엄격하게 나누지 않는다. 뿐

---

60) 위의 글, 242-243쪽. "所謂調劑者, 則西哲當加勉以原天之理, 下學孝親之節, 而吾則益勉團結社會公益物質之用, 始可謂圓滿通暢矣."

61) 위의 글, 243쪽. "今玆編役, 再攷西說, 每主義而言, 亦猶我主仁而言者, 殆易所謂仁者見之謂之仁之類者耶? 然不特此也." 전병훈은 '서양에서 義를 위주로 도덕을 말한 것은 우리 유학에서 仁愛를 위주로 하여 도덕을 말하는 것만 못하다'(219-220쪽)고 하여 인을 위주로 하는 동양도덕이 서양도덕보다 우수하다고 평가한다.

62) 위의 글, 243쪽. "천지의 올바른 도리가 동쪽은 목과 인으로, 양의 방위가 된다. 서쪽은 금과 의로 음의 방위가 된다. 그러므로 음의 고요함에 뿌리는 두고 생기는 것은 활동을 귀히 여긴다. 양의 움직임에 뿌리를 두고 생기는 것은 고요함을 귀하게 여긴다. 동서양 사람의 체격(서양 여성은 건장하고, 동양 여성은 약하다), 교법의 선교(동양은 가서 선교하는 법이 없다)에서 관찰하면, 서양인은 활동을 귀하게 여기고 동양인은 고요함을 귀하게 여기는(귀인은 매양 외모가 침착하고 정숙하다) 것을 증험해 알 수 있다."(天地之正位, 東爲木仁之陽方, 西爲金義之陰方. 故根陰靜而生者, 以動爲貴, 根陽動而生者, 以靜爲貴. 觀於西東人之體格(西女壯, 東女弱) 敎法之往敎(東無往敎之法), 可驗西人以動爲貴, 東人以靜爲貴(貴人每多外貌沉靜)也, 審矣.)

만 아니라 공덕을 내세워 사덕을 가로막는 현상을 비판한다. 이는 당시 국가주의를 지향하는 이들이 공덕을 내세워 개인의 자율과 욕망을 침해하는 현상을 비판한 것이다.

사덕과 공덕의 관계에 대한 전병훈의 입장은 사덕을 공익이 되게 하는 것을 공덕으로 보는 것이다.[63] 이 점에서 그는 벤담의 최대다수의 최대행복을 추구하는 공리주의를 어느 정도 인정한다. 다만 이것이 개인의 사적인 이익을 추구하는 방향으로 전개되기 쉬움을 경계한다.

공덕으로 사덕을 억압하지 않고, 사덕을 적극적으로 인정하고자 한 점에서 전병훈의 자유주의자로서의 면모가 잘 나타난다. 그가 제기한 철학적 논제 가운데 가장 중요한 것이 바로 '자유'이다. 이것은 『정신철학통편』을 구성하는 「정신철학」·「심리철학」·「도덕철학」·「정치철학」의 서두를 모두 '자유'에 대한 언급으로 시작하고 있는 데서 단적으로 나타난다.[64] 그의 자유론에서 특징적인 것은 자유를 수행의 차원에서 논의하고 있다는 점이다. 말하자면 자유란 모든 사람들이 선천적으로 부여받은 권리가 아니라, 후천적인 수행을 통해서 이루어지는 것이다. '양신성진(養神成眞)', '통리위성(通理位聖)', '도응덕비(道凝德備)', '진아겸성조세합천(眞我兼聖造世合天)'을 자유로 본 것은 전병훈 자유론의 특징

63) 전병훈은 몽테스키외가 "사욕이 해가 되지 않으면 공덕이 된다고 말한 것은 참으로 지극한 말이다. 사덕과 공덕을 시끄럽게 분별하는 사람들이 어찌 여기에서 반성하여 그 비루한 주장을 반성하지 않는가?"(『精神哲學通編』, 「道德哲學」, 220쪽. 孟氏實近世之哲學大家, 其論常民之誠篤, 勝於學士, 此可見東西人心理之同然耳. 如私欲不害則爲公德자, 誠至言也. 人之呶呶於私德公德之辨者, 何不反省於此, 以改其陋說乎?)라고 말하여, 사덕의 공익화를 공덕으로 본 것을 긍정적으로 평가한다.

64) 『精神哲學通編』「緖論」. "人之自由莫如養神成眞者." ; 『精神哲學通編』 上編, 「心理哲學緖言」. "人之自由莫如通理位聖者." ; 『精神哲學通編』 中編 「精神哲學緖言」. "人之自由莫如道凝德備者." ; 『精神哲學通編』 下編, 「政治哲學緖言」. "人之自由莫大於眞我兼聖造世合天者."

이 발휘된 점이라고 하겠다. 실천이성의 이념이나 민권의 차원에서 언급되는 서양의 자유관과 달리 전병훈은 자유를 개인의 수행과 그에 기반한 경세의 차원에서 논의하고 있는 것이 특징이다.

결론적으로 전병훈은 동양과 서양의 도덕철학의 문제점을 지적하고 서로 그 결점을 바꾸고 도덕의 의미를 보완함으로써 행복에 이를 수 있음을 다음과 같이 말한다.

> '하늘에 근원한 도덕[原天道德]'의 철학적 이치를 논하는 데서 증국번에 이르기까지, 역대로 도덕을 실행한 정치가와 성현들은 모두 도덕의 큰 근원이 천지에서 나오고 천지가 한 몸에 갖추어져 있음을 통찰하였다. 행하고 말하는 것이 천덕과 천리가 아님이 없었다. 그들이 도덕을 행한 경험적 사실이 어찌 그 시대의 모범이 되는 데 그치겠는가? 만세의 법칙이 될 만한 것이 많다. 그러나 근세에 도덕을 논하는 자들이 옛것과 새 것을 분별함이 있는 것은, 도덕이 하늘에서 근원함을 모르기 때문이다. 무릇 물질적인 도구와 물리·화학과 같은 부류에는 혁신적인 진화가 없지 않다. 그런데 도덕마저 전적으로 공리로 해석하니, 시험 삼아 묻건대 선을 남에게 보이고 싶은 것도 '참된 선'으로 지칭할 수 있다는 말인가? (그러니 신구의 윤리학이) 서로 결점을 바꾸고 도덕의 의미를 보완한다면 반드시 인도(人道)의 행복이 되지 않음이 없을 것이다. 오호라 경험의 도덕이 참으로 위에서 서술한 바와 같다. 『춘추』는 바로 성인의 경세서로, 근엄하게 권선징악하며 중화를 높이는 데 치중했다. 그러나 중화가 예를 잃으면 오랑캐로 전락하고, 오랑캐에게 예가 있으면 중화로 진입한다. 하늘을 체득한 성인이 인도를 권장하여 진화하는 공덕심(公德心)을 볼 수 있다. 이것이 바로 유가 도덕의 정맥이다. 아! 저 선도와 불교와 과학을 전적으로 숭상하는 식자라도, 어찌 모를 수 있겠는가? 이 본성을 다하고 세상을 경영하는 도덕에 어찌 또한 목숨을 보존하고

> 참나를 이루는 도덕을 합치하지 않겠는가? 그런 뒤라야 비로소 성스러움을 겸하고 지극히 명철하며 원만한 도덕이라고 말할 수 있다.[65]

도덕은 하늘에서 근원하고, 사람은 우주적 질서와 본성을 한 몸에 구비하고 있다. 그런데 도덕의 근거를 하늘에 두지 않고 사익 추구를 당연시하는 공리(功利)에 두게 되면 쟁탈과 전쟁을 면하지 못할 것이다. 중화란 '민족'을 중심으로 하여 규정되는 것이 아니라, 도덕과 윤리의 맥락에서 규정되는 것이다. 궁극적으로는 유가와 도가의 도덕을 합해야 한다. 유가 도덕의 진면목은 본성을 다 발휘하는 '진성(盡性)'과 세상을 경영하는 '경세(經世)'에 있으며, 도교 도덕의 진면목은 목숨을 보존하는 '주명(住命)'과 참나를 이루는 '성진(成眞)'에 있다.

> 아! 세계가 바야흐로 점차 문명화하면서, 심리학과 윤리학이 날로 정밀해져서 이렇게 흥성하다. 하지만 옛것을 지키는 자는 도리어 신학문을 업신여기고, 신학문을 하는 자 역시 옛 경전을 멸시한다. 신구학문의 섭리와 동서양 성인의 견해가 하나임을 생각하지도 못한다. 하지만 역시 동서고금 두 가지를 서로 적절히 조합한 뒤에야 비로소 원만해진다. 세계를 장차 영구 평화와 통일로 이끌 정치의 방책으로, 실로 이처럼 원만하게 조제된 최고의 도덕을 사용하지 않는다면 어찌 그날이 오겠는

---

65) 『精神哲學通編』, 「道德哲學」, 186-187쪽. "自論原天道德哲理, 至此曾公, 歷敍實行道德之政治家聖賢, 皆洞見道德大源出於天地, 而天地備乎一身, 所行所言, 無非天德也, 天理也. 其爲道德之經驗事實, 奚啻爲當世之模範而已哉? 可以爲萬世法則者多也. 然近世論道德者, 有新舊之辨, 由不識其原天故也. 凡物質器用, 理化之類, 不無維新進化者, 而專解道德以功利, 則試問善欲人見者, 亦稱許爲眞善乎? 庶可以互換缺點, 補完道德之義, 則未必不爲人道之幸福矣. 烏乎, 經驗之道德, 洵如上所述, 而春秋乃聖人經世書, 謹嚴彰善癉惡, 尊華爲重. 然華而失禮, 則黜之以夷, 夷而有禮, 則進之以華, 可以見體天聖人, 勸奬人道而進化之公德心也. 此乃儒家道德之正脈. 噫彼專尙仙佛科學之士, 安可不識, 而盍亦於斯盡性經世之道德, 合致以住命成眞之道德乎? 然後始可謂兼聖極哲之圓滿道德矣."

가? 우리 공자가 대동의 정치이론을 창립했으며, 루소와 칸트 같은 여러 철인들 역시 서양에서 논의를 일으키니, 또한 위대하지 않은가? 내가 곧 이로써 지금 반드시 오회정중에 있다고 말하는 것이다.[66]

그는 동서가 조제된 도덕의 효과를 다음과 같이 말한다.

> 세상에서 장차 사람마다 도덕을 실천한다면, 군대를 쓰지 않을 것이다. 경찰과 법률 또한 어찌 사용하겠는가? 믿어지는가? 도덕이 인류가 대동하는 태평세의 기본이 되니, 역시 매우 분명하지 않은가? 이것이 실로 나의 소망이다. 어찌 그것이 멀겠는가?[67]

도덕은 쟁탈을 해소하는 방법이다. 사람 각 개개인들이 천부적으로 지니고 있는 정신을 일상생활에서 실천하여 지극한 선을 이룬다면 이익과 권력을 둘러싸고 전개되는 사람들 상호간의 쟁탈을 해소할 수 있다. 도덕실천을 통해 쟁탈이 해소된다면 사람들 간의 다툼을 해결하기 위해 제시된 법률이나 경찰이 필요하지 않을 뿐만 아니라, 국가 간의 관계도 상호 이익을 증진시키는 방향으로 전개되기 때문에 군대조차 사용할 일이 없게 된다. 이처럼 전병훈은 20세기 초 세계대전을 경험한 상황에서도 도덕을 시대문제를 해결하기 위한 하나의 쟁탈해법으로 제시하고 있는 것이다.

---

66) 위의 글, 242쪽. "烏乎! 世界方漸文明, 心理道德之學, 日臻精密如彼其盛, 而守舊者尙藐視新學, 新學者亦蔑棄舊經, 殊不知新舊學理, 與東西聖人之見則一也. 故亦有兩相調劑, 然後始臻圓滿者焉. 世界將永久平和統一政治之策, 苟不用此調劑圓滿無上之道德焉, 則寧有其目乎? 惟我孔子唱立大同政論, 而勒氏康德諸哲, 亦創論于西, 不亦偉哉? 余則以謂其必在午會正中乎."

67) 위의 글, 243쪽. "世將人人踐行道德, 則兵可不用, 而警察法律, 亦安用哉? 信乎! 道德爲大同太平世之基本也, 不亦明甚乎! 此誠編者之願欲也. 何遠乎哉?"

4) 정치철학 방면의 접변 양상

정신철학·심리철학·도덕철학 방면에서의 동서회통은 동양을 중심으로 이루어졌다. 이와 달리 정치철학 방면에서의 동서회통은 서양을 중심으로 이루어진다. 이것은 전병훈이 정치제도의 측면에서는 서양이 동양보다 우수하다고 생각했기 때문이다. 특히 서양의 정치제도 가운데 그가 관심을 기울인 것은 민주제와 입헌공화제이다. 그는 민주제와 입헌공화제를 이상적인 정치제도로 간주하고, 동양의 유교 경전에서 그와 유사한 것들을 탐색한다.

그는 정치의 본질은 민의를 따르는 데 있다고 보는 관점에서 서양의 '민주'와 동양의 '민본'을 일치시킨다.

> 동아시아의 정치제도가 요순으로부터 하상을 거쳐 주나라에 이르기까지 비로소 찬연하게 완비됐으니, 모두 민의를 위주로 했다. 설령 이를 '민주제'라고 하더라도 아마 무방할 것이다. 서구의 로마 민주제부터 근세까지 점차 민주정치를 이룬 것이, 역시 이와 같다. 어찌 하늘의 뜻이 아니겠는가? 아! 동서양의 초창기를 거슬러 탐구하면, 비록 군주의 호칭이 있더라도 '민주'가 아닌 것이 없었다. 어째서인가? 맨 처음 가족에서 부락 추장이 나오고, 추장에서 임금을 세운 것이 틀림없다. 그때부터 줄곧 군중이 합의해서 군주를 추대해 세웠다. 그러므로 '민주로 부를 수 있다'고 한다. 결코 정복전쟁이나 투쟁으로 군주를 세운 게 아니다. 이는 역사의 질증이 없더라도, 가히 의심할 수 없는 바이다. 중국의 복희, 신농, 요순, 한국의 단군과 동명이 백성이 추대해 세운 군주라는 것은 명약관화하다.[68]

---

68) 『精神哲學通編』, 「政治哲學·緖論」, 250쪽. "惟東亞之政治制度, 自堯舜歷夏商而至周, 始乃粲然大備, 皆以民意爲主, 雖謂之民主制, 恐無不可也. 歐西之自羅馬民主制, 以及近世, 寖成民主之治者,

민주제가 이상적인 정치제도로 평가되는 까닭은 그것이 민이 정치주체가 되어 자신들의 뜻을 실현하는 제도이기 때문이다. 일반적으로 동양의 정치는 군주가 정치주체가 되어 백성들을 다스린 것으로 이해된다. 그런데 전병훈은 요순으로부터 주나라에 이르기까지는 민의를 따르는 정치가 이루어졌다고 주장한다. 그리고 백성이 군주를 추대한 것을 그 논거로 제시한다. 군중이 합의하여 군주를 추대하는 과정에서 자신들의 뜻을 반영하고 있다고 본 것이다.

전병훈은 또 동양의 '민본'을 '민주'로 이해한다. 이들은 정치가 민에 근본하고, 민을 경외하는 것을 정치이념으로 요청한다는 점에서 공통적이다. 그러나 양자는 주권의 귀속에 대한 이해가 서로 다르다는 근본적 차이점이 있다. '민본'은 통치의 주권자인 군주가 백성을 본위로 다스린다는 이념인 반면, '민주'는 주권이 인민에게 있고, 직간접적인 선거제도를 통해서 통치자를 다중이 선발한다는 사상이다.[69] 전병훈은 이러한 차이를 무시하고, '민의'를 따르는 정치라는 점에서 동양의 '민본'과 서양의 '민주'를 회통시킨 것이다.

전병훈은 서양의 정치제도 가운데 민주제와 더불어 입헌공화제를 이상적인 정치제도로 여긴다. 그리고 동양에도 입헌공화제가 있었다고 주장한다.

> 세상사를 논하는 지식인이 혹은 요순삼대를 군주정치로 지목한다. 하

亦猶是焉. 詎非天意乎? 烏乎, 溯究東西草創之世, 雖有君皇之名稱, 而罔非民主者, 何哉? 始初自家族而部落酋長, 自酋長而立爲君皇者, 必也. 一從人群之議諧, 推戴以成, 故曰可名爲民主也, 決非征戰爭鬪而立矣. 此非歷史之證確, 而可以無疑者乎. 中之羲農堯舜, 東韓之檀君東明爲民推立者, 昭然若揭也."

69) 심성환, 『우주의 성오』(소나무, 2016), 761쪽.

> 지만 이는 요순주공이 모두 백성의 소리를 들어 정치를 했으며, 공화·헌법의 예치를 세워 만세의 도덕문명을 계도한 입법자라는 것을 진실로 모르는 것이다.(요임금과 주(周)나라 때에 공화와 헌법의 명칭이 없었으나, 실제로는 이미 시행되었다.)[70]

이 단락의 논지는 요순삼대의 정치는 군주정치가 아니라, 공화헌법의 예치라는 것이다. 비록 당시에 '공화'와 '헌법'의 명칭은 없었으나 실제 정치가 이루어진 사정을 살펴보면 공화와 헌법이 시행되었음을 징험할 수 있다고 주장한다. 그리고 그 구체적 사례를 요임금과 순임금이 왕위를 선양한 점과 주례에 국가대사를 서민과 선비들이 의론한 데서 찾는다.

> 천하고금의 제도는 뒤에 나온 것이 더욱 정밀하고 아름답다. 그 또한 천도와 인사가 마땅히 그런 것이다. 요임금과 순임금이 서로 선양한 것은 천하 사람들의 마음을 공적인 것으로 여긴 것으로 공화의 기초를 연 것이라고 말할 수 있다. 지금 서구의 국회선거법은 조리가 다 갖추어져서 더욱 진보되고 아름다운 것이라고 할 수 있다. 예를 들어 『주례』에서 나라에 대사가 있을 경우에 그것을 서민들이 논의하고, 선비들이 논하였으니, 헌법의 기치를 먼저 드리운 것이라고 말할 수 있다. 이제 서구의 국회에서 법을 만들고 육법으로 나라를 세우고 백성을 다스리는 규범 역시 조리가 다 갖추어져서 더욱 진보되고 아름다운 것이라고 할 수 있다.[71]

---

70) 『精神哲學通編』, 「政治哲學緖論」, 251쪽. "論世之士, 或以堯舜三代指爲君主之治, 殊不知堯舜周公, 皆聽民爲政, 以立共和憲法之禮治, 啓萬世之道德文明之祖法者也.(堯周之時, 未有共和憲法之名, 而其實情則已行矣.)"

71) 같은 곳. "凡天下古今之制度, 後出者愈精愈美, 其亦天道人事之宜然也. 堯舜之相禪, 是公天下之

전병훈은 요임금과 순임금이 왕위를 선양한 것을 공화의 기초를 연 것으로 해석한다. 그가 '선양'과 '공화'를 같은 것으로 여길 수 있었던 것은 그것들이 모두 천하국가를 사적인 것으로 여기지 않았기 때문이다.[72] 요임금과 순임금이 '천하 사람들의 마음을 공적인 것으로 여겼다'는 말이 바로 이것을 가리킨 것이다. 그는 요순이 왕위를 선양한 것을 민의에 따른 '민주'의 정치행위, 천하와 국가를 사적으로 점유하지 않는 '공화'의 정치, 그리고 사욕에 물들지 않은 성인의 '공심'이 발현된 제도로 이해한 것이다.[73]

또 그는 『주례』에 서민과 선비들의 국가 대사를 함께 논의한 것을 입헌으로 풀이한다. 비록 백성들이 정치주체로 참여하여 법률을 제정하고 그에 입각하여 나라를 다스린 것은 아니지만, 국가 대사를 함께 논의하는 것을 예제로 갖추고 있음을 입헌의 사례로 본 것이다.

한편 전병훈은 동양과 서양 정치철학의 장단점을 지적하고 서로 조제할 것을 주장한다.

> 근세에 하늘이 어찌 그 인물을 서구에만 돈독히 낳아서 물질과 정치와 법률의 문명을 크게 열고, 반대로 동양에는 문을 닫고 인색하였는가! 그러나 하늘의 뜻을 이어 법도를 세우고 신묘한 식견을 창의한 성스러운 제도는 옛날이 지금보다 뛰어난 것이 있다. 경험과 혁신의 제도를

心, 可謂共和開基者, 而今西歐之國會選擧法, 可謂條理悉備, 愈進愈美者也. 如周禮國有大事, 則庶民議之, 士論之, 可謂憲法之先竪幟者, 而今西歐之議院立法, 六法以建邦治民之規, 亦可謂條理悉備, 愈進愈美者也."

72) 위의 글, 255쪽. "선양과 공화가 명칭은 비록 다르지만 천하국가를 사적인 혈통세습의 이익으로 여기지 않았다는 점은 같다.(禪讓與共和, 名稱雖殊, 而不以天下國家爲子孫家私之利則一也.)"

73) 김상환, 『우주의 정오』(소나무, 2016), 769쪽.

> 깊고 정밀하게 연구하는 것은 지금이 옛날보다 뛰어난 것이 또한 많다. 이는 서로 결점을 바꾸어 종합될 수 있다. 내가 고루하고 식견이 없음에도 부득이 끝내 이 정치철학편을 짓는 이유이다.[74]

고대 동양은 신명한 식견에서 나온 성스러운 제도를 갖추고 있다는 점에서, 근세 서양은 경험과 혁신의 제도를 깊고 정밀하게 연구한다는 점에서 각각 장점이 있다. 동양과 서양은 서로 상대방의 장점을 수용해야 한다. 전병훈은 동양과 서양이 서로 본받아야 할 점들을 제시한다.

그는 동양이 서양으로부터 받아들여야 할 것으로 정치, 헌법, 이재, 공업과 상업, 여러 과학을 제시한다.[75] 서양의 민주정치와 입헌공화제 이외에도 민생을 돌보는 경제제도, 상품을 생산하고 유통시키는 공업과 상업의 증진, 자연현상과 사회현상을 원리적으로 탐구하는 제반 과학 등을 수용할 것을 주장한다.

이와 달리 서양은 동양의 예치·정전·균산을 수용해야 한다고 보았다.[76]

> 서양도 필히 우리의 정전·균산·예치의 조례를 취해서 각각의 정치가 충분히 원만하게 발전해야 한다. 그리하여 한결같이 하늘을 본받아

---

74) 『精神哲學通編』, 「政治哲學緖論」, 249쪽. "近世天何篤生其人於西歐, 大開物質政法文明, 而反悶嗇於東球也耶? 雖然繼天立極, 創智神見之聖制, 則古勝於今者有焉. 精益究精, 經驗維新之制, 則今勝於古者亦多. 此可以互換缺點而合成, 然後可謂位育天地之圓滿政治矣. 余所以忘其固陋, 不得已竟成此編者也."

75) 『精神哲學通編』, 「政治哲學」, 340쪽. "若夫政治則尤多可以損益, 補吾缺點者. 如今歐美之政治憲法理財工商各科學是也."

76) 같은 곳. "然西則必取我井田均産禮治條例, 以各進充分圓滿, 而一以體天重民爲職志焉, 則宇內之永樂和平, 大同一統之基, 本願不在此乎?"

백성 존중하기를 직분으로 삼는다면, 세계의 영구평화와 대동통일의 근본이 여기에 있지 않겠는가?[77]

서양은 민주와 입헌공화제를 기본으로 하면서, 동양의 정전·균산·예치의 조례를 취할 때 정치가 원만하게 발전할 수 있다고 본 것이다. 우선 그는 예치의 수용을 다음과 같이 주장한다.

지금의 방책은 전적으로 법률을 쓰지만, 주나라 제도는 순전히 도덕의 예치를 사용했다. 장차 이 제도(『주례』의 향당제도)를 쓰는 통치자는 실로 그 교화가 세상에 두루 미치고, 형벌을 사용치 않는 경험을 얻을 수 있다. 그렇다면 오늘날의 법치 쪽에서도 어찌 이를 취해 모범으로 삼지 않겠는가? 그러므로 내가 감히 단언컨대, 전 세계 인도의 밝은 사표와 대동의 기틀이 반드시 여기에 있다.[78]

서양은 동양의 예치와 『주례』의 향당제도를 본받아야 한다. 그러면 세상 사람들을 두루 교화시켜서 형벌을 사용하지 않고도 질서가 유지되는 사회를 만들 수 있다.

그는 또 서양은 동양의 정전제를 수용함으로써 경제적인 균산(均産), 즉 경제민주화를 실현해야 한다고 주장한다.[79] 빈부격차가 심화

---

77) 『精神哲學通編』, 「政治哲學」, 「總結論」, 340쪽. "余編精神心理道德, 專以調劑新舊而折衷合致, 俾學以成兼聖極哲, 而若夫政治, 則尤多可以損益, 補吾缺點者. 如今歐美之政治憲法理財工商各科學是也. 然西則必取我井制均産禮治條例, 以各進充分圓滿, 而一以體天重民, 爲職志焉, 則宇內之永樂和平, 大同一統之基本, 顧不在此乎?"

78) 『精神哲學通編』, 「政治哲學」, 271-272쪽. "然則歐西以地方自治爲共和憲法之基礎者, 不亦明甚乎? 此與禮治之規, 可謂相爲表裏. 然時方專以法律, 而周制則純以德禮, 將來用此制者, 苟能化治天下, 以成刑措不用之經驗, 則彼法治者, 安得不取作師範乎? 故余敢斷爲世界人道之光明導師, 大同基業, 其必在此乎!"

되어 사회의 갈등이 야기되는 문제점을 경제적인 균산을 통하여 해결하고자 한 것이다.

전병훈은 동양의 정치제도 가운데 좋은 점을 계승하되, 시의에 맞게 변통하여 사용할 것을 권고한다. 그는 "『주례』가 비록 보편적인 정치제도이지만, 시대에 맞게 절충해야 한다"[80]고 말한다. 그리고 동양의 도덕이 민주주의에 적합하도록 오륜의 '군신유의(君臣有義)'를 '통민유의(統民有義)'로 바꿀 것을 제안한다.

전병훈은 동서의 정치제도를 조제하여 원만한 '정치철학'을 만듦으로써 궁극적으로는 세계의 영구평화와 통일을 이루고자 한다. 그가 칸트의 영구평화론에 주목한 것도 그 지향점이 같았기 때문이다. 그러나 그는 칸트의 영구평화론도 동양으로부터 보완해야 할 점이 있다고 말한다. 칸트 영구평화론의 문제점은 예전에 그것을 시행해 본 역사적 경험이 없기 때문에 사람들이 믿고 따르기 어렵다는 점이다. 그런데 동양에는 그런 역사적 경험이 있다. 전병훈은 삼대의 균산, 주공의 형벌폐지와 예치, 공자의 대동의 가르침을 그 구체적인 사례로 제시한다.[81] 그는 칸트의 영구평화론을 동양의 경험적 사례로 뒷받침함으로써 그 설득력을 확보하고자 한 것이다.

---

79) 위의 글, 282쪽.

80) 위의 글, 272쪽. "(주례의 규약이) 비록 보편적인 정치제도지만, 그 대의를 따르되 반드시 시대에 맞게 절충해야 한다. 그래야 이를 행하는 데 장애가 없고, 무량하게 세상을 구제할 수 있다. 곧 변통과 성인의 시의적절함이 귀한 까닭이 바로 여기에 있다.(余攷『周禮』本章約劵條例… 雖然凡爲邦制度, 必也師其大旨, 而參合時宜, 然後可以行之無礙, 濟世無量矣. 此所以變通, 而聖之時中者爲可貴也.)"

81) 위의 글, 331쪽. "康氏此論, 乃啓世界永樂和平人享歡樂之至善聖心也. 然在西爲空前所無之政治, 則孰肯信服乎? 在我則三代之均産, 周公之刑措禮治者, 可作經驗, 而況與孔子之大同垂敎暗合相孚, 孰不信而期望乎?"

5. 정신, 회통과 조제의 근원

전병훈의 '정신철학'·'심리철학'·'도덕철학'·'정치철학'에서 동서 철학이 접변하는 양상을 각각 '회통'과 '조제'의 두 측면에서 살펴보았다.

전병훈 철학에서 무엇보다 중요한 것은 그가 동·서 철학을 '회통'하고 '조제'할 수 있었던 그 근본 바탕을 규명하는 일이다. 전병훈에게서 동서철학을 융회시킬 수 있었던 토대는 바로 생명의 근원으로서의 '정신'이었다. 전에 관통하는 생명주체의 정신 심리가 진인이 되고[成眞] 겸하여 성인이 되는[兼聖] 존재론적 근거로 설정된다. 전병훈은 자기 내면에서 정신이 응취하여 진인이 되고, 그것이 다시 겸성의 능력으로 발휘되고 있음을 깨닫는다. 그리고 이러한 깨달음에 기초하여 동서고금의 철학을 자신의 정신철학 체계 내에서 조제하여, 인류의 생명과 사회를 구원할 수 있는 처방약으로 제시한다.

전병훈의 철학에서는 정신–심리–도덕–정치가 하나로 통일되어 있다. 하늘에 근원을 둔 정신은 인간의 생명에 내재되어 심리가 된다. 정신이 곧 심리인 것이다. 이 '정(精)'을 기르고 '신(神)'을 응취하면 진인이 되고 성인이 된다. 그리고 정신의 심리가 마음속에 보존되어 있다가 바깥으로 드러나서 일상생활 속에서 실천되어 지선에 이르는 것이 바로 대도(大道)이고 정덕(正德)이다. 나아가 천지의 도덕을 체득한 이가 권력을 잡아 사람들을 독려하여 세계의 통일과 공화의 사업을 이루어나가는 것이 바로 정치이다.

전병훈은 하늘에 근원을 둔 '정신'철학의 관점에서 동양과 서양철학을 회통하고 조제하여 융회시킨다. 여기에서는 그의 『정신철학통편』에 나타난 동서 철학의 접변 양상을 정신철학·심리철학·도덕철학·정치철학의 네 방면으로 나누어서 살펴보았다.

정신철학 방면에서 전병훈이 동양과 서양을 융회시키고자 한 주요 개념은 '정신'이다. 특히 그는 플라톤과 칸트의 '정신' 개념을 동양의 그것과 회통시킨다. 그럼에도 그는 플라톤과 칸트의 정신관의 한계를 지적한다. 그것은 바로 '현빈에서 참나를 이루는 방법'에 대해서는 알지 못했다는 점이다. '현빈에서 참나를 이루는 방법'의 유효성은 전병훈이 내단 수련 과정에서 직접 체험한 것이다. 거기에 유교나 불교만이 아니라 서양철학과도 구분되는 전병훈 철학의 독특성이 자리한다. 한편 전병훈은 철학하는 방법에서 동양과 서양의 장·단점을 지적하고, 양자를 서로 조제하여 단점을 보완하고 장점을 극대화하고자 한다. 서양철학의 장점은 기존의 이론에 대한 비판적 성찰을 통하여 새로운 지식을 도출해내고, 그것의 진리성을 실천과 경험을 통해 확증하려고 했다는 점이다. 반면에 동양에는 정신을 응취하여 진인이 되고 겸하여 성인이 되는 '성진겸성'의 구체적인 방법을 갖추고 있다는 점이다.

심리철학 방면에서 전병훈이 동서철학을 회통시키고자 한 점은 하늘에 근원을 둔 심리학, 즉 '원천심리학(原天心理學)'이다. 그는 동서철학이 모두 심리의 근원을 하늘에 두고 있다고 주장한다. 그리고 플라톤의 '신(神)' 관념과 도교의 '원신(元神)'개념이 일치한다는 점을 그 근거로 제시한다. 한편 서양철학은 동양철학으로부터 마음이 하늘의 이치에 근원한다는 점과 욕심을 줄이고 마음을 기르는 요령을 배워야 한다. 반면에 동양은 서양으로부터 정신활동을 두뇌의 신경작용으로 이해하는 관점을 수용해야 한다.

도덕철학 방면에서 전병훈이 동서철학을 회통시키고자 한 점은 하늘에 근원을 둔 도덕학, 즉 '원천도덕학(原天道德學)'이다. 그는 동서철학이 모두 도덕의 근원을 '신'이나 '천'에 두고 있다고 주장한다. 그리고 소크라테스의 '신'관념과 칸트의 실천이성의 선험성을 그 근거로 제시한다. 한편 서양은 동양으로부터 도덕의 근원을 하늘에 두는 것과 일상생활에서 부모에게 효도하는 예의범절을 배워야 한다. 반면에 동양은 서양으로부터 사회단결과 물질의 사용을 공적으로 증익하는 태도를 배워야 한다.

정치철학 방면에서 전병훈이 동서를 회통시키고자 한 점은 '민주제'와 '입헌공화제'이다. 그는 정치의 본질은 민의에 따르는 것이라고 보는 관점에서 동양의 '민본'과 서양의 '민주'를 회통시킨다. 그리고 요·순·주공이 모두 백성의 소리를 들어 정치를 했으며, 공화·헌법의 예치를 세워 만세의 도덕문명을 계도한 입법자였다는 것을 동양에도 입헌공화제가 있었다는 주장의 논거로 제시한다. 한편 서양은 동양으로부터 예치·정전제·주례의 향당제를 수용해야 하며, 동양은 서양으로부터 정치·헌법·이재·공업과 상업 및 여러 과학을 수용해야 한다.

【참고문헌】

全秉薰, 『精神哲學通編 上·下』, 북경, 精神哲學社, 1920.

_____, 『精神哲學通編』, 서울: 명문당, 1983.

_____, 『百選美芹』, 고려대학교 도서관본.

『全氏宗約彙報 1·2·3·4』, 全氏大同宗約所, 1919.

『全氏總譜 卷一·二·三·四』, 全氏大同宗約所, 1924.

『全氏總譜總錄』, 대동인쇄소, 1924.

윤창대 역, 『정신철학통편』, 서울: 우리출판사, 2004.

김성환, 『우주의 정오』, 서울: 소나무, 2016.

금장태, 「서우 전병훈의 사상」, 『철학과 현실』 15, 철학문화연구소, 1992.12.

김낙필, 「서우 전병훈의 도교사상」, 『도교문화연구』 21, 한국도교문화학회, 2004.

_____, 「전병훈의 천부경 이해」, 『선도문화』 1, 국제평화대학원대학교출판부, 2006.

김성환, 「서우 전병훈의 생애와 저술에 대한 종합적 연구(1)」, 『도교문화연구』 38, 한국도교문화학회, 2013.5.

_____, 「서우 전병훈의 생애와 저술에 대한 종합적 연구(2)」, 『도교문화연구』 39, 한국도교문화학회, 2013.11.

_____, 「서우 전병훈의 생애와 저술에 대한 종합적 연구(3)」, 『도교문화연구』 40, 한국도교문화학회, 2014.5.

_____, 「다투지 않는 공화-도가의 정치철학에 대한 전병훈의 견해」, 『동양철학』 42, 한국동양철학회, 2014.

_____, 「成眞兼聖之路: 全秉薰的精神哲學」, 『道家文化研究』 第29輯, 北京: 三聯書店, 2015.

_____, 「예치는 민주·공화와 만날 수 있는가? -요·순·삼대의 예치에 대한 전병훈의 정치철학적 독법」, 『동북아문화연구』 47, 동북아시아문화학회, 2016.

김수진, 「단군 천부경의 초기 주석 연구」, 원광대석사학위논문, 2004.

김학권, 「정신철학통편에 나타난 전병훈의 철학사상」, 계명대·원광대 학술교류세미나 발표문, 2001.

_____, 「서우 전병훈의 철학방법 고찰」, 『범한철학』 51, 범한철학회, 2008년 겨울.

박종홍, 「서구사상의 도입과 그 영향」, 『박종홍전집 5』, 서울: 민음사, 1982.

윤창대, 「서우 전병훈의 정신철학통편 번역 연구」, 원광대학교 동양학대학원 석사논문, 2003.

_____, 「전병훈 『정신철학통편』 연구 -한국철학의 위상과 성격을 중심으로-」, 국제뇌교

육종합대학원대학교 박사학위논문, 2015.
이근철, 「전병훈 천부경 주해에서 五行顚倒」, 『도교문화연구』 30, 한국도교문화학회, 2009.
_____, 「전병훈의 천인합일사상」, 『도교문화연구』 31, 한국도교문화학회, 2009.
_____, 「『정신철학통편』의 내단사상」, 『도교문화연구』 40, 한국도교문화학회, 2014.
이승연, 「주자의 예와 몽테스키외의 법」, 『사회사상과 문화』 16, 동양사회사상학회, 2007.
이현구, 「개화기 유학자와 계몽운동가들의 서양철학 수용」, 『철학사상』 4, 서울대학교 철학사상연구소, 1994.
임채우, 「정선전씨 문중자료를 통해 본 전병훈의 생애」, 『신종교연구』 10, 한국신종교학회, 2004.
_____, 「전병훈의 미공개자료 연구」, 『동서철학연구』 39, 한국동서철학회, 2006.3.
_____, 「전병훈의 『도진수언』과 暘星의 『仙佛家眞修語錄』의 관계에 관한 연구」, 『철학연구』 73, 철학연구회, 2006.5.
_____, 「전병훈 천부경 주석이 갖는 선도수련의 의미」, 『선도문화』 5, 국제뇌교육종합대학원 2008.11.
_____, 「전병훈 연구의 문제와 쟁점(1)」, 『선도문화』 18, 국제뇌교육종합대학원 2015.3.
_____, 「전병훈 연구의 문제와 쟁점(2)」, 『선도문화』 19, 국제뇌교육종합대학원 2015.9.
전제훈, 「신도교사상의 모색에 관한 연구 －20C초 서우 전병훈을 중심으로－」, 원광대학교 동양학대학원 석사논문, 2008.
조남호, 「전병훈 도덕철학 연구」, 『동양철학연구』 62, 동양철학연구회, 2010.
진교훈, 「전병훈의 정신철학통편」, 『한국철학사 하』, 서울: 동명사, 1987.
황광욱, 「천부경의 전래에 관한 일고찰」, 『한국철학논집』 2, 한국철학사연구회, 1992.
_____, 「서우 전병훈의 생애와 사상」, 『한국철학논집』 4, 한국철학사연구회, 1995.

한용운의 사상과 서양 철학사상의 접변

강중기

1. 한용운의 사상에 대한 접근방식

만해 한용운은 근대 한국의 위대한 승려이자 「님의 침묵」을 노래한 뛰어난 시인이고[1], 선각자요 개척자로서 근대 한국 불교의 대표적 지성이며[2], 「조선 독립의 서」 혹은 「조선독립이유서」로 대표되는 독립사상을 주장하고 불굴의 정신으로 독립운동을 전개한 독립운동가[3]라는 평가를 받고 있다. 지금까지 한용운에 대한 연구는 문학을 중심 소재로 한 국문학계의 비중이 거의 90%를 차지하며 나머지는 사학계의 역사적 관점이 대부분이다.[4] 이 글에서는 사상가로서 한용운에 초점을 맞추어 고찰하되, 서학과의 접촉 내지 서학의 수용이 한용운의 사상에 미친 영향에 주목하고자 한다. 서학의 수용 내용을 주시하면

---

1) 염무웅, 「만해한용운론」(『한용운전집』 4, 불교문화연구원, 2006), 386쪽. 『한용운전집』은 이하 '『전집』'으로 약칭함.

2) 윤종갑, 「한용운의 근대 인식과 서양철학 이해」(『한국민족문화』 39, 부산대학교 한국민족문화연구소, 2011.3), 72쪽.

3) 안병직, 「만해 한용운의 독립사상」(『전집』 4), 374-385쪽.

4) 윤종갑, 앞의 글, 72-73쪽.

서 또한 서학 수용의 태도 내지 방식에도 관심을 기울이고자 한다.

아래에서는 먼저, 한용운의 생애에서 서학의 수용 및 변용과 관련 있는 사항들을 점검해보고, 어떻게 칸트의 자유 개념을 수용하고 또 변용하여 자신의 사상 속에 녹여내는지 살펴본 다음, 현대 종교 분석에 서학을 원용하는 양상을 고찰해보고자 한다.

2. 한용운의 생애에서 서학 관련 사항

한용운은 1879년 청주 한씨 계보를 갖고 있던 아버지 한응준과 어머니 온양 방씨 사이의 둘째아들로 태어났다. 한용운의 아버지는 유교적 소양을 갖춘 농촌 지식인으로서, 늦게 얻은 아들(장남 한윤경은 차남 한용운보다 19살이나 나이가 많았다.)에 대한 희망과 기대로 궁벽한 촌락에서도 한용운을 서당에 보내 한학을 배우게 하였다. 더욱이 예산, 홍성, 아산 일대의 호서유학은 조선 후기 이래 일정한 전통을 갖고 있어서 궁벽한 촌락의 서당이었지만 한학의 수준은 간단치 않았을 것이다. 한용운은 5세 무렵부터 한학을 공부하였는데, 구전에 의하면 유년 시절의 한학공부가 탁월하여 한용운의 집이 옥골에서 시집온 모친으로 인해 옥골댁으로 불리던 것이 '신동집'으로 바뀌었다고 한다. 8세 무렵 홍성의 서당으로 옮겨 『서상기(西廂記)』를 읽고 『통감』, 『서경』, 『대학』 등을 공부하였다. 이 서적들을 독파하였을 뿐만 아니라 주(注)에도 통달하여 심지어 주가 마음에 들지 않는다는 의사도 표시하였다. 풍문에는 당시 만해의 공부가 뛰어나고 기억력과 이해력이 월등하여 서당 선생과 어른들을 놀라게 하였다고 한다. 홍성 시절 그의 천재성은 일대에 소문이 날 정도였는데, 약간의 과장이 있겠지만 공부한 책을 익히면 책의 내용이 자기 몸속에 다 있기 때문에 그것을 다른 친구들에게 주었다는 일화도 있다. 중년시절에 전하는 수많은 한시의 토양이 홍성의 10대 시절 공부에서 나왔다고 할 수 있다. 또한 그는 유년시절부터 담력이 크고 기운이 장사 같았다는 평을 들었다.[5]

18세에는 홍성 읍내 남문리 임시 서당의 숙사가 되어 동네 아이들을 가르쳤는데, 서당 선생의 역할에 만족하지 않고 훌륭한 사람이 되어보겠다는 꿈을 저버리지 않았다. 이는 유교적 지식과 한문 소양뿐만 아니라 부친에게 들어서 체득한 국가와 사회를 위해 헌신하는 의로운 사람이 되고자 하는 포부를 지니고 있었다.

> 그때 나는 어린 소년의 몸으로 선친에게서 나의 일생 운명을 결정한 만한 중요한 교훈을 받았으니, 그는 국가 사회를 위하여 일신을 바치는 옛날 의인들의 행적이었다. 그래서 매양 선친은 스스로 그러한 종류의 서책을 보시다가도 무슨 감회가 계신지 조석으로 나를 불러다 세우고 옛사람의 전기를 가르쳐 주었다. 어린 마음에서 사상(史上)에 빛나는 그 분들의 기개와 사상을 숭배하는 마음이 생기어 어떻게 하면 나도 그렇게 훌륭한 사람이 되어 보나 하는 것을 늘 생각하여 왔다.[6]

한용운은 1897년 19세의 나이로 첫 출가를 하게 되는데, 이는 1896년의 홍주의병과 1897년의 동학혁명과 연관이 있는 듯하다. 1895년 명

5) 김광식, 『첫 키스로 만해를 만난다 -만해 한용운 평전』(백담사 만해마을, 2004), 16-18쪽 참조. 『첫 키스로 만해를 만난다 -만해 한용운 평전』은 이하 '『평전』'으로 약칭함.

6) 「나는 왜 승(僧)이 되었나」(『삼천리』 6, 1930.5), 20-21쪽. , 『평전』, 21쪽에서 재인용.

성황후 시해사건을 계기로 각처에서 의병이 일어나자 1896년 1월 홍성 지역에서도 김복한, 이설, 안병찬 등이 주도한 의병이 일어났다. 1897년에는 동학혁명의 물결이 홍성에도 밀려왔는데, 한용운의 아버지 한응준은 홍성의 아전 군속으로서 행목사(行牧使)가 되어 동학군을 토벌하는 역할을 수행하였다. 한용운은 동학군을 토벌하는 것이 부친이 자신에게 늘 강조하던 의인, 걸사(傑士)의 행적과는 거리가 있다고 느꼈기 때문에 적지 않은 고민을 한 듯하다. 그가 1896년의 홍주의병과 1897년의 동학혁명에 참가하였다는 주장이 있지만, 확실한 증거는 보이지 않는다. 다만 훗날 한용운의 회고에 따르면 19세에 어떤 사정으로 출가하여 중이 되었다고 하는데[7], 이 '어떤 사정'이 홍주의병 및 동학혁명과 관련이 있을 수는 있을 것이다. 어린 시절부터 의인, 걸사의 행적을 본받아 훌륭한 사람이 되어보겠다는 포부를 지니고 있었기 때문이다.

젊은 시절에 특기할 만한 일은 1906년 세계여행을 계획하고 원산을 거쳐 블라디보스톡으로 건너갔으나 구사일생의 위기를 겪고 돌아온 것이다.[8] 이 세계여행을 계획하게 된 계기는 『영환지략(瀛環志略)』

---

7) 「남모르는 나의 아들」(『별건곤』 5권 6호, 1930 ; 『전집』 1), 253쪽. "나는 원래 충남 홍성 사람으로 구식 조혼시대에 일찍이 장가를 들고 19세에 어떤 사정으로 출가를 하여 중이 되었었는데(후략)."

8) 『한용운 시전집』(최동호 편, 서정시학, 2009)의 부록 〈작가 연보〉에서는 1903년 25세 때에 "세계여행을 계획하고 원산을 거쳐 블라디보스톡으로 건너갔으나 구사일생의 위기 끝에 돌아"왔다고 기록되어 있는데, 연도에 착오가 있는 듯하다. 왜냐하면 1905년 백담사의 조실 김연곡(金蓮谷)을 은사로 모시고 정식 승려의 길을 걷게 되는데, 김연곡은 건봉사 출신의 학승이지만 개화기에 문명의 소식을 전하고 있는 많은 서적을 구해 본 개화승이기도 하여, 만해의 시베리아 여행을 촉발한 『영환지략(瀛環志略)』은 김연곡의 소장본일 것으로 추정되기 때문이다.(『평전』, 34쪽)

이라는 책을 읽고 조선 이외에 넓은 천지가 있음을 인식한 것이다.[9] 이것은 1890년에 양계초가 『영환지략』을 읽고 처음으로 오대륙('五大洲')이 있음을 알았다고 하였다고 하는 경험과 유사하다.[10] 양계초는 이후 서학 학습과 변법운동의 길로 나아간 데 비해, 한용운은 불교와 서학의 학습 및 불교개혁의 길로 들어선 점에서 다를 뿐이다.

또 하나 특기할 만한 일은 1908년 30세 때 일본에 건너가 8개월가량 체류한 것이다. 1904년 4월 한용운은 유점사(楡岾寺)의 서월화(徐月華) 강백(講伯)으로부터 『화엄경』을 배우고 있었는데, 당시 유점사의 말사인 신계사(神溪寺) 보운암(普雲庵)에 머물고 있던 서진하(徐震河) 강백이 일본 조동종의 불교사절이 금강산에 온 것을 계기로 한용운으로 하여금 일본으로 건너갈 수 있도록 주선한 것이다. 일본에 건너간 한용운은 먼저 일본 조동종의 종무원을 찾아가 감사를 표하고 조동종 간부의 주선으로 조동종대학에 입학하여 일본어·불교사상·서양철학 등을 배웠다. 한용운은 한편으로 일본 각지를 순방하면서 문명의 실체를 확인하고 조선 유학생들과 교류하였다.(대표적인 인물이 훗날

---

9) 한용운, 「시베리아 거쳐 서울로」, 『전집』 1, 255쪽. "그러나 수년 승방(僧房)에 묶여 있어도 결국은 인생이 잘 알려지지도 않고, 또 청춘의 뜻을 내리 누를 길 없어 다시 번민을 시작하던 차에, 마침 『영환지략(瀛環志略)』이라는 책을 통하여 비로소 조선 이외에는 넓은 천지가 있는 것을 인식하고, 행장을 수습하여 원산을 거쳐서 시베리아에 이르러 몇 해를 방랑 생활을 하다가(후략)."

10) 1848년 『영환지략』 초판본이 간행되었지만 반응은 냉담하였는데, 1866년 『영환지략』을 다시 간행하여 동문관의 교재로 사용함으로써 점차 영향력이 확대되어 중국인이 외부 세계를 이해하는 교과서가 되었다. 이후 외국에 나가는 이들은 반드시 이 책을 휴대하는 '출국지남(出國指南)'이 되었을 뿐만 아니라 중국인이 세계를 대면하는 계몽서 역할을 하였다. 캉여우웨이는 1874년과 1879년 두 차례에 걸쳐 이 책을 읽고 서학을 연구하는 기초로 삼았으며, 량치차오는 1890년 향시에서 낙방한 후 상하이를 지나면서 이 책을 구입하여 읽고는 처음으로 오대륙('五大洲')이 있음을 알았다고 하였다고 훗날 고백하였다.

삼일운동의 주역으로 함께 활동한 최린이다.) 한용운이 일본에서 가장 감명을 받은 것은 아마 불교의 대중화일 것이다. 유치원과 불교대학 등 각종 학교, 포교당, 복지시설, 출판사 등 불교의 대중화를 위한 다양한 시설을 보면서 국내 불교의 현실을 떠올리고 불교개혁이라는 과제를 감당하려는 결심을 하게 되었을 것이다. 같은 해 10월에 귀국하여 1910년 탈고한 『조선불교유신론』은 그 결심의 산물이다. 주목할 만한 점은 일본을 방문한 시기에는 국가와 민족에 대한 걱정으로 문명의 발전과 불교의 개혁에 관심을 기울였을 뿐 아직 일제에 의해 국권이 침탈당하는 데 대하여 반감을 느끼고 저항하는 민족의식은 보이지 않는다는 사실이다.

3. 칸트철학의 수용과 자유 개념의 재해석

자유의 개념은 한용운 사상의 핵심이다. 그는 자유를 인간의 본질로 파악하고 있으며, 평등·평화 및 사회적 정의의 개념도 이 자유의 개념을 바탕으로 하고 있다.[11] 여기서는 한용운이 칸트의 자유 개념을 어떻게 수용하고 변용하여 자신의 자유 개념을 정립하는지 살펴보고자 한다. 먼저, 한용운이 서양 철학을 접하는 경로를 살펴보자.

한용운은 서양 철학자의 저서를 직접 읽은 적이 전혀 없고 단지 여

11) 안병직, 「만해 한용운의 독립사상」, 『전집』 4, 377쪽.

러 책에 번역된 것들을 보았다고 고백하고 있다.[12) 『조선불교유신론』에 인용된 서양 철학 관련 내용을 보면 주로 양계초의 말을 인용하고 있다는 점을 고려하면 서양철학에 대한 한용운의 이해는 상당 부분 양계초에 의존하였음을 짐작할 수 있다. 한용운은 50대 중반 『조광』에 기고한 「최후의 5분간」이라는 수필에서 『음빙실문집』을 보았다고 회고하면서 『음빙실문집』에 나오는 일화를 소개하고 있다.[13) 실제로 설악산 만해마을의 한용운 유물 소장실에는 『음빙실문집』 선장본이 보관되어 있어서 한용운이 『음빙실문집』을 보았다고 추정할 수 있다.

『조선불교유신론』에서는 칸트를 비롯하여 베이컨, 데카르트, 플라톤, 루소 등의 서양 철학자들은 거론하고 있는데, 이들은 모두 양계초가 소개한 인물이다. 양계초는 1899년 몽테스키외를 시작으로 1901년 홉스·스피노자·루소의 학설을 『청의보』에 소개하고, 1902년에는 고대 그리스 학술에 대한 소개를 필두로 아리스토텔레스·키드의 학설을 소개한 다음 베이컨과 데카르트를 근대문명 초기의 대표적 학자로 평가하고 그들의 학설을 소개하고 있다. 또한 진화론의 비조 다윈의 학설과 생애를 소개한 다음, 이전에 간략하게 소개한 몽테스키외의 학설을 상세히 소개하고 나서 벤담을 공리주의의 태두로 규정하고 그의 학설을 소개하였다. 1903년에는 칸트를 근대 최고의 철학자로 규정하고 그의 학설을 소개하였다. 위의 사실로 미루어볼 때 서양철학에 대한 한용운의 인식은 상당 부분 양계초에 의존하였다고 추정할 수 있다. 물론 양계초가 서양 철학자의 학설을 소개한 내용과 한용운이

12) 『전집』 1, 42쪽. "나는 서양 철학자의 저서에 관한 한 조금도 읽은 바가 없고, 어쩌다가 눈에 띈 것은 그저 단언척구(單言隻句)가 샛별과도 같이 많은 사람의 여러 책에 번역 소개된 것에 지나지 않는다. 그 전모(全貌)를 보지 못한 것이 못내 안타까울 뿐이다."

13) 『평전』, 35쪽.

자신의 저술에 서양 철학자의 학설을 인용한 내용은 엄밀하게 대조해 본 연후에 서양철학에 대한 한용운의 이해가 양계초에게 의존하였다는 견해의 타당성 여부를 확정할 수 있을 것이다.

이 글에서는 대표적인 사례로 한용운이 칸트의 자유 개념을 어떻게 수용하고 또 변용하여 자신의 자유 개념을 정립하는지 살펴보고, 그 과정에서 한용운이 서양철학의 이해라는 측면에서 양계초에게 어떻게 의존하고 있는지, 그리고 양계초의 견해에 어떤 비판을 가하고 있는지 확인해보기로 한다.

> 독일의 학자 칸트는 말했다. 우리의 일생의 행위가 다 내 도덕적 성질이 겉으로 나타난 것에 지나지 않는다. 그러므로 내 인간성이 자유에 합치하는가 아닌가를 알고자 하면 공연히 겉으로 나타난 현상만으로 논해서는 안 되며, 응당 본성의 도덕적 성질에 입각하여 논하지 않으면 안 되는 것이니, 도덕적 성질에 있어서야 누가 조금이라도 자유롭지 않은 것이 있다고 하겠는가.[14]

위의 인용문에서 확인할 수 있듯, 한용운은 칸트의 말을 빌려 자유 개념을 논하고 있다. 핵심은 도덕성이라는 관점에서 보면 인간은 모두가 자유롭다는 것이다. 여기서 초점은 자유를 도덕성과 연관지어 논한다는 점과 자유가 만인에게 평등하게 주어져 있다고 주장한다는 점이다.

칸트가 자유를 도덕성과 연관지어 논하는 이론적 토대는 그의 이원론이다. 칸트는 이른바 현상과 물자체, 감성과 이성, 경험계와 예지

14) 한용운, 『조선불교유신론』, 『전집』 2, 39쪽.

계(가상계), 자연과 자유, 경향성과 선의지, 인식과 실천 등으로 나누어 존재와 세계, 그리고 인간의 삶과 행위를 설명한다는 점에서 이원론자로 불린다.15) 이러한 이원론에서 핵심 역할을 하는 것이 자유, 엄밀하게 말하자면 자유의지 내지 선의지이다.

칸트에 따르면, '의지'란 행위의 내적 규정근거를 오로지 이성 안에 두는 욕구능력을 일컫는 것이니, 의지란 곧 어떠한 정념적 경향성에도 영향 받지 않는 것이다. 그렇다면 의지는 본질적으로 자유로운 것이며 순수한 것이고 어떤 관점에서 보아도 선한 것이다. 그러므로 사람이 자기 의지대로 행한다는 말은 자유롭게 행한다는 말이며, 오로지 자신의 이성이 규정하는 바에 따라 순수하게, 따라서 선하게 행한다는 말이다. 의지는 본질적으로 자유의지이자 선의지인 것이다.

이성적 동물인 인간은 이성에 규정받는 선의지뿐만 아니라 그 동물성에 기인하는 정념도 가지고 있다. 따라서 자유의지란 다름 아니라 정념과 같은 어떤 외적 조건들에 대해서도 독립적으로 실천이성의 법칙의 필연성에 속하는 인간의 마음 능력을 일컫는다. 칸트는 의지

15) 윤종갑, 「한용운의 근대 인식과 서양철학 이해」(『한국민족문화』 39, 부산대학교 한국민족문화연구소, 2011), 85-86쪽. 이러한 이원론적 구분은 '존재와 당위'로 대별할 수 있다고 한다. 존재와 당위의 대립 규정은 칸트가 자신의 보편적인 윤리학을 자유의 이념에 근거시키기 위한 일련의 노력의 결론이다. 칸트는 정언명령의 가능성을 해명하는 과정에서 자유를 전제해야 한다는 결론에 이른다. 그는 인간의 자유와 인과적 필연성에 대한 주장이 양립 가능함을 보여주기 위해 물자체의 세계 혹은 가지계와 현상계 혹은 감성계를 구별한다. 이 구별에 의거하여 칸트는 한편으로 인간을 이성적 행위자로서 자유의 법칙 아래 있는 가지계의 구성원으로 생각함과 동시에 다른 한편으로는 인간을 인과적 법칙에 종속하는 감성계에 속하는 존재로 생각하는 이율배반적인 주장을 양립시킬 수 있다고 간주한다는 것이다. 나종석, 「칸트 윤리학에 대한 헤겔의 의이의 제기에 대한 연구: 존재와 당위의 이원론적인 구별의 실천철학적인 귀결들」(『헤겔연구』 13, 한국헤겔학회, 2003), 130-131쪽.

의 자유를 실천이성의 자율로 이해하고, 자유를 자신이 세운 법칙, 곧 자율에 복종하는 힘으로 해석한다. 이제 의지의 자유는 필연성과 대립하는 개념이 아니라 자기 안에 필연성을, 다시 말해 자기 강제를 포함하는 개념이 된다. 그리하여 칸트는 이성적 동물인 인간이 자신의 이중성, 즉 동물성과 이성성으로 말미암아 두 세계의 원리, 즉 자연의 인과성과 자유의 원인성에 동시에 지배받되 그 둘이 서로 상충하지 않는다고 주장하게 된다. 인간이 자연의 인과성, 즉 자연법칙의 지배 아래 있다는 것은 물리적 존재로서 인간을 두고 하는 말이며, 자유의 원인성에 지배를 받는다는 것은 윤리적 존재로서 인간이 당위법칙, 곧 도덕법칙 아래에 있음을 말하는 것이다.[16)]

칸트가 자신의 보편적 윤리학을 정립하기 위한 노력의 산물로서 산출해낸 이원론을 한용운은 자신의 관점에 따라 변용시켜 수용하면서도 또한 비판을 가한다. 한용운은 불교의 진여와 칸트의 진정한 자아, 불교의 무명과 칸트의 현상적 자아를 등치시켜, 진여는 진정한 자아여서 자유성을 지닌 반면 무명은 필연의 법칙에 구속되어 자유성이 없는 것으로 해석한다. 칸트의 윤리학에서 도덕주체의 기초로 정초된 자유의지를 불교철학에서 신앙주체의 자발성과 깨달음의 근거로 전화시킨 것이다.

> 도덕적 성질은 생기는 일도, 없어지는 일도 없어서 공간과 시간에 제한을 받거나 구속되거나 하지 않는다. 그것은 과거도 미래도 없고 항상 현재뿐인 것인 바, 사람이 각자 이 공간 · 시간을 초월한 자유권(본성)에

16) 이상은 백종현, 「칸트에서 선의지와 자유의 문제」(『인문논총』 71-2, 서울대학교 인문대학 인문학연구원, 2014), 11-12쪽에서 참조.

의지하여 스스로 도덕적 성질을 만들어내기 마련이다. 그러기에 나의 진정한 자아를 나의 육안으로 볼 수 없음은 물론이거니와, 그러나 도덕의 이치로 미루어 생각하면 엄연히 멀리 현상 위에 벗어나 그 밖에 서 있음을 보게 된다. 그렇다면 이 진정한 자아는 반드시 항상 활발 자유로와서 육체가 언제나 필연의 법칙에 매여 있는 것과는 같지 않음이 명백하다. 그러면 소위 활발 자유란 무엇인가. 내가 착한 사람이 되려 하고 악한 사람이 되려 함은 다 내가 스스로 선택하게 되는 데서 생겨나는 생각이다. 자유의지가 선택하고 나면 육체가 그 명령을 따라 착한 사람, 나쁜 사람의 자격을 만들어내는 것이니, 이것으로 생각하면 우리 몸에 소위 자유성과 부자유성의 두 가지가 동시에 병존하고 있음이 이론상 명백한 터이다.[17]

한용운이 도덕주체를 신앙주체로 전화시키는 이론적 기초는 칸트의 '물 자체'와 진정한 자아를 불교의 진여와 무명에 유비시켜 새롭게 정립한 자유 개념이다.

부처님 말씀에 소위 진여(眞如)라는 것이 있는데, 진여란 곧 칸트의 진정한 자아여서 자유성을 지닌 것이며, 또 소위 무명(無明)이라는 것이 있는데, 무명이란 칸트의 현상적인 자아에 해당하는 개념이어서 필연의 법칙에 구속되어 자유성이 없는 것을 뜻한다.[18]

이것은 양계초가 칸트의 주장에 대한 해설에서 진정한 자아와 현상적 자아라는 칸트의 자아 개념을 불교의 진여와 무명 연계시켜 논한 대목이다. 더 나아가 양계초는 불교와 칸트의 견해를 주자의 학설

---

17) 한용운, 『조선불교유신론』, 『전집』 2, 39쪽.

18) 상동.

과 비교하여 우열을 논한다.

> 부처님은 이 진여가 일체 중생이 보편적으로 지닌 본체요, 각자가 제각기 한 진여를 지니는 것은 아니라 했고, 칸트는 사람이 다 한 진정한 자아를 가지고 있다 했다. 이것이 그 차이점이다. 그러므로 부처님 말씀에 '한 중생이라도 성불하지 않는 자가 있으면, 나도 성불하지 못한다' 하셨으니, 모든 사람의 본체가 동일하다고 보기 때문이다. 이런 태도는 중생을 널리 구제하자는 정신에 있어서 좀 더 넓고 깊으며 더없이 밝다고 할 만하다. 이에 대해 칸트는 '만약 선인이 되고자 하는 의욕만 있으면 누구나 선인이 된다'고 했으니, 그 본체가 자유롭다고 믿었기 때문이어서, 수양이라는 면에서 볼 때 좀 더 절실하고 행하기 쉬운 특징이 있었다. 이에 비겨 주자의 명덕설(明德說) 같은 것은 만인이 동일한 본체를 지니고 있는 상황을 지적하지 못했는데, 이것이 부처님에게 못 미치는 점이라 하겠고, 또 말하기를 이 명덕이 기품의 구애와 인욕의 가림을 받는다 하여, 자유로운 진정한 자아와 부자유스러운 현상적 자아의 구분에 있어서 한계가 명료치 않았으니, 이것이 칸트에 비겨 미흡한 점이다.[19)]

이에 대해 한용운은 양계초가 부처와 칸트의 다른 점에 대해 언급한 것이 모두 타당하지는 않다고 언급하면서 다음과 같이 평가하고 있다.

> 부처님은 '천상천하에 오직 나만이 존귀하다' 하셨는데, 이것은 사람마다 각각 한 개의 자유스러운 진정한 자아를 지니고 있음을 밝히신 것이다. 부처님께서는 모든 사람에게 보편적인 자아와 각자에게 개별적으로 지닌 진정한 자아에 대해 미흡함이 없이 언급하였으나, 다만 칸트의

19) 한용운, 앞의 글, 40쪽.

> 경우는 개별적인 그것에만 생각이 미쳤고 만인에게 보편적으로 공통되는 진정한 자아에 대해서는 언급을 하지 못하였다. 이것으로 미루어보면 부처님의 철리(哲理)가 훨씬 넓음을 알 수 있다.[20]

한용운은 칸트의 자아에 대한 논의가 '개별적 자아'에 대한 논의에 한정됨으로써 만인에게 공통되는 '보편적 자아'에 대해서는 논하지 못했다고 그 한계를 지적한다. 이에 반해 불교는 '개별적 자아'는 물론 '보편적 자아'까지도 미흡함 없이 충분하게 설명하고 있다고 한다. 즉 신앙주체의 자발적 의지(자유의지)로서의 '개별적 자아'와 그 개별적 자아에 내재된 평등성으로서의 '보편적 자아'는 나와 세계를 하나로 연결해주는 상즉상리의 관계를 맺고 있다는 것이다.[21]

칸트의 자아론에 대한 한용운의 비판은 양계초의 해석에 의거한 것으로 보인다. 양계초는 칸트가 인간에게 자연의 인과성, 즉 자연법칙의 지배를 받는 하등생명과 자유의 원인성, 즉 도덕법칙의 지배를 받는 고등생명(이것이 인간의 본질이자 진아이다)이 서로 배치되지 않고 공존한다고 보았다는 점을 언급하고[22], 이에 대해 지극히 정밀

---

20) 한용운, 『조선불교유신론』, 『전집』 2, 40-41쪽.

21) 한용운, 앞의 글, 41쪽. "부처님이 성불했으면서도 중생 탓으로 성불하시지 못한다면 중생이 되어 있으면서도 부처님 때문에 중생이 될 수 없음이 명백하다. 왜 그런가. 마음과 부처와 중생이 셋이면서도 기실은 하나인데, 누구는 부처가 되고 누구는 중생이 되겠는가. 이는 소위 상즉상리(相卽相離)의 관계여서 하나가 곧 만, 만이 곧 하나라고 할 수 있다. 부처라 하고 중생이라 하여 그 사이에 한계를 긋는다는 것은 다만 공중의 꽃이나 제二의 달과도 같이 기실 무의미할 뿐이다."

22) 梁啓超, 「近世第一大哲康德之學說」, 『陰冰室文集』 13(中華書局, 1988), 59쪽. "人之生命, 蓋有二種. 則五官肉體之生命, 被畫於一方域一時代, 而與空間時間相倚者也. 具有所動作, 亦不過一現象 凡百庶物之現象同, 皆有不可避之理而不能自肆. 然吾人於此下等生命之外, 復有其高等生命者存. 高等生命者卽本質也, 卽眞我野. 此眞我者常超然立於時間空間之外, 爲自由活潑之一物, 而非他之

하면서도 진리를 다 드러낸 논의라 칭송하고 불교와 가깝다고 평하면서도 비판을 가한다. 칸트철학은 '개별적 자아'에만 머물고 다른 사람들의 진정한 자아와 서로 연계되어 있는, 즉 상즉상리의 관계에 있는 '보편적 자아'에는 생각이 미치지 못했다는 것이다.[23]

하지만 이는 칸트에 대한 정확한 이해에 기초한 비판이 아니다. 칸트는 결코 보편적 자아를 부정하지 않았다. 칸트가 제시한 이성에 근거한 도덕적 자아는 개인의 도덕적 자아를 의미하면서도 동시에 보편적 자아를 의미한다. 왜냐하면 칸트철학에서 이성은 모든 인간에게 내재되어 있는 공통적이고 보편적인 것으로, 인간의 도덕적 자아는 이 보편적 이성에 근거하고 있기 때문이다. 이처럼 이성은 개별적인 것이기도 하지만 모든 인간이 구비하고 있는 보편적인 것이기도 하며, 그래서 인간은 이성적 동물이라고 하는 것이고 이것이 인간을 다른 동물과 구별하게 하는 근거가 된다. 따라서 칸트가 도덕적 자아를 개별적 자아에 한정시켜 보편적 자아를 생각하지는 못했다고 하는 한용운의 비판은 정당하지 못하다. 실제로 칸트철학은 개인이 처한 다양한 상황들, 이를테면 사회, 문화, 역사, 지리, 교육 등 다양한 차이를 부정하고 오히려 보편적인 도덕법칙만을 강조하고 있기 때문에 개인적인 자율성이 간과되는 측면이 있다고 문화상대주의자들이나 상대주의 도덕을 주장하는 이들로부터 비판을 받는다. 즉 칸트의 도덕법칙은 구체적인 상황이 빠진 공허한, 추상적이고 관념적인 보편적 도덕법칙에 불과하다는 것이다.[24]

所能牽縛. 故曰自由之理與不可避之理常並存而不悖者, 此也."

23) 上同. "此論精矣盡矣, 幾於佛矣. 其未達一間者, 則佛說此眞我者實爲大我, 一切衆生皆同此體, 無分別相, 而康氏所論未及是. 通觀全書, 似仍以爲人人各自有一眞我, 而與他人之眞我不相屬也."

24) 윤종갑, 앞의 글, 90쪽. 이어서 윤종갑은, 한용운의 칸트 해석과 달리, "양계초는 칸트철

자유의지를 바탕으로 하는 진정한 자아를 불교의 진여와 연계시키는 한용운은 자유를 평등과 연계시켜 근대의 자유주의와 세계주의를 불교의 평등주의의 관점에서 재해석하고 있다. 먼저, 평등에 대한 한용운의 견해를 살펴보자.

한용운에 따르면, 평등주의가 불교의 핵심적인 주장이다.[25] 그리고 평등주의는 불평등에 반대되는 이념인데, 이 세상에는 고금에 걸쳐 불평등이 만연하고 평등한 경우는 아주 드물다고 탄식한다.[26] 그렇다면 평등이란 어떤 것인가?

> 평등의 도리란 어떤 것인가. 장수·요절·선·악·성·패·강·약 등이 같아서 하나가 됨을 이름인가. 그렇기도 하고 그렇지 않기도 하다. 이상한 소리를 한다고 여길지도 모르나 설명하자면 이와 같다. 만약 불평등한 견지에서 바라본다면, 무엇 하나 불평등하지 않음이 없을 것이

학이 '보편적 자아'를 강조함으로써 '개별적 자아'를 사장시켰다고 비판한다"(같은 쪽)고 지적한다. 하지만 이는 앞에서 살펴본 양계초의 견해와 다르고 오히려 정반대이다. 칸트철학은 '개별적 자아'에만 머물고 다른 사람들의 진정한 자아와 서로 연계되어 있는, 즉 상즉상리의 관계에 있는 '보편적 자아'에는 생각이 미치지 못했다는 것이 칸트의 자아개념에 대한 양계초의 평가이기 때문이다.

25) 한용운, 『조선불교유신론』, 『전집』 2, 44쪽. "불교의 주의 같은 것은 크게 나누어 둘로 잡을 수 있으니, 하나는 평등주의요 하나는 구세주의가 그것이다."

26) 한용운, 앞의 글, 43-44쪽. "평등주의는 불평등에 반대되는 주의이다. 고금 천하에 불평등한 예는 어찌 그리도 많이 눈에 띄고, 평등한 예는 아주 드문지 모르겠다. 같은 현인이건만 안연은 아주 요절하고 중유는 형을 받았으며, 같은 미인이건만 달기는 요사스러웠고 초선은 충성스러웠으며, 같은 영웅이건만 워싱턴은 성공하고 나폴레옹은 귀양살이로 막을 내렸다. 그리고 같은 만물이지만 어떤 것은 나기도 하고 어떤 것은 죽기도 하며, 어떤 것은 강한 반면 어떤 것은 약한 것도 있다. 이리하여 불평등과 불평등이 서로 어울려서 무수한 불평등을 빚어내고 있는 실정이니, 항상 생각이 불평등의 연유에 미칠 때마다 마음에 근심이 일어 눈썹을 펴지 않는 때가 없는 것이 솔직한 나의 심정이다."

며, 평등한 견지에서 바라본다면 무엇 하나 평등하지 않음이 없을 것이다. 불평등한 견지란 어떤 것인가. 사물·현상이 이르는바 필연의 법칙에 의해 제한받음을 이름이다. 평등한 견지란 무엇인가. 공간과 시간을 초월하여 얽매임이 없는 자유로운 진리를 이름이다.[27)]

위의 인용문에 따르면, 불평등이란 현상세계의 필연법칙에 제한을 받아 자유롭지 못함을 이름이며, 평등이란 현상세계의 법칙을 초월하여 자유로운 상태이다. 이것은 인간이 자연의 인과성, 즉 자연법칙의 지배 아래에 있는 물리적 존재이자 동시에 자유의 원인성에 의거하는 윤리적 존재라고 보는 칸트의 관점에서 전자는 불평등의 견지요 후자는 평등의 견지라고 재해석한 이론적 변주로 보인다. 이것은 또한 불교의 진여와 무명을 자유와 연계하여 진여는 진정한 자아여서 자유성을 지닌 반면 무명은 필연의 법칙에 구속되어 자유성이 없는 것으로 해석하는 입장의 연장선상에 있다. 이러한 변주는 칸트가 선의지에 기초한 보편적 윤리학의 건립에 관심을 기울였다면 한용운은 칸트철학을 원용하여 근대에도 통용될 수 있는 철학으로 불교를 재정립하고자 하였기 때문에 이루어진 사건으로 보인다.

한용운은 "소위 평등이란 진리를 지적한 것이며, 현상(現狀)을 말한 것이 아님을 알아야 한다."[28)] 그리고 진리로서의 평등이란 부처가 제시한 "모두가 불성을 가지고 있다"는 의미에서의 평등이라고 한다.

우리 부처님께서는 중생들이 불평등한 거짓된 현상에 미혹되어 해탈하지 못함을 불쌍히 여기신 까닭에 평등한 진리를 들어 가르치셨던 것

27) 한용운, 앞의 글, 44쪽.

28) 같은 곳.

이니, 경에 "몸과 마음이 필경 평등하여 여러 중생과 같고 다름이 없음을 알라" 하셨고, 또 "유성(有性) · 무성(無性)이 한 가지로 불도(佛道)를 이룬다"고 하셨다. 이런 말씀은 평등의 도리에 있어서 매우 깊고 매우 넓어서 일체를 꿰뚫어 남김이 없다고 하겠다.[29)]

여기서 한용운은 평등의 적용 대상을 인간에게만 한정하지 않고 유성과 무성, 즉 모든 생명체[有性]와 비생명체[無性]에까지 확장하여 동체대비(同體大悲)의 관점에서 평등을 설명하고 있다. 모든 존재는 불성을 지니고 있다는 점에서 평등하며, 그래서 평등주의가 불교의 핵심적인 교의라고 하는 것이다.[30)] 한용운에게 평등이란 만유불성(萬有佛性)이라는 불교적 관점에서 자유스럽게 도출된 개념으로서[31)], 만해의 평등주의는 사회적 불평등으로부터 벗어나기 위한 근대적 평등권에 대한 자각을 중심에 둔 개념과는 차원을 달리한다.[32)] 한용운이 정립한 평등은 근대 시민사회의 관점에서가 아니라 불교의 연기설에 바탕한 공생주의로서의 평등이며, 이러한 면에서 한용운의 평등주의는 사회실천적인 구체성을 띠기보다는 세계의 실상에 대한 내적 깨달음 내지 타자에 대한 자비심의 자각과 같은 다분히 관념적 인식에 머물고 있다는 평가를 받는다.[33)]

---

29) 같은 곳.

30) 한용운, 「내가 믿는 불교」, 『전집』 2, 288쪽. "불교의 교지(敎旨)는 평등입니다. 석가의 말씀에 의하면 사람이나 물(物)은 다 불성(佛性)을 가졌는데, 그것은 평등입니다. 오직 미오(迷悟)의 차이가 있을 뿐입니다. 그러나 소위 미오의 차라 하는 것도 미(迷)의 편으로서 오(悟)의 편을 볼 때에 차이가 있으려니 하는 가상뿐이요, 실제로 차이가 있는 것은 아닙니다. 깨달으면 마찬가지입니다."

31) 윤종갑, 앞의 글, 81쪽.

32) 이선이, 「『조선불교유신론』을 통해 본 만해의 근대불교 인식과 그 의미」(『비교한국학』 17-2, 국제비교한국학회, 2009), 206쪽.

그러나 자유와 평등 개념이 근대 시민사회에서 사회적 불평등으로부터 벗어나기 위한 개념으로서 사회실천적 구체성을 띠어야 한다는 관점은 존 스튜어트 밀에 의해 확고하게 정립된 고전적 자유주의 이념과는 거리가 있다. "근세의 자유주의와 세계주의가 사실은 평등한 이 진리에서 나온 것이라 할 수 있다"[34]는 한용운의 언급이 오히려 밀의 고전적 자유주의에 부합하는 견해이다.

고전적 자유주의에서 개인의 자유 내지 자유권은 어느 경우에도 침해받아서는 안 되는 천부인권이다. 한용운은 이 점을 정확하게 인식하고 있다.

> 자유의 법칙을 논하는 말에, "자유란 남의 자유를 침범하지 않는 것으로써 한계를 삼는다"고 한 것이 있다. 사람들이 각자 자유를 보유하여 남의 자유를 침범치 않는다면, 나의 자유가 다른 사람의 자유와 동일하고, 저 사람의 자유가 이 사람의 자유와 동일해서, 각자의 자유가 모두 수평선처럼 가지런하게 될 것이며, 이리하여 각자의 자유에 사소한 차이도 없고 보면 평등의 이상이 이보다 더한 것이 무엇이 있겠는가.[35]

밀의 고전적 자유주의에서 자연권 내지 천부인권으로서 주어진 자유권은 어떤 경우에도 손상되어서는 안 되지만, "타인의 동등한 자

33) 윤종갑(2011), 81쪽.

34) 한용운, 『조선불교유신론』, 『전집』 2, 44쪽. 자유주의와 더불어 평등의 이념으로부터 도출된 것으로 간주된 세계주의에 대해 한용운은 다음과 같이 말하고 있다. "세계주의는 자국과 타국, 이 주(洲)와 저 주, 이 인종과 저 인종을 논하지 않고 똑같이 한 집안으로 보고 형제로 여겨, 서로 경쟁함이 없고 서로 침탈함이 없어서 세계 다스리기를 한 집을 다스리는 것같이 함을 이름이니, 이 같다면 평등이라 해야 할 것인가, 아니라 해야 할 것인가."

35) 한용운, 『조선불교유신론』, 『전집』 2, 44-45쪽.

유를 침해하는 경우"에, 오직 이러한 경우에만 제한을 받을 수 있다. 불가침의 권리로서 주어진 자유권이 이처럼 제한을 받을 수 있는 근거는 바로 평등의 이념이다. 나의 자유와 타인의 자유가 동등한 가치를 지니고 있으며 따라서 동등하게 중시되어야 한다는 것이다.

고전적 자유주의에서 이러한 평등의 개념을 뒷받침하는 것은 바로 인간의 존엄성이라는 이념이다. '인간의 존엄성'이란 나이·성별·직업·학력·재산 등등의 차이에도 불구하고 인간인 한에서는 모두 동등하게 존중받아야 한다는 이념이다. 바로 이 이념에 기초하여 고전적 자유주의에서 불가침의 천부인권으로서의 자유권에 제한을 가할 수 있게 된 것이다. 그러나 고전적 자유주의에서와 달리 한용운의 관점에서 평등을 뒷받침하는 이념은 모든 존재가 불성을 지니고 있다고 보는 불교의 불성론임은 앞에서 살펴본 바와 같다. 이처럼 한용운은 자유와 평등의 개념을 중심으로 칸트철학을 수용하면서도 자신의 문제의식과 이론적 관심사에 의거하여 재해석하고 변용하거나 때로는 비판을 가하기도 하는 모습을 보여준다.

4. 종교에 대한 이해와 서학의 원용

한용운에 따르면, 불교는 종교와 철학이라는 두 측면을 가지고 있다. 먼저, 종교의 측면을 살펴보자. 한용운은 종교의 필요성 내지 존재 이유를 인류의 '희망'과 연계하여 논하고 있다.

> 사람이 종교를 믿는 것은 무엇 때문인가. 우리들의 가장 큰 희망이 바로 여기에 있기 때문일 것이다. 희망은 생존과 진화(進化)의 밑천이라고도 할 수 있으리니, 만약 희망을 지니지 않는다면 우리는 아무렇게나 게으르게 살아서, 그날그날을 편히 넘기는 것으로 만족할 것임에 틀림없다. 그렇다면 누가 정신과 육체를 괴롭혀가면서 일을 하려 하겠는가. 따라서 희망이라는 것이 없으면 사람이건 사람이 아닌 것이건 이 세상에 존재하는 모든 것이 거의 없어질 것이며, 설사 존재한다 해도 황폐(荒廢)·음악(淫惡)에 흘러 전일의 모습은 찾을 길이 없을 터이다. 필시 지옥을 연상시키는 생활과 야만이라고 할 수밖에 없는 행위가 나타나 참담하고 추악하기 끝이 없을 것이며, 그렇게 되면 소위 문명인들은 어느 외진 곳에 도피하여 숨을 죽이고, 생존의 의욕을 상실하고 말 것이다.[36]

종교의 필요성을 희망과 연계하여 논하는 한용운의 관점은 대체로 종교의 출발점을 인류의 공포(두려움)에서 찾는 일반적 관점과 거리가 있다. 일상의 차원에서 성공에의 희망과 실패에 대한 두려움을 비롯하여 궁극의 차원에서 유한한 존재로서의 인간이 지니고 있는 한계(인간의 종말(죽음)이 가장 현저한 예일 것이다)에 대한 두려움이 종교의 존재기초라는 것이 종교의 존재이유에 대한 보다 일반적인 견해이다. 예를 들면 베르그송은 종교와 공포의 관계에 대해 다음과 같이 말하고 있다.

> 믿음의 일차적 기원은 두려움이 아니라 두려움에 대한 안심이다. … 이

36) 한용운, 『조선불교유신론』, 『전집』 2, 36쪽.

들(인간보다 우월한 힘을 가리킴 -인용자) 중에는 대혼란, 지진, 홍수, 폭풍우 등이 있다. 이미 오래된 한 이론에 따르면, 이와 같은 경우에 자연이 주는 위협으로부터 종교가 만들어졌다고 했다. 즉 이 세상에서 신은 처음에 공포를 만들었다(Primus in orbe deos fecit timor).[37]

베르그송과 달리 한용운이 종교의 필요성을 희망에서 찾는 근거는 바로 성불에의 희망이다. 그러나 불교를 제외한 다른 종교들의 희망은 진위를 확인할 수 없는 속임수의 말, 곧 미신에 불과하다.

희망이 행여나 크지 못할까 걱정한 나머지 임시로 욕심낼 만한 달콤한 것을 무형의 세계에 만들어놓고, 답답한 중생들로 하여금 믿게 하고 희망을 걸게 한 것이 불교를 제외한 여러 종교의 발상의 온상이 되었다. 예수교의 천당, 유태교가 받드는 신(神), 마호멧교의 영생(永生) 따위가 이것이니, 다 깊이 세상을 근심한 데서 나온 것이라고 하겠다. 그러나 어디까지나 속임수의 말로 일관하여 천당이 과연 있는지 없는지, 받드는 신이 정말인지 거짓인지, 영생의 약속이 사실인지 어떤지에 대해 조금도 냉정히 검토함이 없이 아무것도 모르는 채 미신을 지녀 내려오니, 이는 사람을 이끌어 우매의 구렁으로 몰아넣는 것이라 아니할 수 없다.[38]

이러한 미신에 대해서 한용운은 "민중의 지혜에 부당한 제약을 주는 것이라는 비난이 이미 철학가들 입에서 끊이지 않은 터라, 더 이상 언급할 필요를 느끼지 않는다"[39]고 하였다. 그러나 다른 한편으로 여전히 미신의 효능, "여러 사람의 정신을 하나로 통일하는 효능"[40]을

37) 베르그송, 송영진 옮김, 『도덕과 종교의 두 원천』, 서광사, 1998, 166쪽.

38) 한용운, 『조선불교유신론』, 『전집』 2, 36쪽.

39) 같은 곳.

주장하는 데 대해서는 11세기 이래 구미의 발전을 들어 일정 정도 인정하면서도, "백방으로 획책하여 미신으로 사람의 생명을 낚는 미끼를 삼고, 또 사람의 생명으로 적을 쓰러뜨리는 총알을 삼았던 것이니, 예부터 오늘에 이르기까지 몇 천만이 한두 개의 미신에 속아 두 번 누릴 수 없는 목숨을 잃었지만 그 수효를 어찌 헤아릴 수 있겠는가. … 미신은 인류에 공이 있는 듯도 보이지만, 기실 폐해가 너무나 큰 터이다"[41]라고 비판하고 있다.

한용운에 따르면, 불교는 미신이 아니라는 점에서 다른 종교와 구별된다.

> 불교는 그렇지 않다. 중생이 미신에서 헤어나지 못할까 두려워하는 까닭에, 경(經)에 "깨달음으로 준칙을 삼는다" 하셨고, 또 "중생으로 하여금 부처님의 지혜의 바다에 들어가게 하기 위함"이라 하셨으며, 정각(正覺)·정변(正徧)의 주장이 다 그런 취지였으니, 이 점에서 부처님이야말로 철저하셨다고 하겠다. 이 세상에 나타나심으로부터 6년에 걸친 고행(苦行)과 49년의 설법과 열반과 일상생활에서의 모든 동정(動靜)과 한 말씀과 한 침묵에 이르기까지 어느 하나가 중생으로 하여금 미혹(迷惑)에서 떠나 깨달음에 이르게 하려는 뜻 아님이 없었다.[42]

불교는 오히려 중생으로 하여금 미신으로부터 벗어나 세계의 실상에 대한 깨달음에 이르게 하고자 한다. 붓다가 이미 인간의 인식으로 확인할 수 없는 문제에 대해서는 언급을 회피하였거니와(十四無記),

---

40) 같은 곳.

41) 한용운, 위의 글, 36-37쪽.

42) 한용운, 『조선불교유신론』, 『전집』 2, 37쪽.

불교에서 말하는 극락·지옥은 기독교에서 말하는 천당·지옥과 다르다고 한다. 기독교에서 말하는 천당·지옥은 인간의 인식능력을 벗어나 있어서 진위를 확인할 수 없는 미신에 불과하지만, 불교에서 말하는 천당·지옥은 자기 마음속에 건설되는 천당·지옥이라는 것이다.

> 천당·지옥의 주장과 불생불멸(不生不滅)의 말이 있기는 있는 터이나, 그 취지인즉 다른 종교와 다르다. 무엇이 다른가. 경에 이르기를 "천당과 지옥이 다 정토(淨土)가 된다"고 하셨고, 또 "중생의 마음이 보살의 정토"라 하셨다. 이것으로 미루어 생각하면, 불교에서 말하는 천당은 상식으로 생각되는 그런 천당이 아니라 자기 마음속에 건설되는 천당이며, 지옥도 죽어서 간다는 그런 뜻의 지옥이 아님을 알 수 있다.[43]

한용운이 말하는 불교의 철학적 측면은 미신의 문제와 관련이 있다. "철학자와 종교가가 왕왕 서로 충돌하여 상대를 용납하지 않는 것은 미신과 진리가 본래 상극(相剋)인 까닭이다."[44] 그런데 불교는 다른 종교와 달리 진리를 추구하는 철학자들의 궁극적 목표를 공유하고 있다.

> 불경에 "복과 지혜가 아울러 구족(具足)했다" 하셨고, 또 "일체 종지(一切種智)"라 하셨다. 일체 종지라 함은 자기 마음(眞如)을 깨달아 투철하고 막힘이 없어서 모르는 것이 없다는 말이니, 보편적인 이치를 샅샅이 캐어내 모르는 것이 없는 경지에 도달하려는 것, 이것이 철학자들의 궁극 목표가 아니겠는가.[45]

---

43) 같은 곳.

44) 한용운, 『조선불교유신론』, 『전집』 2, 38쪽.

45) 같은 곳.

한용운은 불교와 기독교가 다 중국에 들어왔지만 기독교는 거의 호응을 얻지 못한 데 비해 불교는 널리 퍼진 이유는 불교의 철학적 측면 때문이라고 보는 양계초의 지적을 인용하면서[46] 중국철학이 발전하게 된 것은 불교 덕택이라 주장하고 있다.

한용운은 불교가 종교와 철학의 양면을 지니고 있다는 점을 지적하지만 불교가 종교적 측면을 더 강하게 지니고 있다는 점을 부정하기는 어려웠던 듯하다. 그는 신앙심을 종교적 의식의 핵심으로 파악하고[47], 신앙의 형태를 미신(迷信), 지적(知的) 신앙, 정적(情的) 신앙의 세 부류로 구분하고 불교와 기독교 등의 고등종교를 정적(情的) 신앙의 부류에 귀속시켜 논하고 있다.

한용운에 따르면, 미신은 "사람의 의식작용과 지각·통각의 활용이 충분치 못하고 극히 소박한 상태에 있어서는 귀로 듣는 대로 눈으로 보는 대로 기타 오관에 접촉하는 대로 그대로 수납하여, 하등의 의념(疑念)은 두지 아니하고 사실로 믿"는 것이다. 여기서 한용운은 서양의 심리학을 빌어, 미신을 "유아가 부모의 말을 무심히 믿는 것"에 유비하여 유아시기에 해당하는 것으로 설명하고 원시적 신앙이라고 불렀다.[48]

---

46) 한용운, 『조선불교유신론』, 『전집』 2, 38쪽. "중국인 양계초(梁啓超)는 이렇게 말했다. 불교·기독교의 두 가지가 다 외국에서 발생한 종교로서 중국에 들어왔는데 불교는 널리 퍼진 데 대해 기독교가 퍼지지 못한 것은 무엇 때문인가. 기독교는 오직 미신을 주로 하여 그 철리(哲理)가 천박해서 중국 지식층의 욕구를 만족시키지 못한 데 대해 불교의 교리는 본래 종교면서 철학인 양면을 갖추고 있었으니, 그 증도(證道)의 이상은 깨닫는 데 있고, 도(道)에 들어가는 법문(法門)은 지혜에 있고, 수도하여 힘을 얻음은 자력(自力)에 있으니, 불교를 예사 종교와 동일시해서는 안 된다. 불교의 학문이 중국에 들어옴으로부터 그 가르침이 모두 갖추어지기에 이른 그 다음에야 중국 철학이 이채를 띠게 되었다."

47) 한용운, 「信仰에 대하여」, 『전집』 2, 300쪽. "종교적 의식은 대개 신앙심을 이르는 것이니, 이 신앙의 형태는 대략 세 종류로 나눌 수 있는 것이다."

48) 같은 곳. "미성의 유아와 미개의 우인(愚人)은 실재·비실재를 묻지 아니하고, 오관(五官)

한편, 인간의 의식작용이 진전되어 지식과 경험이 쌓이면 의심이 생겨나 모든 사람의 말을 쉽게 믿지 않고 자신의 지식과 경험에 의거하여 진위를 따져본 다음에 믿게 된다.[49] 여기서 지적 신앙이 생겨난다. 그러나 인간의 지식과 경험은 고정불변하지 않아 시간에 따라 진전하고 변화하는 것이어서, 이전에는 믿던 것을 지금에는 믿지 않거나 이전에는 의심하던 것을 오늘에는 믿는 경우가 있다고 한다. 이는 지식의 가변성에 기초하여 지적 신앙의 가변성을 지적하는 것이다. 지식의 가변성이라는 측면을 한용운은 뉴턴의 고전역학이 아인슈타인의 상대성원리에 의거하여 의심받고 아담 스미스의 경제학설이 일세를 풍미하였으나 마르크스의 사회주의에 의해 비판받게 되었다는 점을 들어 논하고 있다. 한용운이 근대 서양의 학설을 들어 신앙의 형태를 설명하는 점도 동서 철학사상의 접변 양상을 연구하는 입장에서 주목할 만하거니와, 마르크스의 사회주의를 아담 스미스의 고전경제학보다 더 나아간 학설로 파악하는 점도 흥미롭다.

신앙의 세 번째 유형으로서 '정적(情的) 신앙'은 지식의 차원이 아니라 감정과 의지의 층차에서 정립된 신앙이다.

> 다시 지각·통각이 진전되어 감정·의지가 되는 고로 감정·의지가

의 자극에 의하여 직각적(直覺的)으로 포착 인식하여 온통 실재로 믿는 것이니, 이러한 종류의 신조는 정신 작용 중에 가장 단순 소박한 것이라, 이것을 원시적 신앙이라고도 하는 것이다."

49) 한용운, 「信仰에 대하여」, 『전집』 2, 300-301쪽. "그러나 사람이 생장을 따라 지각·통각이 개발되어 의식 작용이 진전되면, 지식을 가하고 경험을 쌓아서 적당한 판단력과 비판력을 생하여, 증전(曾前)보다 마음이 동요되고 의혹을 일으키게 되느니, 이러한 경우에는 모든 사람의 말을 용이히 믿지 아니하고, 다만 자기의 지식과 경험에 소(訴)하여 시인하게 되면 이를 믿고, 그렇지 아니하면 용이히 맹종(盲從)치 아니하는 것이다."

> 정련(精鍊)되어 감정의 위에 믿음을 생하는 것이다. 물론 우리들의 의식 작용에서 지(知)와 정(情)과를 판연히 분리하기는 거의 불가능이나, 감수적(感受的)뿐 아니라 욕구적(欲求的)으로서의 신념은 정적 방면의 작용으로, 오관 감각에 의하여 믿는 것보다도 실재성에 대하여 더욱 강감(强感)되는 것이다. 지식의 믿음은 판단에 의하여 생하는 것이나, 정적 신념은 믿지 아니하면 아니 되겠다는 미감(美感)으로부터 나오는 것이다.[50]

이처럼 감정과 의지 위에 정립된 '정적 신앙'은 지식의 믿음에 기초한 '지적 신앙'보다 더 강하다고 여기는 한용운은 이러한 견해를 다시 근대 서양의 심리학을 빌어 설명하고 있다. 그는 심리학의 관점에서 보면 정적 신앙은 충동과 욕구, 즉 본능적 작용과 심리적 욕망이 서로 뒤섞여서 발생한 믿음이라고 하면서, 충동과 욕구를 구분한다. 한용운에 따르면, 충동은 동식물에게도 있는 생존에의 본능적 욕망을 가리키고, 욕구는 고등동물, 특히 사람에게 있는 심리작용이다. 그런데 충동과 욕구에는 생명 보존, 생명 지속, 생명 향상, 생명 연장이라는 네 가지 근본적 동향이 있다. 생명 보존과 생명 지속은 충동으로부터 생겨나고, 생명 향상과 생명 연장은 욕구로부터 나오는 것으로 다른 동물에게는 없는 인류 특유의 동향이다. 생명 향상이란 이상을 향한 노역이고, 생명 연장이란 자신의 신념을 시공간적으로 연장하고 확충하는 것이다. 한용운은 생명의 보존과 지속을 넘어 생명을 향상하고 연장하려는 욕구로부터 종교의 필요성이 대두하며, 신의 존재에 관한 문제가 생겨난다고 보았다.[51]

---

50) 한용운, 「信仰에 대하여」, 『전집』 2, 301쪽.

51) 한용운, 「信仰에 대하여」, 『전집』 2, 301-302쪽. "인간 이상의 신 또는 불(佛)을 시인하여 이를 이상으로 하여 갈앙예배(渴仰禮拜)하는 것은 모든 고급 종교에 있어서는 대개 동일

한편 죽음의 문제, 달리 말하면 불교의 불생불멸의 문제에 대한 설명에서는 생물학을 원용하고 있다.

> 생사의 방면으로 보면 우리는 생기고 죽는다고 한다. 죽음이라는 것은 인신(人身)의 전체가 사해(死骸)로 되는 때를 이름이니, 시시각각으로 생사(生死)하는 세포에 이르러서는 생이라고도 아니하는 동시에 사라고도 아니한다. 예를 들면, 한 세포가 둘로 분열하면 친세포(親細胞)는 죽으나 자세포(子細胞)는 둘로 되는 것이다. 이로써 보면 인체는 시시각각으로 생멸하는 것이요, 단세포는 불사한다 하는 것이다. 인체가 사해로 변하더라도 단세포는 위치를 바꾸어서 생활할 뿐이니, 생사라는 것은 형태를 변할 뿐이다. 요컨대 우리가 생존하였다 할지라도 복세포(複細胞)는 각각(刻刻)으로 사멸하는 것이요, 인체가 사멸하였다 할지라도 단세포는 다른 복세포를 생하여 영구 불멸하는 것이다. 신체를 구성하는 세포가 집합하여 전체를 만들고 그것이 분리하여 사체를 만든다 하면 생과 사는 구경(究竟) 동일한 것이니, 일원론적 견지로 보아도 그러하고 상식적으로 본대도 그러하다. 생사라는 것은 동일 현상의 양단일 뿐이다.[52]

이처럼 한용운은 서양의 심리학과 생물학을 빌어 신앙심의 종류를 구분하고 불교의 교의를 설명하였다. 이 과정에서 서양의 심리학과 생물학은 그 자체로서 의미를 지니기보다는 불교를 근대적으로 재해석하는 데 활용된 도구로서 기능한다. 근대에 이르러 발달한 서구의 학문을 수용하여 인간과 세계에 대한 정확한 지식을 확장하려는 의식은 거의 보이지 않는다. 근대 중국의 현대신유가에게서 나타나는

한 것이니, 불교에서는 불을, 기독교에서는 신을, 회회교에서는 알라를 숭배하는 것이다."

52) 한용운, 「信仰에 대하여」, 『전집』 2, 303쪽.

'신해묘오(神解妙悟)'와 '창조적 오해'[53]를 한용운에게서도 확인할 수 있는 것이다.

5. 동서사상의 회통에서 본 한용운의 위상

이상에서 사상가로서 한용운에 초점을 맞추어 서학과의 접촉 내지 서학의 수용이 그의 사상에 미친 영향을 살펴보았다. 보다 정확하게 말하자면, 한용운이 어떤 문제의식에서 어떻게 서학을 변용하여 수용하는지 살펴보았다고 해야 할 것이다.

한용운은 서양 철학자의 저서를 직접 읽은 적이 전혀 없고 단지 여러 책에 번역된 것들을 보았다고 고백하고 있는데, 『조선불교유신론』에 원용된 서양 철학 관련 내용이 대체로 양계초의 말을 빌려 소개되고 있다는 점 등을 고려하면 서양철학에 대한 한용운의 이해는 상당 부분 양계초에 의존하였다고 추정할 수 있다. 그러나 한용운은 자신의 문제의식에 기초하여 서학을 변용해서 원용하였을 뿐 아니라

53) '신해묘오(神解妙悟)'는 근대 초기에 중국 지식인들이 서양의 철학 내지 학문을 자신의 전통사상으로부터 형성해낸 철학적 기초와 이론적 현실적 관심사에 의거하여 다분히 주관적으로, 그리고 더 나아가 자의적으로 이해하고 해석하는 것을 가리킨다. '창조적 오해'는 바로 이러한 주관적이고 자의적인 이해(즉 오해)에 기반하여 오히려 창조적인 학문적 작업을 해낼 수 있었다는 점을 지적하는 말이다. 수용하려는 서양 학문에 대한 엄밀하고 정확한 이해를 추구하기보다는, 주관적인 이해를 바탕으로 자신의 관심사에 의거하여 과감하게 학설과 이론체계를 구축하고자 했다는 것이다.

양계초의 견해에 대해서도 때로 비판을 가하는 주체적인 입장을 견지하고 있다.

칸트의 자유 개념을 원용하여 자신의 자유 개념을 정립하는 과정에서 한용운은 근대의 요구에 부응하여 불교를 재해석하려는 문제의식을 여실히 드러낸다. 이는 서양의 심리학과 생물학을 원용하여 종교의 신앙심을 분류하고 불교의 교의를 설명하는 과정에서도 관철된다. 서양의 심리학과 생물학이 그 자체로서 의미를 지니기보다는 불교를 근대적으로 재해석하는 데 활용된 도구로서 기능하는 것이다.

근대 초기 동아시아 지식인이 서구 근대사상을 수용하는 상황에서 동아시아 지식인들은 이중의 과제를 짊어지게 된다. 하나는 동아시아 전통을 이른바 근대라는 변화된 상황에서 고래의 방식과 달리 어떻게 생산적으로 해석해서 현대적 의미를 추출해낼 것인가 하는 문제이고, 다른 하나는 서구에서 도입된 근대(modernity)를 어떻게 이해하고 수용하여 시대적 현실적 요구에 부응할 것인가 하는 문제이다. 전자에 중점을 둘 경우에는 다분히 전통주의적 입장을 띠기 마련이고, 후자에 비중을 둘 경우에는 근대주의적 입장에 서기 마련이다. 서구의 근대가 이미 전 지구적 추세가 되어버렸지만 동아시아 세계에서 자신의 정체성을 고심해야 하는 상황에서 그저 어느 한쪽에 경도될 수만은 없는 지경에 처한 동아시아 지식인은 어느 한쪽에 중심을 두면서도 다른 쪽을 고려하지 않을 수 없는 처지에 놓였다고 할 수 있다.

이 상황에서 한용운이 택한 자리는 전통에 기초한 서구 근대의 수용이라고 여겨진다. 서구의 근대를 절대적 선으로 여기고 무조건적으로 추종하는 태도가 아니라, 자신의 문제의식에 기초해서, 그리고 자신의 전통에 기반하여 서구를 선택적으로 수용하고 창조적으로 재구성해내는 것이다. 이와 같은 수용방식을 근대 중국에서는 '창조적 오해' 혹은 '신해묘오(神解妙悟)'라고 표현하였다. 서구 근대의 수용에서 초점은 역시 얼마나 서구의 근대에 가깝게 수용했느냐 하는 것보다는 어떻게 주체적으로 수용하여 생산적으로 그리고 창조적으로 재구성해내었느냐에 있지 않은가 여겨진다. 이 점에서 한용운이 서구 근대를 수용하는 방식은 주체적인 수용이라는 측면에서 하나의 전범이 될 수 있을 것이다. 물론 주체적인 수용을 넘어서 인류지성사의 전개에서 얼마나 생산적인 작업이었는지는 여전히 미완의 과제로 남아 있다는 점도 간과할 수 없을 것이다.

【참고문헌】

1. 단행본

한용운, 『한용운전집』(1-6), 불교문화연구원, 2006.

최동호 편, 『한용운 시전집』, 서정시학, 2009.

김광식, 『첫키스로 만해를 만난다 -만해 한용운 평전』, 백담사 만해마을, 2004.

梁啓超, 『陰冰室文集』, 北京: 中華書局, 1988.

베르그송, 송영진 옮김, 『도덕과 종교의 두 원천』, 서울: 서광사, 1998.

2. 논문

염무웅, 「만해한용운론」, 『한용운전집』 4, 불교문화연구원, 2006.

안병직, 「만해 한용운의 독립사상」, 『전집』 4, 불교문화연구원, 2006.

나종석, 「칸트 윤리학에 대한 헤겔의 의의 제기에 대한 연구: 존재와 당위의 이원론적인 구별의 실천철학적인 귀결들」, 『헤겔연구』 13, 한국헤겔학회, 2003.

윤종갑, 「한용운의 근대 인식과 서양철학 이해」, 『한국민족문화』 39, 부산대학교 한국민족문화연구소, 2011. 3

배종현, 「칸트에서 선의지와 자유의 문제」, 『인문논총』 71-2, 서울대학교 인문대학 인문학연구원, 2014.

류영모와 이중의 동서접변

이봉규

1. 이중의 동서접변

류영모(1890~1981)는 동서접변적 사유를 동과 서 양방향으로 진행시켰던 이중의 동서접변론자이다. 그는 동아시아 사상을 기반으로 그리스도교의 사상을 정통교리에서 벗어나 새롭게 해석하였다. 동시에 그리스도교의 개념을 기반으로 불교와 유교, 도교 등 동아시아 사상에 대하여 새로운 해석적 지평을 제시하였다. 그리스도교에 대하여 류영모 자신이 평생 존중하였던 간디나 톨스토이처럼 비정통론자로서 자처하고 수행하였다. 류영모는 줄곧 YMCA 연경반 등을 통해 『중용』과 『대학』 등 동아시아 고전을 그리스도교의 개념에 기반하여 가르쳤다. 류영모의 그리스도교론은 정통교리의 틀을 일정하게 유지하였던 김교신이나 함석헌의 무교회 사상에서 한 단계 더 나아간 동아시아적 그리스도론이다. 류영모의 유교와 불교에 대한 이해는 명확히 그리스도교의 개념에 기반한 비아시아적 견해들이다. 류영모의 기본 사상은 그리스도교에 의거하고 있다. 그러나 동서접변이 동아시아에서 시작된 이래, 동서 양방향으로 접변적 성찰을 전개하여 동서 사상을 함께 교직하고 새로운 문양을 만들어낸 것은 극히 이례적인 사건이다.

류영모의 사상이 형성되는 궤적을 돌아보면, 그의 생애가 곧 동서 접변적 수행의 과정임을 발견하게 된다. 그는 시간적으로 19세기 말 조선의 끝자락에서 태어나 서구 근대체제가 전면적으로 구축되어가는 20세기 대부분을 살았다. 그는 유교 전통 속에서 성장하여 서당 수학을 하였고, 이후 근대이행기 신학문의 세례과정을 받으면서 동시에 학승에게서 화엄경 등 불경을 배웠다. 동서전통의 이중경험자였던 것이다. 따라서 류영모의 사상을 이해하기 위해서는 그의 수행적 삶의 궤적을 이해할 필요가 있다. 이하에서 오산학교 교사가 되기 이전의 성장과정과 오산학교 교사시절, YMCA 연경반과 『성서조선』 모임 참여 시절, 개인적 체험과 삶의 전환이 있었던 1941년 이후로 나누어 수행으로서의 생애 궤적을 먼저 살펴보겠다.

류영모의 동서접변적 사유는 그리스도교와 동아시아 사상 양쪽으로 진행되었다. 따라서 양방향으로 나누어 살펴볼 필요가 있다. 먼저 동아시아 사상전통에 기반하여 그리스도교의 교리를 새롭게 해석하는 지평들이다. 그 가운데에서도 인간 존재의 불교적 이해를 바탕으로 영생과 성령에 대하여 본성으로 새롭게 설명하는 것, 사도신경 교의체계에서 벗어나 깨침으로 나아가는 자기 수행과 실천의 과정으로 그리스도와 그 교리를 새롭게 설명하는 것에 대하여 살펴볼 것이다. 다음으로 그리스도교의 개념을 기반으로 동아시아 전통에 대하여 새로운 해석적 지평을 제시하는 것과 관련해서, 성령과 영생의 관념을 기반으로 유교와 불교의 여러 개념들을 새롭게 설명하는 맥락을 살펴볼 것이다. 유교와 관련해서 중용(中庸)을 종교적 수행의 방식으로 전환해서 이해하고, 심(心)과 덕(德), 인(仁) 등 주요 개념을 종교적 차원에서 확대하여 해석하면서 사회적이고 정치적인 전통적 이해를 협소한 층위로 비판하는 맥락을 살펴볼 것이다. 그리고 죄와 영생의 관념을 도입하여 탐진치(貪瞋痴)와 니르바나를 재해석하고, 공(空)과 영생의 관념을 결합시켜 허(虛)의 의미를 재해석하는 맥락을 살펴볼 것이다. 마지막으로 이러한 양향방향의 동서접변적 사유가 창출한 해석적 지평이 지니는 시대적 또는 학술사적 의의에 대하여 살펴볼 것이다.

2. 수행(修行)으로서의 생애[1]

1) 19세 이전

류영모는 집안에서 『천자문』을 배우고, 6세 무렵 서울 홍문서골 서당에 나아가 『통감절요』를 배웠다. 당시 유교 교육전통의 관행에 따른 과정을 밟은 것이다. 그러나 1900년 10세가 되자 서울 수하동(水下洞) 3년제 소학교에 입학하여 2년 다니고 다시 한문서당에 나갔다. 이후 자하문 밖 부암동 큰집 사랑에 차린 서당에 3년간 다니며 『맹자』를 배웠다. 서당선생은 이운(怡雲) 김인수였다고 한다.[2] 6세부터 15세까지 류영모가 경험한 교육은 2년의 신학 교육이 있었지만 기본적으로 구학이

---

1) 뉴영모의 생애와 관련해서는 주로 박영호, 『진리의 사람 多夕 柳永模』(상 · 하)(서울, 두레, 2001)에 의거하였다.

2) 박영호, 앞의 책(상), 110쪽.

중심이었다.

15세 되던 1905년 류영모는 YMCA 한국인 초대 총무인 김정식(金貞植)의 인도로 서울 연동교회[3]를 다니면서 기독교에 입문하였다. 동시에 서당을 그만두고 경성일어학당에 입학하여 2년간 일어를 공부하였다. 당시 전국적으로 기독교 신도가 급속히 증가하였다고 한다. 류영모는 이 당시 주일날 오전 연동교회에서, 오후에는 승동교회에서, 밤에는 새문안교회에서 예배를 보았다고 회고한 바 있다. 구학에서 전환하여 신학과 기독교 신앙에서 새로운 길을 찾는 사회적 분위기 가운데 류영모 역시 합류해 있었던 것으로 보인다. 류영모는 이 시기 경성일어학당의 선생이었던 홍병선[4]과 더불어 김정식(金貞植)[5]의 영향

---

3) 1894년 미국 북장로교 선교사 모삼열(牟三悅, Moore,S.F.)의 조사(助事) 김영옥(金泳玉)과 천광실(千光實)이 전도하여 신도들이 입문하면서 교회가 시작되었다. 1895년 미국 북장로교 선교사 이길함(李吉咸, Lee Graham), 조사 서상륜(徐相崙)과 신도들이 현 위치에 있었던 초가 한 채를 매입하여 예배처소로 삼았다. 1900년부터 미국 북장로교 선교사인 게일(Gale,J.S., 奇一)이 담임목사로 활동하였는데, 신도수가 급속히 증가하여 1904년에 당회(堂會)가 조직되었고, 1907년에는 1,200석 규모의 예배당을 건축하였다. 게일 목사와 고찬익 장로를 비롯하여 독립협회 회원들, 특히 이상재(李商在), 김정식(金貞植), 이원긍(李源兢), 홍재기(洪在箕), 유성준(兪星濬), 박승봉(朴勝鳳), 민준호(閔濬鎬) 등이 연동교회를 통해 활동하였다. 1894년 현 연못골 대지를 미국 북장로교에서 매입하여 선교부 기지로 사용하면서 경신(儆新)과 정신(貞信)의 두 중등학교가 연동교회 옆에 설립되었다. 1919년 3·1운동 당시 연동교회는 최남선(崔南善), 이갑성(李甲成), 이상재, 함태영(咸台永), 신(辛)마리아, 신의경(辛義卿), 김필례(金弼禮) 등 민족지도자들이 활동하는 곳이 되었다.

4) 홍병선(1888~1967)은 역사학자 홍이섭의 선친으로 목사로서 농촌운동에 힘을 기울였다. 그는 1930년 윤치호와 함께 『농업세계(農業世界)』를 간행하였고, 『동촌협동조합과 조직법』을 저술하였다.

5) 김정식은 경무관을 지내다가 독립협회의 활동에 동조하였다는 죄목으로 1902년 이상재, 이승만 등과 함께 투옥되었다. 이 투옥되어 있는 동안 게일 등이 제공해준 성서와 무디 설교집(한문본) 등을 읽고 기독교 신앙을 접하였다. 그는 1904년 무죄로 석방되자 게일이 담임목사로 활동하는 연동교회를 찾아가서 세례를 받았다. 게일의 권유로 YMCA의

을 많이 받았던 것으로 보인다.

1907년 류영모는 서울 경신학교에 입학하여 2년간 수학(修學)하였다. 교과목은 성경, 기독교사, 한문, 영어, 물리학, 산술, 대수, 천문학, 박물학, 지리, 한국사 등이었다. 류영모는 성경은 게일에게, 물리는 밀러에게, 한문은 김도희에게 배웠다. 류영모는 물리에 성적이 뛰어났으며, 이 경신학교 수학 시절부터 한시를 짓기 시작하였다고 한다.[6] 그러나 류영모는 1909년 졸업하기 전에 경기 양평에 정원모가 세운 양평학교에 교사로 선발되었다. 그는 경신학교를 졸업하지 못하고 양평학교에서 한 학기 동안 교사로 활동하고 집으로 돌아왔다.

2) 오산학교 교사 시절

1910년 남강 이승훈이 밀러의 소개를 받아 류영모를 오산학교의 과학교사로 초빙하였다. 류영모는 10월 1일부터 오산학교에서 3년 동안 수학, 물리, 화학, 천문학을 가르쳤다. 당시 오산학교에는 이광수가 일본에서 잠시 귀국하여 오산학교에서 교사로 근무하고 있었다. 또한 여준(呂準, 1862~1932)이 오산학교에서 학교운영을 전반적으로 돕고 있었는데, 류영모는 여준이 가져온 많은 책들을 독서할 수 있었다고 한다. 1910년 신채호가 망명하는 길에 오산학교에서 얼마간 머물렀다.

최초의 조선인 간사가 되었고, 연동교회의 일을 돌보았다. 1906년에는 일본에 가서 도쿄 한인YMCA와 도쿄 한인교회를 창설하여, 많은 한인 유학생을 돕는 한편 기독교 신앙으로 이끌었다. 류영모는 연동교회를 다닐 때, 일본에 유학하였을 때 김정식의 도움을 많이 받았고, 이후 평생 가깝게 지냈다. 김정식의 신앙 동기에 대해서는 박영호, 앞의 책(상), 127-130쪽 참조.

6) 박영호, 앞의 책(상), 139쪽.

류영모는 여준, 신채호와 교류하면서 불교와 노자 등 기독교를 벗어나 동아시아 전통과 관련된 다양한 독서를 하였던 것으로 여겨진다. 또한 1911년 기독교 신앙을 흔들리게 한 동생의 죽음도 동아시아 고전을 읽게 되는 한 계기가 되었던 것으로 보인다.[7)]

오산학교를 설립한 이승훈은 1910년 12월 세례를 받고 오산학교를 기독교 정신을 교지로 삼는 학교로 개편하였다. 이런 변화에는 류영모의 영향이 있었다고 한다. 기독교 신앙을 명확히 가지고 있지 않았던 이광수는 톨스토이의 『통일복음서』를 가지고 설교하였다고 한다. 1910년 11월 7일 톨스토이가 별세하자, 세계적으로 톨스토이에 대한 연구와 독서가 유행하였다. 오산학교에서도 추도식이 있었다. 이광수는 일본에서 귀국할 때 톨스토이전집을 가지고 왔다고 한다. 류영모는 이런 사회적 흐름에 따라 자연스럽게 톨스토이를 독서할 수 있었던 것으로 보인다. 류영모는 당대 인물 가운데 톨스토이와 간디 두 사람의 삶을 가장 존중하고 영향을 받았다. 후일 류영모는 톨스토이의 영향을 받아 비정통 방식의 신앙으로 전환하였는데, 오산학교 시절 이광수와의 교류가 어떤 영향을 주었는지 명확치 않다.[8)] 다만 오산학교 시절에는 정통 교의에 따르고 있었으며, 톨스토이의 영향이 자신의 신앙 방식을 변경시키지 않았다.[9)]

1911년 2월 안명근(安命根) 사건으로 이승훈이 체포된 뒤 평양신학교장 로버트(羅富悅)가 오산학교 교장이 되어 학교를 관리하였다. 그는 정통신앙 방식의 기독교 교육을 강화하였다. 이광수는 오산학교 재직

7) 박영호, 앞의 책(상), 164쪽, 200쪽.

8) 박영호, 앞의 책(상), 175쪽.

9) 오산학교 재직 시절 이광수와 교류 및 톨스토이를 접한 상황에 대해서는 박영호, 앞의 책(상), 186-198쪽 참조.

4년 만인 1913년 4월 톨스토이 사상 때문에 교직에서 추방되었다. 류영모는 이광수보다 1년 먼저 1912년 오산학교를 그만두고 집으로 돌아왔다. 류영모가 오산학교를 떠나게 된 이유는 명확치 않지만, 동생의 죽음과 신앙상의 동요가 있었던 것으로 여겨진다.[10)]

류영모는 오산학교를 그만둔 1912년 9월 일본 동경으로 건너가서 동경물리학교에 입학하였다. 대학에 들어가기 전 준비과정이었다. 류영모는 여기서 1913년 6월까지 약 1년간 수학하고 대학에 진학하지 않은 채 귀국하였다. 유학을 중도에 그만둔 이유는 분명치 않다. 김정식이 당시 재일본 한국 YMCA 총무로 있었기 때문에, 류영모는 김정식의 도움을 받으면서 조만식 등 새로운 인사와 교류할 수 있었다.[11)] 김정식은 당시 무교회주의자였던 우치무라 간조(内村鑑三)와 교류하고 있었기 때문에, 류영모 역시 자연스럽게 우치무라 간조의 강연에 참여해서 들었다. 그러나 류영모는 자신이 비정통 신앙방식으로 전환하는 과정에 우치무라 간조의 영향이 있었다고 인정하지 않는다. 그 이유는 류영모의 시야에서 보면, 무교회주의 신앙은 여전히 사도신경의 교의에 따르는 정통 신앙의 범주에 속하는 것이기 때문이다.[12)]

일본에서 귀국한 뒤 류영모는 귀농하려는 의사를 가졌지만 실천하지 못하고, 집에서 지내면서 부친 류명근[13)]의 피혁 사업을 도왔다. 그리고 개인적으로 독서에 몰두하였던 것으로 보인다. 특히 이 시기

10) 박영호, 앞의 책(상), 199-201쪽.

11) 조만식은 1913년 오산학교 교사로 부임하고 이어 1915에서 1919년까지 교장으로 재직하였다. 류영모는 조만식 후임으로 1년 반 동안 오산학교 교장으로 재직하였다.

12) 박영호, 앞의 책(상), 217-220쪽.

13) 1919년 이승훈이 맡긴 독립운동 자금을 류영모가 아버지 류명근의 상점에 맡겨두는 바람에 류명근이 체포되어 105일 만에 풀려났다. 류명근은 3·1운동 민족대표 48인 가운데 한 명이 되었다.

『화엄경』 등 불교경전을 읽었던 것으로 보인다. 한 스님에게 찾아가 80권본 화엄경을 배웠다고 한다.[14] 1914년 류영모는 이광수의 소개로 동갑내기인 최남선을 만나 교류하면서, 최남선이 간행한 『청춘』에 원고를 기고하였다.[15] 류영모는 1915년 결혼하였다.[16] 1918년 1월 13일부터 류영모는 자신의 생애를 산 날수로 기록하기 시작하였다. 칼라일의 「오늘」을 읽고 "하루 살아 있는 동안에도 일생을 산다[一日一生]"는 신념을 실천하기 시작한 것이다. 이후 류영모는 모든 것을 날 수로 계산하여 의미를 부여하는 방식을 취하였다.

1921년 조만식의 후임으로 오산학교[17] 교장에 취임하여 1년간 재직하였다. 류영모는 수신(修身) 과목을 맡았는데, 교과서를 사용하지 않고 여러 인물의 생애와 사상을 소개하거나, 『채근담』, 『애음(愛吟)』(칼라일) 등 다양한 텍스트에서 발췌하여 가르쳤다. 이 시기 함석헌은 오산학교의 학생으로 류영모의 수업을 들었다. 함석헌의 기억에 따르면, 이 시기 류영모는 『도덕경』을 가장 많이 가르쳤다. 류영모는 교장 취임 1년여 만에 교장자격을 일제 당국이 인가해주지 않아 교장직에서 물러나서 서울로 돌아왔다.[18] 이승훈의 요청으로 1922년 11월부터 23년 7월까지 1학기 동안 평교사 자격으로 오산학교에서 한 번 더 가르쳤지만, 이후 오산학교에는 더 나아가지 않았다.[19]

---

14) 박영호, 앞의 책(상), 255-256쪽.

15) 「나의 1234」(『청춘』 2); 「活潑」(『청춘』 6); 「農牛」(『청춘』 7); 「오늘」(『청춘』 14); 「無限大」(『청춘』 15).

16) 류영모는 슬하에 3남 1녀를 두었다.

17) 오산학교는 1919년 3월 31일 일본 헌병들의 방화로 전소되었다가 1920년 9월 4일 다시 개교하였다. 박영호, 앞의 책(상), 270-271쪽.

18) 박영호, 앞의 책(상), 285쪽.

19) 박영호, 앞의 책(상), 287쪽.

3) YMCA 연경반과 『성서조선』 모임 참여 시절

류영모는 부친의 피혁상점과 아우의 금은방 점포를 돌봐주는 것으로 생계를 유지하였는데, 1928년 부친 류명근이 경성제면소를 차려 주면서부터, 솜공장을 운영하면서 살았다. 사업은 비교적 성공적이었다고 한다. 1933년 부친이 별세하자, 류영모는 화장을 하고, 음식을 차려 제사하는 유교적 기제 대신 금식하는 방법으로 추모하였다. 1935년 상을 다 마치고 류영모는 재산을 정리하여 구기리[20]로 이사하고 귀농생활을 시작하였다. 이후 농사와 수행적 삶은 1981년 생을 마칠 때까지 지속되었다. 일본에서 돌아와 해방되기까지 류영모는 이광수, 최남선, 문일평 등 여러 지식인들과 교류하였다. 문일평은 구기리로 류영모를 자주 찾았다고 하고[21], 1939년 홍지동(현재 상명여대 부근)으로 이사 온 이광수 역시 서로 왕래하면서 불교와 노자를 담론하기도 하였다.

1928년 무렵부터 류영모는 YMCA 간사였던 현동완의 요청에 따라 YMCA 연경반에 강사로 참여하였다. 1927년 이상재가 별세한 뒤 그 후임 자리였다.[22] YMCA 연경반 모임은 종로에서 매주 금요일에 열렸는데, 류영모는 1928년 이후 1963년 현동완이 사망할 때까지 모임을 지속적으로 지도하였다.

1927년 김교신은 일본에서 귀국하여 동료들과 동인지 『성서조선』을 간행하였다. 김교신은 류영모가 함께 참여해주기를 요청하였지만, 류영모는 거절하였다. 이유는 자신의 기독교 이해 방식이 무교회주의

---

20) 현재 서울시 은평구 구기동 지역이지만, 당시에는 경기도 고양군 은평면 구기리였다.
21) 1939년 문일평이 별세하자, 류영모는 추모글을 『성서조선』 124호(1939.5.)에 실었다.
22) 박영호, 앞의 책(상), 297쪽.

와 달랐기 때문이었다. 1931년부터 류영모는 김교신의 성서연구모임에 나아가기 시작하였는데[23], 1937년에는 독생자 개념을 성령으로 해석하는 입장을 통해 속죄론을 정면으로 부정하였다. 나아가 석가의 불성(佛性), 공자의 인성(仁性), 예수의 영성(靈性)이 모두 같다는 동서통합적 영성론을 주장하였다.[24] 김교신을 비롯한 성서연구모임 회원들은 류영모의 비정통 신앙에 대하여 대체로 동의하지 않았지만 일정한 영향을 받았던 것으로 보인다. 박영호에 의하면, 유달영 등은 사도신경의 교의를 믿지 않는 류영모의 신앙방식에 더 기울었고, 노평구 등은 류영모의 영성론을 기독교에 대한 동양적 해석이라고 규정하고 정통신앙에 입각하여 위험시하였다.[25] 김교신 역시 무교회주의 형태이긴 하지만 정통주의 입장을 견지하였다. 그러나 류영모의 견해를 정면으로 부정하거나 배격하지 않고, 끝까지 정신적으로 가까운 교류를 유지하였다. 1937년 김정식이 별세하자 류영모는 김교신이 간행하는 『성서조선』의 김정식 추모 특집호에 추모하는 글[26]을 기고하였다. 『성서조선』이 창간된 지 10년 만에 처음 실은 것이었다. 류영모는 이후에도 『성서조선』이 1942년 폐간될 때까지 11차례 글을 발표하였다.[27]

1942년 『성서조선』에 김교신이 쓴 권두언 「조와(弔蛙)」가 문제되어 잡지가 폐간되고, 류영모는 필자로서[28] 독자였던 아들 류자상과 함께

23) 박영호, 앞의 책(상), 318쪽.

24) 박영호, 앞의 책(상), 321-322쪽.

25) 박영호, 앞의 책(상), 323-327쪽.

26) 추모 글 전문은 박영호, 앞의 책(상), 354-357쪽.

27) 박영호, 앞의 책(상), 325쪽. 11차례의 글들은 368쪽에 정리되어 있다.

28) 류영모는 「개성당일왕복(開城當日往復)」이라는 연시조를 기고하였다. 개성을 하루에 왕복한다는 의미이지만 한편으로 항복하는 것은 응당 일본에게 돌아갈 것이라는 은유적 의미를 함축한 것이었다. 박영호, 앞의 책(하), 78쪽에 소개되어 있다.

구속되었다가, 57일 만에 풀려났다. 김교신은 교직에서 쫓겨나 1944년 홍남의 일본 질소비료공장인 서본궁(西本宮) 공장에서 사택촌의 후생계장으로 일하였는데, 이듬해 4월 발진티부스로 44세의 젊은 나이에 별세하였다. 류영모는 이때 간단한 메모를 남겼다. "제일 늦게 온 김이 오히려 제일 먼저 갔다. 류 비록 느리나 136달 지난 즈음에 혹시 가까이 따라붙여 돌아가 서로 볼 수 있을지. 하느님께서 이렇게 생각하게 한다. 천기(天機)는 망령되이 단정하는 것은 불가능하다." "교신 생각 이제 함(咸: 함석헌)은 어디서 쉬오. 오늘 우리 김이 숨진 뒤에는 이어 그 숨이 장식(長息)으로 8천 145일."[29] 류영모는 김교신과 신앙의 방식을 비정통과 정통 사이로 근본적으로 달리하였다. 그러나 이 메모는 서로 정신적으로 매우 존중하면서 가깝게 지냈음을 말해준다. 함석헌은 류영모를 스승과 영적 지도자로서 평생 존중하였고, 류영모 역시 제자로서 동지로서 소중하게 아꼈다. 그러나 함석헌 역시 자신은 무교회주의 입장에서 정통교리를 견지하였다.

4) 1941년 이후: 금욕 수행으로의 전환과 개인적 체험

1941년 2월 17일부터 류영모는 하루 1식만 하는 생활을 시작하고, 그 다음 날 가족을 모아 놓고 해혼(解婚)을 선언하였다. 해혼은 혼인생활은 계속하지만 성생활은 하지 않는 것을 의미하였다. 또한 잣나무 널판을 마련하여 방에 널판을 깔고 그 위에서 자고, 정좌하여 참선기도를 하는 등 모든 생활을 하였다.[30] 1식과 해혼은 간디와 톨스토이

---

29) 박영호, 앞의 책(하), 83쪽에서 재인용.

30) 류영모는 자신을 백판거사(栢板居士)라고 부르기도 하였다. 박영호, 앞의 책(하), 39-41쪽.

가 실천하였던 금욕주의적 삶을 몸소 수행하는 것을 의미하였다. 그리고 나서 1942년 1월 4일 류영모는 성령으로 거듭나는, "얼생명을 여는 몸이 되는" 정신적 각성을 갖는다.[31] 그는 이 각성을 『성서조선』 157호에 「38년 만에 믿음으로 들어감」이라는 글로 알렸다. 박영호는 탐진치의 자아(自我)에서 벗어나 성령[얼]으로서의 자아[얼나]로 거듭나는 체험이었다고 설명한다.[32] 1943년 2월 15일 일식(日蝕)을 관찰하기 위해 새벽 북악산에 올랐다가 자신의 의식이 천지를 관통하는 느낌을 얻고 "첨철천 잠투지(瞻徹天, 潛透地)"[33]라는 싯구를 남겼다.[34]

류영모의 생활은 보통 3시쯤 일어나 냉수마찰을 하고 맨손체조를 1~2시간 행한 뒤 명상에 들어가 얻은 생각을 기록하였다. 맨손체조는 오산학교 교사로 재직할 때 치당 백이행[35]이라는 관서지역의 유학자로부터 배운 것이다. 또한 대부분 외출을 교통수단을 이용하지 않고 도보로 하였다. YMCA 연경반 금요강좌는 30여년 넘게 걸어 다녔는데, 1시간 10분 거리였다고 한다.[36] 이것은 톨스토이나 간디가 금욕주의적 삶으로 전환한 뒤 도보를 주로 하였던 것과 같은 생활방식을 실천한 것이다. 류영모는 생활 가운데 기도하고 찬송하고 성경을 해석하는 방식의 전통적 예배의식 대신 참선기도를 많이 하였다.[37] 그리고

31) 박영호, 앞의 책(상), 421-422쪽.

32) 박영호, 앞의 책(상), 386-387쪽.

33) 박영호는 "뚫어 뫼오니 하느님 뚫어 잠겨 땅 가운데"라고 해석하였다. 박영호, 앞의 책(하), 85쪽. "위로 하늘에 관통하고 아래로 잠겨서는 대지를 관통한다"는 뜻으로 생각된다.

34) 박영호, 앞의 책(하), 84-87쪽.

35) 백이행은 현상윤의 장인이다. 그는 한의사로부터 이 맨손체조를 배웠다고 한다. 체조법은 박영호, 앞의 책(하), 49쪽에 소개되어 있다.

36) 박영호, 앞의 책(하), 51쪽.

37) 박영호, 앞의 책(하) 44쪽.

추모하거나 특별한 일이 있을 때마다 금식과 단식을 행하는 생활을 계속하였다. 가령 1957년 서울 YMCA회관에서 간디 기념강연회를 행할 때는 5일 동안 단식을 한 뒤 강연하였다.[38] 이러한 류영모의 생활방식은 평생 지속되었는데, 함석헌, 김흥호 등 제자와 동료들에게도 영향을 주었다.

함석헌은 신의주학생 사건으로 투옥되었다가 풀려나 1947년 북한을 탈출해서 서울로 내려왔다. 함석헌은 류영모가 강연하는 YMCA 연경반 모임에 빠짐없이 참여하였고, 김흥호, 이철우 등과 함께 류영모의 구기리 집으로 가서 『노자』와 『중용』 강의를 들었다. 류영모는 1948년부터 함석헌이 진행하는 YMCA 일요 모임에 나아가 지원 강연을 하였다. 박영호는 함석헌이 1955년경부터 십자가 대속 신앙에서 벗어나 스스로 십자가를 짊어지는 류영모나 간디 방식의 비정통 신앙 쪽으로 전환하였다고 본다.[39]

해방 후 류영모는 은평면 자치위원장으로 추대되어 잠시 활동하다가 인민위원회로 바뀌자 자리에서 물러났다. 조선건국준비위원회가 중심이 되어 세운 조선인민공화국 건설에 참여하지 않은 것이다. 미군정이 들어서면서 일부 사람들은 자치위원회에 참여하다가 인민위원회에 소속되어 구속되었는데, 류영모는 그들 중 공산당원이 아닌 사람들을 구속에서 풀어나게 하였다. 류영모는 공산주의가 동물적 생존에 치중하는[40] 영웅주의로 호강(豪强)의 강압적 지배로 인민을 억누

---

38) 박영호, 앞의 책(하), 23쪽.

39) 박영호, 앞의 책(하), 135-136쪽. 박영호는 함석헌이 1983년 『우치무라 전집』 월보 39호에 기고한 글에서 "나는 우러러보는 십자가보다는 내가 지자는 십자가 편에 섭니다. 그 점에서 나는 류영모 선생이나 마하트마 간디 쪽에 가깝습니다"라고 한 말을 인용하여 논증하고 있다.

른다고 비판하였다.[41] 류영모의 종교적 수행은 한반도의 정치적 독립을 지향하면서도, 톨스토이나 간디와 마찬가지로 사회주의적 정치공동체를 수립하려는 노선에는 동의하지도 가담하지도 않았다.

1946년 류영모는 현동완의 소개로 수행자 이현필을 광주로 찾아가 교류하였다.[42] 이현필은 머슴 출신의 수행자였던 이세종에게 감화를 받아 동광원이라는 독신수도단체를 설립하여, 광주를 비롯하여 전라도 일대에서 사회운동을 펼쳤는데, 여순사건이나 6·25 때 많은 사람들을 구제하였다고 한다.[43] 류영모는 1964년 이현필이 별세할 때까지 동광원을 자주 찾아 강연하는 등 지속적으로 교류하였고, 후일 전토와 가옥을 일부 사서 동광원에 기증하였다.[44]

1955년 4월 26일 류영모는 1년 뒤 1956년 4월 26일에 자신이 사망한다고 선언하였다.[45] 그리고 일기를 쓰기 시작하였다. 일기는 1955년 4월 26일부터 1975년 1월 1일까지 지속하였는데, 사건뿐 아니라 자신의 성찰을 한시 형식으로 기록해두었다.[46] 김흥호는 이때부터 다석의 강의를 속기하게 하여 『다석어록』으로 편찬, 1993년 간행하였는데, 류영모 사상에 대한 학계의 연구를 확산시키고 심화시키는 계기가 되었다.[47]

---

40) 박영호, 앞의 책(하), 112-115쪽.

41) 박영호, 앞의 책(하), 132쪽.

42) 박영호, 앞의 책(하), 142쪽. 이현필에 대한 류영모의 평가는 같은 책, 164-6쪽 참조.

43) 박영호, 앞의 책(하), 152-5쪽.

44) 박영호, 앞의 책(하), 166쪽.

45) 1944년 4월 26일은 김교신의 부음을 받은 날이었다. 박영호, 앞의 책(하), 262쪽.

46) 『다석일지』 영인본은 김흥호가 1979년 1차 출판하고, 1990년 홍익재 출판사에서 2차로 출판하였다. 김흥호는 1994~5년 『다석일지』 전체를 풀이하고, 1998년 성천문화재단을 통해 출판하였다. 박영호, 앞의 책(하), 267쪽.

47) 박영호, 앞의 책(하), 267-8쪽.

1975년 1월 1일에 류영모는 일기 작성을 멈추었다. 이 해는 85세로 회혼을 맞이한 때였는데, 류영모의 의식은 이후 점점 약해져갔기 때문이다. 1977년에는 갑작스럽게 방랑길을 떠나 3일 만에 산송장이 되어 경찰관에 업혀 왔는데 3일간 혼수상태에 있다가 10일 만에 다시 깨어나기도 하였다.[48] 1978년 5월 함석헌의 부인 황득순의 장례식에 참여하여 300자 미만의 간소한 다소 불분명한 의미의 추도사를 한 것이 마지막 활동이었다. 부부가 의식이 점점 약해지다가, 1980년 부인 김효정이 87세로 별세하고, 1981년 2월 3일 90세의 장수를 한 끝에 류영모가 별세하였다.

5) 동양 고전의 번역

류영모는 1943년 「예수의 기도」(주기도문)를 번안하여 『성서조선』 폐간호에 실었다. 1959년(69세) 3월 초에는 요한복음 17장에 있는 「결별의 기도」를 「옛다시 가온 보입」으로 번역하였다. 그리고 같은 달 22일부터 4월 11일까지 『노자』를 완역하고, YMCA 연경반에서 강의하였다.[49] 5개월 뒤 「반야심경」을 번역하고, 9월 17일 강의하였다.[50] 1963년 12월에는 『천부경』을 번역하였다.[51] 1968년에는 『중용』을 번역하였다. 사서삼경 중 류영모가 유일하게 완역한 서적이었다. 1941년 『성서조선』

---

48) 박영호, 앞의 책(하), 343-4쪽.

49) 박영호는 류영모의 번역에 풀이를 『에세이 노자』(무애출판사, 1992)를 간행하였고, 뒤에 박영호 스스로 번역하고 풀이를 붙이 『노자』(두레출판사, 1998)를 간행하였다.

50) 박영호, 앞의 책(하), 198쪽, 204쪽.

51) 류영모는 대종교 3대 교주인 윤세복과 교류하였는데, 최남선의 소개가 있었을 것으로 박영호는 추정하였다. 박영호, 앞의 책(하), 200쪽.

11월호에 류영모는 『장자』「소요유」의 대붕(大鵬) 에피소드를 우리말로 옮기고 풀이하였다. 이후에도 호접몽(蝴蝶夢) 등 『장자』의 에피소드들을 번역하고 풀이하였다. 또한 『중용』 이외의 유교 경전들에서도 일부 발췌하여 번역하고 풀이하였다. 또한 류영모는 주돈이의 「태극도설(太極圖說)」, 장재의 「동명(東銘)」과 「서명(西銘)」을 우리말로 완역하였다.[52]

결별의 기도를 옮긴 "옛다시 가온 보입"은 '예(여기)의 것을 잘 여의고 돌아가 하느님을 뵙고 말씀드린다'는 뜻이다. '잘 여의고 돌아간다'는 부처를 '선서(善逝: 잘 돌아감)'라고 부르는 것에서 연관시켜 번역한 것이다.[53] 그는 노자의 무위(無爲)를 세속의 제나[自我]를 없애고 세상을 버리고 하느님[天道]의 뜻을 따르는 것으로 해석하였다. 또한 노자의 도(道)를 붓다의 법(法), 예수의 얼[靈]과 동일시하였다.[54] '중용'은 '줄곧 뚫림' 또는 '가온 씀'로 번역하였다. '줄곧 뚫림'은 중(中)이 구멍이 뚫린 것을 상형화한 것으로 보고 '하느님과 이어지는 통로가 뚫려 성령이 줄곧 뿜어져 나오는 것'을 의미하였다. '가온 씀'은 '성령을 받아서 사용한다'는 의미였다. 류영모는 무(無)와 공(空)을 탐진치를 벗어난 성령의 모습으로 설명하는 한편, 니르바나를 하느님과 같은 의미의 말이라고 새롭게 조명하였다.[55]

---

52) 박영호, 앞의 책(하), 209쪽.

53) 박영호, 앞의 책(하), 204쪽.

54) 박영호, 앞의 책(하), 190-3쪽.

55) 박영호, 앞의 책(하), 198-9쪽.

3. 그리스도교에 대한 동서접변적 이해

류영모는 인간의 생명을 태어나서 일정한 기간이 지나면 죽고 소멸하는 신체적 생명과, 죽지도 태어나지도 않고 영생하는 생명으로 나눈다. 유한한 신체적 생명을 류영모는 제나[自我]로 부른다. 그는 제나가 몸나[肉我]와 맘나[心我]로 구성되어 있다고 말한다. 몸나는 신체를 가리키고, 맘나는 신체적 욕구, 불교에서 말하는 탐내고 노여워하고 어리석은(貪瞋痴) 특성을 지니는 욕구이다. 류영모는 영생하는 생명을 얼나[靈我]로 부른다. 제나는 부모를 통해서 나온 유한한 생명으로 일정한 기간이 지나면 죽고 없어진다. 반면 얼나는 영원한 생명으로 제나를 다스린다. 류영모는 하느님이 이 얼[聖靈]과 빔[虛空]으로 존재한다고 말한다. 그는 얼나를 하느님의 아들, 하느님의 씨, 석가의 씨라고 말한다. 예수, 석가, 그리고 모든 사람은 이 얼나로서 서로 평등한 것이다. 얼나를 공동의 본성 즉, 바탈(받할)을 지닌 존재로서 모든 인간은 평등하다.

류영모는 그리스도교의 영혼, 불교의 니르바나, 도교의 태허(太虛)와 태극(太極), 유교의 인(仁) 또는 호연지기(浩然之氣) 등 개념이 모두 신체적 욕구에서 벗어나는 지평을 함축하고 있음을 주목하고, 이들 개념을 통합하여 영원한 생명 곧 '얼나'로 설명한다. 불교의 니르바나는 탐진치의 소산이고 또한 탐진치를 일으키는 번뇌가 적멸(寂滅)한 상태를 가리킨다. 그것은 생사(生死)를 떠난 지평이지만, 류영모는 죽지 않는 '영원한 생명'의 층위로 끌어와서 그 의미를 재정립한다. 본래 본체 개념을 담고 있지 않을 뿐 아니라 본체론적 이해를 넘어서려는

'니르바나'에 그리스도교의 영혼과 같은 본체 개념을 결부시켜 이해하는 것은 니르바나의 본래 의미맥락과 다르며, 대승불교적 견지가 반영된 것으로 비판되기도 한다.[56)]

류영모의 얼나 개념에는 그리스도교의 영생과 대승불교의 불성 개념이 함께 결합되어 의미를 발휘하는, 이를테면 동서접변적 개념 구성의 특징이 발견된다. 화엄경을 전문적으로 독서한 경험이 있었던 류영모는 니르바나를 법신으로 나아가 모든 중생에게 무차별적으로 본각(本覺)으로 주어져 있는 불성으로 이해하면서, 그 불성을 다시 영원한 생명이자 본체로서 의미를 담고 있는 그리스도교의 영혼 개념과 일치시켜 이해하는 개념 통합적 이해를 전개하고 있다. 얼나는 신체적 생명과 달리 무시간적으로 보편적으로 존재하는 본체로서의 생명이다. 그 점에서 불생불멸(不生不滅)의 본체를 뜻하는 대승불교의 불성과 의미가 같다. 그렇지만 영원한 생명이라는 개념을 '얼나'에 부여하면서, '생명'보다는 '본체'에 의미의 중점이 두어져 있는 대승불교의 불성 개념을 영생을 강조하는 그리스도교적 지평으로 끌어와서 불성의 의미를 새롭게 발휘시키고 있다. 한편으로 류영모는 하느님이나 그리스도교의 영생을 모든 인간에게 내재하는 본성의 차원으로 끌어내려 세계 자체에 본래적으로 존재하는 본체로 이해하고, 그 본체를 성립시키는 별도의 초월적 존재, 또는 창조주를 인정하지 않는 점에서 정통 그리스도교에서도 벗어나 있다. 동아시아에 불교가 들어와 체용(體用) 개념이 관계 문법의 한 기둥이 되면서 세계의 모든 존재는 체(體) 곧 본체로서 동일성과 평등성을 공유한다. 그러나 그 체는 모두 용을

56) 김영호, 「(서평)박영호 저, 『다석 류영모의 불교사상』」(『철학』 46, 한국철학회, 1996), 248-9쪽.

떠나 있지 않고 용 자체에 본래적으로 내재해 있는 본체일 뿐이다. 그 체는 창조주도 아니고, 초월자도 아니다. 류영모는 체와 용의 관계 개념을 이용하여 설명하지 않지만, 하느님 또는 그리스도교적 영혼을 세계에 본래적으로 내재해 있는 본체로서의 얼나로 그 의미를 재정립한다. 이로써 창조주로서의 초월자와, 종말론적 부활과 심판의 개념은 모두 폐기된다.

류영모가 종말론적 정통교리에서 벗어나 보편적 본성으로 그리스도교적 신과 영혼의 개념을 재정립하는 것에는 주지하듯이 간디 사상과 톨스토이의 그리스도교 이해가 간접적인 배경이 되고 있다. 오산학교 시절부터 류영모는 이광수를 통해 톨스토이의 통일교리와 요약복음서 등 그리스도교에 대한 비정통적 사상에 접하였고, 평생 간디와 톨스토이의 실천적 삶을 존중하였다. 다만 성경에 대한 이해에서, 기존의 복음서들로부터 추출하여 새로운 요약복음서를 만들었던 톨스토이와 달리, 류영모는 성경을 그대로 두고 필요한 구절들을 선택하여 활용하는 방식을 취하였다. 그 이유는 진리인 얼나가 성경에 있는 것이 아니라 나의 마음속에 있다고 여겼기 때문이었다. 스스로 자기 마음속의 얼나를 따르면서 그 얼나에 부합하는 구절을 택하여 읽으면 된다고 여겼다.[57]

그리스도교의 종말론은 부활과 심판을 통해 완성된다. 정통교리에서 부활은 육신의 부활을 포함한다. 그러나 류영모는 제나의 유한한 생명으로 살다가 죽는 것에서 얼나의 영원한 생명으로 옮기는 것으로 부활의 의미를 재정립한다. 류영모는 이 옮기는 것을 '솟는다'고 말한다. 제니가 참나가 아니라는 것을 알고, 제나가 죽어도 얼나는 죽지

---

57) 박영호, 『多夕 柳永模가 본 예수와 기독교』(서울: 두레, 2000년 1쇄; 2001년 3쇄), 89쪽.

않는다는 것을 믿는 것이 회개한다는 것의 의미라고 말한다.[58] 얼나로 보면 죽음이란 없는 것이다. 부활은 천국으로 가는 것이 아니라, 죽음이란 본래 없다는 것을 깨달아 "있다시 온 이(如來)", 곧 본래의 온전한 얼나의 존재가 되는 것이다.[59] 또는 『대학』의 말처럼 자신의 마음속으로 들어가, 속알[德]이 밝아져 하느님의 얼나를 깨닫는 것이다.[60] 또는 『노자』에서 말한 것처럼 우환과 걱정은 몸으로 인한 것일 뿐임을 알고, 하느님은 도(道)로 영원하여 몸나가 없어져도 걱정할 것이 없음을 아는 것이다.[61]

류영모는 육신의 부활 대신, 생사란 본래 환영이라는 불교적 성찰과 영생이라는 그리스도교적 성찰을 결합하여 육신의 자아로 인해 생겨나는 생사관념과 욕망을 벗어나는 것, 육신의 자아에 대한 미련을 가지지 않고 영생의 얼나에 따르는 것, 곧 생각과 삶의 방식을 전환하는 것으로 부활의 의미를 재정립한다. 부활은 현재의 육신이 죽어서 다시 태어나는 것이 아니라 육신에 대한 미망에서 생각이 깨고 행동이 전환하는 지극히 불교적인 맥락이 된다. 도가와 유가의 성찰도 육신의 미망으로부터 벗어나는 메시지로 수렴하여 모두 보편종교적 층위에서 결합된다. 그럼으로써 도가와 유가의 정치철학적 맥락은 사상된다. 상대를 완벽하게 제어해내는 기술로서 『노자』에 제시된 도(道)의 맥락이나 치국평천하의 기반으로 제시된 『대학』 명덕(明德) 개념은 영생의 얼나가 의미하는 맥락에서 재해석된다. 불교가 착색된

58) 『다석어록』, 박영호, 위의 책, 171쪽.

59) 『다석어록』, 박영호, 위의 책, 237쪽.

60) 『大學』, "大學之道, 在明明德."

61) 『老子』(王弼本), "吾所以有大患者, 爲吾有身. 及吾無身, 吾有何患?"(13장) ; "天乃道, 道乃久, 沒身不殆."(16장).

그리스도교의 맥락에서 도가와 유가의 개념들이 재해석되는 것이다.

류영모는 예수를 대속을 위하여 죽었다가 부활한 하느님의 독생자로 받아들이지 않고, 제나의 유혹을 벗어나 얼나의 본질[바탈]을 자각한 모범, 스승으로 이해한다. 예수가 위대한 스승인 이유는 자신의 진정한 바탈인 얼나를 깨닫고 하느님의 뜻대로 살았던 것에 있다고 말한다. 그리고 그러한 얼나의 삶을 잘 실천한 선사(先師)로 예수와 더불어 공자, 맹자, 석가를 함께 포괄한다. 요컨대, 류영모는 얼나라는 불교적으로 착색된 그리스도교의 영생 관념을 기반으로 도가와 유가를 수렴함으로써 새로운 보편종교를 정립하였다고 할 수 있다.

4. 동아시아 전통에 대한 동서접변적 이해

류영모는 '중용(中庸)'을 '가온 쓸'로 번역하였다.[62] '가온'은 가운데, 속을 의미하고 그 속은 곧 성령으로서의 얼나를 의미하였다. '쓸'은 쓴다는 뜻이다. 류영모는 하느님의 성령을 받아쓰는 것, 또는 참나인 중(中)으로 살아가는 것이 중용의 의미라고 말한다.[63] 류영모는 중용을 '줄곧 뚫림'이라고 번역하기도 하였는데, 이것은 성령을 따르는 삶이 단절되지 않고 줄곧 견지되는 것을 의미하였다. 류영모에게 중용은 참나인 성령에 따라 살기를 줄곧 견지하는 것이다.

62) 박영호, 『다석사상으로 본 유교』(서울: 두레, 2002), 124쪽.

63) 박영호, 위의 책, 125쪽의 『다석어록』 부분 재인용.

『중용』에서 중은 마음에서 희노애락의 정(情)이 아직 발동하기 이전 상태를 또는 본래 상태를 의미한다. 중(中)은 희노애락의 정이 절도에 부합하게 발동된 또는 표현된 상태인 화(和)와 서로 짝이 된다. 『중용』에서는 중을 큰 근본[大本]이라고 하였고, 화를 통용하는 도리[達道]라고 말한다.[64] 송대 리학(理學)에서는 중(中)을 마음의 본래 상태로서 "어느 한쪽으로 치우치거나 기울지 않은 상태[不偏不倚]"를 지칭하는 개념으로 재정의한다. 그리고 화(和)에 대해서는 발동된 희노애락의 정(情)이 "지나치거나 부족함이 없이 표현된 상태[無過不及]"를 지칭하는 개념으로 재정의한다.

『중용』에서는 이 중(中)과 화(和)를 극진히 발휘하면 하늘과 땅이 제 자리에 있고 만물이 양육된다고 말한다. 중과 화는 마음이 저절로 발현하는 자동적 상태가 아니라, 어떤 노력을 통해 실현해야 하는 과정이다. 리학에서는 그 노력을 두 가지로 제시한다. 첫째, 희노애락의 정이 발동하기 이전에 행하는 노력으로 주정(主靜), 존양(存養), 함양(涵養), 거경(居敬) 등 다양하게 표현된다. 중(中)이라는 본래의 상태를 지속적으로 유지하기 위해서, 마음을 수렴하면서 방심하지 않는 의식활동 곧 경(敬)의 태도로 의식활동을 견지하는 것이다. 둘째, 성찰(省察)이다. 정(情)이 절도에 부합하게 적절히 표현되기 위해서, 발동되는 초기에 그 양상을 살피는 것이다. 존양과 성찰에서 한결같이 기반이 되는 것은 마음이 마음에 대하여, 또는 자신이 자신에 대하여 방심하지 않고 주재(主宰)하는 의식이다. 곧 주인이 되어 관리하는 태도를 잃지 않는 것이다.

---

64) 『중용』 1장, "喜怒哀樂之未發謂之中, 發而皆中節謂之和. 中也者, 天下之大本也; 和也者, 天下之達道也."

유교에서 주재하는 의식, 이를테면 거경(居敬)의 개념에는 성령의 관념이 존재하지 않는다. 유교에서는 자신의 마음이 천지의 마음과 동질적인 것으로 생각하지만, 천지의 마음이 자신의 몸이나 마음을 통해서 활동한다고 생각하지 않는다. 곧 유교에서는 자신의 마음을 하느님과 동일시하거나 또는 하느님의 활동하는 힘이나 능력과 동일시하지 않는다. 자신의 마음에 마음으로서의 능력을 부여해주는 별도의 존재를 설정하지 않듯이, 그 별도의 존재가 자신에게 불어넣어주는 능력을 마음이 받는다는 관념이 존재하지 않는다.

류영모의 얼나는 본성이면서 동시에 하느님이 보내는 성령이다. 곧 하느님의 활동력으로서 얼나를 이해한다. 류영모는 중(中)을 그 성령으로서의 얼로 재해석하였다. 이것은 중(中)을 마음의 본래 상태로 여기고 마음이 자신을 주재하는 기반으로 삼는 유교의 이해와 차이를 보여준다. 마음이 자신을 주재하는 외부에 의존하지 않는 자체적 활동을 강조하는 유교의 문법과 달리, 류영모는 절대자가 보낸 활동력으로, 또는 그 활동력에 따르도록 자신을 승화시키는 활동으로서 마음의 활동을 강조한다. 류영모는 시중(時中)을 영원한 진리의 생명 곧 성령이 시간 속으로 터져 나온 순간, 또는 속알[德]을 자각하여 깨닫고 나오는 순간으로 이해한다.[65] 따라서 시중(時中)을 '가온찍기', 곧 영원한 참나를 깨닫는 순간으로 재정의한다. 이것은 유교에서 시중(時中)을 각각의 상황에서 불편불의(不偏不倚)를 견지하고 무과불급(無過不及)으로 대응하는 것을 지속하는 것을 의미하는 것과 다른 새로운 해석적 지평이다. 류영모는 그리스도교와 불교에는 도둑같이 오는 깨달음의 순간을 강조하는 맥락이 있다고 말한다. 곧 그리스도교의 성령 개념을

65) 박영호, 위의 책, 136쪽, 『나석어록』 부분 재인용.

도입하여 중(中)의 의미를 삼고, 그리스도교와 불교에 공통하는 불현듯 깨닫는 순간의 개념을 결합하여 유교의 중(中)과 시중(時中)을 재해석하는 것이다.

류영모는 세상을 세속과 세속을 초월한 세계로 이원화해서 이해한다. 류영모는 도(道)는 세상을 초월한 진리인데, 마음이 아무것도 바라는 마음 없이 주인을 섬기는 종의 마음을 가질 때 이 세속을 초월한 도가 이루어진다고 말한다.[66] 이것은 유교에서 도가 일용의 평상적 생활을 그 생활에서의 평상적 도리를 떠나 따로 있지 않다고 강조하는 것과 대조된다. 성령을 따르는 마음의 활동은 주인을 섬기는 태도로 세속의 마음 곧 제나를 버리고 비우는 활동이다. 마음을 비우는 것을 강조하는 것은 유교와 동일하지만, 자신을 스스로 주재하는 활동을 강조하는 유교와 달리, 류영모는 자신을 버리고 주인을 섬기는 종의 순종하는 태도와 활동으로서 마음의 활동을 강조한다.

요컨대, 류영모는 기독교의 성령 개념을 도입하여 마음을 설명하면서 주재자로서의 심(心)의 특성을 강조하던 유교의 문법을 성령에 순종하는 활동을 강조하는 그리스도교의 문법으로, 마음 자체의 본래성과 일상성을 강조하는 유교의 수행방식을 절대자의 성령과 깨달음을 강조하는 그리스도교와 불교의 문법으로 변화시키면서 새로운 해석적 지평을 수립하고 있다. 류영모는 그리스도교와 불교에 기반하여 유교의 개념들을 재해석하는 형태로 동서접변적 사유를 전개하여 유교에 대한 새로운 해석적 지평을 창출하고 있다고 말할 수 있다.

류영모가 성령의 개념을 이용하여 유교의 문법을 새롭게 변화시키는 것은 인(仁) 개념에 대한 재해석에서도 발견된다. 류영모는 인을

66) 박영호, 위의 책, 130쪽, 『다석어록』 부분 재인용.

'사랑[愛]'이나 '어질다[良]'로 해석하는 관점을 편협한 시야로 여긴다. 그 이유는 '사랑'이나 '어질다'에는 어떤 배타성이 존재할 수 있기 때문이다. 사랑은 제일이지만 배타성이 개입되어 잘못 사랑하면 그 끝은 멸망을 가져오는 위험성이 존재한다고 본다. 류영모는 인을 대신 '성하다' 곧 '손상되지 않았다', '멀쩡하다'는 맥락에서 인이 지향하는 의미를 재발견한다. 그는 인을 '성언[67] 인', 또는 '성할 인'으로 재정의한다. 그는 몸이 마비되거나 하여 손 등을 사용할 수 없는 것을 '불인(不仁: 성하지 않다)'이라고 말하는 것을 용례로 든다. 인은 바로 마비되거나 손상되지 않은 '성하다'라는 개념으로 이해하는 것이 좋다고 여긴다.[68]

성하다는 개념으로 인을 이해하는 것은 리학(理學)에서 생의(生意: 생명)로 인을 이해하는 것과 상통한다. '불인'은 리학 이전에 신체의 마비에 대한 의학적 개념으로 사용되었다.[69] 리학은 이 신체의 마비를 가리키는 불인을 사례로 들어, 생의(生意)가 우주만물에 충만해 있는 것이 세계의 본질이라고 이해하는 자신들의 시야를 정당화한다. 그리고 그 시야에 입각하여 리학에서는 인을 인의예지 네 덕의 하나인 좁은 의미와 네 덕을 모두 포함하는 넓은 의미로 구분한다. '사랑의 이치[愛之理]'로 해석할 때는 누군가를 가깝게 여기는 좁은 의미가 되지만, '마음의 덕[心之德]'이라고 할 때는 우주 자체 또는 만물의 본질로서 생의(生意)를 의미한다. 리학의 생의에는 개별자들의 영생 관념은

---

67) 박영호 『다석 마지막 강의』(서울: 교양인, 2010), 153쪽, 류영모는 '성하다'는 의미와 '언니'라는 의미의 결합어로서 "성언"이라는 용어를 사용한다.

68) 박영호, 앞의 책, 「6장 오직 뜻이 반듯해야 합니다」, 149-150쪽.

69) 『素問』「痺論」, "其不痛不仁者, 病久入深, 榮衛之行澀, 經絡時疏, 故不通, 皮膚不營, 故爲不仁." 王冰注, "不仁者, 皮頑不知有無也."; 『後漢書』「班超傳」, "衰老被病, 頭髮無黑, 兩手不仁." 李賢注, "不仁, 猶不遂也.

없다. 다만, 리학에서는 그 생의를 장재(張載)처럼 개별자들은 소멸한 뒤 개별적 생명 이전의 본래 상태로 돌아가기를 반복하는 기(氣)의 취산(聚散) 활동으로 설명하거나, 이정(二程)처럼 개별자는 본래의 상태로 돌아가는 것이 아니라 그냥 소멸하여 사라지고 매번 새로운 생명이 태어나고 다시 소멸하는 것이 반복되는 기의 생생(生生) 활동으로 설명한다. 리학에서는 개별자에게 생멸을 떠나 지속하는 영혼, 영원한 생명의 개념은 존재하지 않는다.

류영모의 '성언' 또는 '성한'의 개념이 리학의 생의(生意)와 차이나는 점은 인(仁)을 그리스도교의 영원한 생명, 성령에 일치시켜 이해하는 점에서 발생한다. 류영모가 인으로부터 발견하는 내용은 하느님의 생명과 나의 생명이 하나가 되는[70] 참된 생명인 얼나이다. 인을 하느님과 일체가 되는 것으로서의 초역사적이고 탈정치적인 생명으로 해석하면서, 기존의 유교의 인 개념을 극복해야 할 세속적 가족공동체의 배타적 사랑으로 격하시킨다. 동시에 류영모는 사유제 자체를 부정하는 맥락에서 인의 의미를 이해한다. 그러는 동안 『예기』「예운」 이래 사유제 하에서 사유의 문제를 극복하는 방법으로 제시되었던 인의 정치적 맥락이 모두 도외시된다. 류영모가 인(仁)의 개념을 성령이라는 절대자의 생명으로 종교적 지평에서 재해석하면서 동아시아 역사 내내 고민해왔던 사유제의 폐단에 대한 정치적 대안으로서 인이 지녔던 맥락들이 세속의 지평으로 격하되고 부정된다. 곧 류영모의 인에 대한 해석 속에는 하나의 거대한 오리엔탈리즘이 작동하는 측면이 있으며, 종교적 층위가 압도할 때 발생하는 비논증적 관념의 과잉 문제도 발생한다. 요컨대, 류영모가 인을 리학(理學)의 생의 개념을 활용하여

---

70) 박영호, 앞의 책, 「13장 생각이 깨고 또 깨는 것이 거듭남이다」, 326쪽.

성령으로 재성찰하면서, 유교의 역사적 맥락들이 탈역사화되어 재해석된다. 인을 비롯한 유교의 개념들을 류영모가 정치적 층위에서 종교적 층위로 전환해서 그 보편적 의미를 재발견하는 동안, 그리스도교에 기반하여 유교의 개념을 재설정하는 오리엔탈즘적 동서접변이 정당화되고 있음을 알 수 있다.

류영모의 새로운 그리도교론은 그리스도교의 맥락을 이용하여 동아시아 전통개념의 의미지평을 새롭게 확장하면서, 동시에 그리스도교 자체를 기존 정통교리를 벗어나 탈역사화시키는 방향으로 진행된다. 이를테면 류영모는 그리스도교의 원죄로서의 죄 관념을 불교의 탐진치(貪瞋痴) 관념으로 재해석하고, 영생을 불교의 깨달음(니르바나)의 관념으로 재해석한다. 탐진치는 육신, 류영모의 개념어로는 몸나로 인해 발생하는 죄이다. 불교에서 탐진치는 생사의 윤회 사슬에서 벗어나지 못하는 원인으로 사고의 전환과 수행을 통해 제거가 가능한 비실재적인 요소이다. 그리스도교의 죄는 창조주의 구원을 통해서 해소될 수 있는 근본악의 관념이 존재한다. 류영모는 탐진치로 죄를 재해석하면서 구원과 창조주의 관념을 떠나 죄를 극복해야 하고 극복이 가능한 일시적인 것으로 그 의미지평을 새롭게 정립하고 있다.

불교에서는 탐진치의 비실재적 욕구는 업의 원인이자 결과라는 점에 중점이 있다. 그 원인은 육신 내지는 육신적 자아에게 있는 것이 아니라, 비실재성에 대한 무지로서의 무명(無明)에 있다. 그러나 류영모는 영생과 반대로 죽음으로 가게 하는 육신적 자아의 특성으로 탐진치를 재해석한다. 곧 그리스도교의 죄 관념을 빌려와 죄는 인간에게 본래적으로 주어진 육신이라는 조건으로 인해 가지게 되는 것으로 이해한다. 동시에 죄는 근본악의 관념이 사상된, 생각의 전환과 수행을 통해 극복이 가능한 것으로 재정립된다. 류영모의 죄와 탐진치 개념에는 윤회와 업의 생멸이라는 불교적 맥락과 동시에 원죄와 구원이라는 그리스도교의 맥락이 모두 소거되어 있다. 대신 그리스도교의 영생과 극복 가능한 것으로서의 악이라는 불교적 내지는 동아시아적 사유가 같이 결합되어 탐진치와 죄를 영생을 가로막고 죽음에 이르게 하는 요소로 그 의미지평이 재확립되고 있다. 그리스도교의 죄와 영생에 기반해 불교의 탐진치 관념을 해석하면서 탐진치 관념의 불교적 맥락을 그리스도교의 영생 관념을 중심으로 의미를 재설정하는 오리엔탈리즘적 변용이 일어나고 있는 동시에, 그리스도교의 죄 관념에 대해서도 극복 가능한 육신적 요소라는 불교적 또는 동아시아 전통적 맥락으로 그 의미 지평을 재설정하는 근본적 변화를 가하고 있다. 그러나 그것이 옥시덴탈리즘적 변용은 아니다. 왜냐하면 그의 중심 용어와 의미는 하느님과 영생 그리고 죄이기 때문이다.

니르바나는 불교에서 업의 생멸로서 진행되는 생사의 사슬에서 곧 탐진치로 인한 윤회의 사슬에서 벗어난 지평을 의미한다. 업의 비실재성에 대한 철저한 자각과 수행을 통해 도달하는 이 지평은 업을 야기하는 식의 소멸에 중점이 있다. 그 식의 소멸은 생과 사 양쪽으로부터 벗어나는 것이 된다. 류영모는 이 니르바나를 영생으로 재해석한다. 그는 "생각을 통해서 깨달음이라는 니르바나님(하느님)에 다다른다. … 석가와 예수에게 나타났던 영원한 생명이 내 마음에도 나타났으니 영원한 생명인 얼나는 시간·공간을 초월해 존재하는 것만은 틀림없다"[71]라고 한다. 류영모는 "하늘나라로 가는 것이 아니다. 제나[自我]로 죽어 깨면 하늘나라이다. 그래서 여래가 되는 것이다. 있는

71) 박영호, 『다석사상으로 본 불교』(서울: 두레, 2001, 30쪽.

그대로가 온전한 존재가 되는 것이다. …영원한 생명인 진리와 사랑이 있을 뿐이다"[72]라고도 한다.

이처럼 니르바나는 생사를 벗어난다는 관념에서 시공간을 초월해 존재하는 하느님과 동일시되는 영생의 관념으로 재설정된다. 니르바나의 의미는 업을 야기하는 식(識) 등 생사의 과정을 반복하게 하는 것의 '적멸(寂滅)'에서 '영원한 생명'으로 의미의 중점이 이동한다. 동시에 그리스도교의 영생 관념도 창조주의 관념이 사상되고, 니르바나와 같은 깨달음의 상태를 지칭하는 개념으로 재설정된다. 영생과 하느님은 구원을 통해 사후에 도달하는 곳이 아니라, 생각의 전환을 통해 현재에서 획득하는 상태로서 니르바나 또는 여래(如來)이다. 극복 가능한 탐진치와 같은 죄에서 벗어남으로써 현재 이곳에서 도달 가능한 지평으로 된다. 류영모는 니르바나 관념을 빌려와 그리스도교의 영생 관념으로부터 구원의 관념을 소거시키면서도, 한편으로 '영원한 생명'과 같은 그리스도교의 생명 관념에 기반을 두면서 니르바나를 적멸 자체나 그 상태가 아닌 보다 적극적인 생명으로서 영생의 존재로 재정립한다. 죄의 관념과 마찬가지로 류영모는 영생과 니르바나의 관념에서도 동과 서 양방향으로 그 중심 의미를 활용하면서 의미지평을 새롭게 변용, 정립시키고 있다. 그리고 그 변용이 전체적으로는 그리스도교의 영생의 관점에 기반해 있다는 점에서 여전히 오리엔탈리즘적 변용이라고 할 수 있다.

---

72) 박영호, 앞의 책, 308쪽.

5. 시대적 의의

류영모의 평생 궤적은 유교와 그리스도교 그리고 불교의 세 종교를 모두 학습한 경험을 보여준다. 그는 맹자를 익히던 서당공부에서 학문을 시작하였고, 10대 후반 신학문과 그리스도교에 입문하여 나중에는 오산학교의 물리 교사로 활동하였고, 일본에서 귀국해서는 일시 화엄경 등 불경의 독서에 몰두하였지만, 평생 YMCA 연경반 활동을 통해 그리스도교에 기반한 자신의 실천적 수행을 견지하였다. 그는 일제강점기부터 산업화 시기까지 근대 이행기를 가로지르는 삶을 살면서, 삼교의 경험과 그 외 도가 서적 등 동아시아 전통에 대한 섭렵, 신학문을 비롯한 간디와 톨스토이 등 당대 실천적 수행자들로부터의 영향을 함께 직간접적으로 경험하고 수용하였다. 동아시아의 모든 체제가 서구화되는 문명적 전환의 과정 속에서, 류영모가 체현한 실천적 삶은 종교적 수행의 층위에서 서구화를 넘는 새로운 방식의 동서 접변을 전개하고 나아가 새로운 의미 지평을 열었다는 점에서 분명 문명사적 의미를 가진다고 할 수 있다. 위에서 논의한 바를 통해 볼 때 그 새로운 특징은 다음과 같다.

첫째, 류영모가 동과 서의 사상을 상호 결합시켜 그 의미들을 재해석하고 재정립하면서 그 의미들이 각 사상 내부에서 가졌던 문법들에서 벗어나 탈역사화되었다. 동과 서의 종교적 또는 사상적 전통에 대하여 류영모는 각 문명과 종교가 지니는 역사적 배타적 문법들을 벗어나 상호 결합시키는 방식을 사용하였다. 류영모는 창조주와 구원의 관념에 기반하는 정통신학의 체계를 소거하고 그리스도교를 이해하였다. 여기에는 당시 무교회주의, 톨스토이의 비정통적 그리스도교론, 간디의 실천적 수행 등 종교적 교조성을 벗어나 세속화하고 수행 중심으로 그 유의미성을 이해하고 실천하였던 흐름들의 영향이 크게 작용하였다. 유교에 대하여 인륜 체제에 기반한 강상적 교의체계를 버렸고, 불교에 대해서는 윤회에 기반한 식의 생멸로서 생사를 해명하는 교리체계를 버렸다. 이들 고유한 교리체제를 버린 바탕 위에서 각 종교의 내용들을 영원한 생명을 획득하는 다양한 보편적 관념과 방법으로 재해석하고 수행에 활용하였다. 그 과정에서 특히 역사적으로 정치적 맥락에서 의미를 끊임없이 재성찰해왔던 유교의 관념들이 보편 종교적 맥락에서 또는 불교의 수행적 맥락에서 재해석되었고, 불교와 그리스도교의 역사적 종교 체제 속에서 발휘되었던 관념은 세속적 또는 일상 수행적 맥락에서 재해석되었다. 동서 관념에 대한 류영모의 이러한 재구성은 전체적으로 탈역사화하고 세속화하는 방향이었다고 할 수 있다.

둘째, 류영모가 수행한 동서접변은 동아시아를 서양의 시야에서 재배치하는 방향에서뿐만 아니라, 동아시아의 관념에 기반하여 그리스도교의 의미를 재해석하고 재설정하는 방향으로도, 곧 동과 서 양 방향으로 이중적으로 진행하는 것이었다. 현대의 연구들에서 동서고금의 회통(會通)이라는 관점에서 류영모의 성찰과 수행을 재평가할 때, 체험적 깨달음을 통해 도달한 "예수와 민족혼의 만남이고 성경과 동양 사상의 결합"이요, "한국 전통 사상과 서양 근대 정신의 종합이며 종교와 철학, 이성과 신앙의 소통"으로 그 회통의 쌍방향성을 강조하기도 한다.[73] 그러나 사유의 전제들이 다른 관념 사이에 회통은 성립

73) 박재순, 『다석 유영모의 철학과 사상』(서울: 한울아카데미, 2013), 284-285쪽.

하지 않는다. 접변과 이동이 또는 교착이 발견될 뿐이다. 다만 류영모가 수행한 동서의 접변은 동과 서 양방향으로 진행되었다는 점에서 오리엔탈리즘의 어떤 부분을 벗어나고 있다고 말할 수 있다.

류영모의 성찰은 동아시아가 서구 문명의 동진에 직면하여 결국 근대체제로 전환해가는 과정에서 탄생하였다. 그의 성찰은 동과 서의 관념들을 자유롭게 자신의 수행을 통해 활용하고 있지만, 그리스도교의 영생 관념을 토대로 영생의 의미를 불교 등 동아시아 관념을 이용하여 새롭게 그 의미를 읽어내는 방향에서 진행되었다. 류영모가 평생 기반으로 삼은 것은 성경에 의거한 그리스도교였다. 류영모는 그리스도교의 영생 관념을 통해 유교의 덕과 인, 불교의 니르바나, 도교의 허 등 주요한 용어들로 담았던 관념들에 대하여 그리스도교의 영생과 죄의 관념이 의미하는 지평으로 이동시켜 그 의미에 변화를 가하였다. 따라서 그리스도교의 시야에서 동아시아 전통의 관념들이 지니는 의미를 재해석하고 재배치하는 오리엔탈리즘이 류영모의 설명들에서도 발견된다.

그러나 한편으로 동아시아 전통적 관념들을 활용하여 류영모는 그리스도교의 정통교리에서 벗어나 영생과 죄 등 주요한 관념들을 체와 용 등 동아시아의 맥락 속에서 재해석하고 재설정하였다. 이를 통해 동아시아 전통의 관념을 결합시켜 그리스도교의 관념들을 세속화하는 새로운 의미 지평을 열었다. 사고의 문법적 차이를 넘어선 결합이어서 그 의미 지평이 어떻게 학문성을 발휘할 수 있을지는 의문이지만, 정통 그리스도교에 대한 새로운 전복과 전환이라고 할 수 있다. 따라서 류영모의 동서접변은 오리엔탈리즘을 넘어서 있다. 그것은 서구의 관념을 서구의 문법을 넘어서 동아시아의 문법을 활용하여 도달한 지평이다. 다만 동아시아의 문법을 귀결처나 또는 기반으로 설정하지 않는 점에서, 동아시아 전통을 문명적 대안으로 삼지 않는다는 점에서 여전히 옥시덴탈리즘으로 나아가지는 않았다.

셋째, 근대이행기 동아시아 문화가 수행에서 지식을 우선시하는 학문의 체제로 재구축해갔던 것에 비추어볼 때, 류영모의 생애는 수행적 삶의 필요성과 가치를 일깨워주고 있다. 류영모는 동서 사상에 대한 연구자가 아니라, 영생의 획득을 위해 평생 실천적 수행을 쉬지 않았던 수행가였다. YMCA 연경반 활동뿐 아니라 몸소 일일일식(一日一食) 등 개인적 수행을 지속하면서 그리스도교의 관념들과 동아시아 전통의 관념들을 세속적이고 보편적인 지평에서 의미를 발휘하게 하는 방향으로 의미의 지평을 변화시키고 확장하였다. 따라서 그가 수행을 통해 의미를 부여하였던 말들은 학문적 논증성을 가지지 않지만, 수행의 방법과 방편으로서 의미를 발휘한다. 류영모의 발언들은 과학적 사실이나 학문적 객관성을 담보해주지 않는다. 따라서 주장이자 선동이라는 한계를 지닌다. 그러나 그의 궤적과 말들이 한편으로 신체적 욕망의 한계를 극복하고, 사회적으로 약탈을 해소하는 삶의 실천 지침이나 수행 방법으로 공유되면서 사회적 유의미성을 발휘해 왔다. 그가 몸소 보여준 실천적 삶의 기록과 그가 남긴 언어적 지침들은 지식에 의거하여 산업화되고 근대화되어 갔던 한국 사회에 나아가 인류사에 수행에 기반한 삶의 유의미성을 호소하고 각성시키는 역할을 하고 있음을 기억할 필요가 있다.

【참고문헌】

김교신 주필, 『성서조선』 전158권(1927~1942, 영인본), 1982.
김흥호 편, 『류영모 선생 말씀』 3권 (영인본), 1982.
류영모 저, 김흥호 해설, 『다석 류영모 명상록 다석일지 해설』 3권, 서울: 성천문화재단, 1998.
류달영, 『동방의 성인 다석 류영모』, 서울: 무애, 1993.
류영모 강의, 박영호 풀이, 『다석 류영모의 기독교 사상』, 서울: 문화일보, 1995.
박재순, 『다석 류영모의 기독교 사상』, 서울: 삼문, 1995.
최인식, 「多夕 柳永模의 그리스도 이해」, 『종교연구』 11, 한국종교학회, 1995.
김영호, 「朴永浩 著, 『多夕 柳永模의 불교사상』」(서평), 『철학』 46, 한국철학회, 1996.
박재순, 『다석 류영모의 생애와 사상』(전2권), 서울: 문화일보, 1996.
姜郭求, 「多夕 柳永模의 宗教思想(1)」, 『정신문화연구』 19(4), 한국학중앙연구원, 1996.
姜郭求, 「多夕 柳永模의 宗教思想(2)」, 『정신문화연구』 20(1), 한국학중앙연구원, 1997.
최혜영, 「몸과 얼」, 『인간연구』 1, 가톨릭대학교(성심교정) 인간학연구소, 2000.
김흥호 저, 『다석일지』 서울: 솔, 2001.
노평구 편, 『김교신전집』, 서울: 부키, 2001.
류영모 저, 박영호 편, 『다석 류영모 어록』, 서울: 두레, 2002.
박영호 편저, 『다석사상전집』 (전6책), 서울: 두레, 2002.
김흥호·이정배 편, 『다석 류영모의 동양사상과 신학』, 솔, 2002.
박경미 외, 『서구 기독교의 주체적 수용』, 이화여대출판부, 2006.
알랭 바디우 저, 현성환 역, 『사도바울』, 서울: 새물결, 2008.
재단법인 씨알 편, 『류영모·함석헌 사상 연구 발표집』(I, II), 제22차 세계철학대회 회보, 2008.
류영모, 『다석 마지막 강의』, 서울: 교양인, 2010.
박영호. 『공자가 사랑한 하느님, 다석 강의로 다시 읽는 중용사상』. 서울: 교양인, 2010.
정양모, 『나는 다석을 이렇게 본다』, 서울: 두레, 2010.
씨ᄋᆞᆯ사상연구소 편, 『생각하는 백성이라야 산다』, 나녹, 2010.
정양모 외, 『하루를 일생처럼』, 두레, 2010.
이정배, 『빈탕 한데 맞혀 놀이』, 서울: 동연, 2011.
류영모 번역·강의, 박영호 풀이, 『다석 중용 강의』, 서울: 교양인, 2012
김진, 『다석 류영모의 종교사상』, 울산대출판부, 2012.

백소영, 「근대 전환기 식민 경험과 다석 류영모의 '탈'(脫)의 정체성」, 『한국기독교신학논총』 86(1), 한국기독교학회, 2013.
박재순, 『다석 류영모의 철학과 사상』, 서울: 한울아카데미, 2013.
신상형, 「류영모를 통한 기독교 철학의 모색」, 『철학논총』 75, 새한철학회, 2014.
류영모 강의, 다석학회 편, 『다석 강의』, 서울: 교양인, 2016.

열암 박종홍에서 동서철학사상의 접변

김재현

1. 열암 철학의 시기 구분

열암 박종홍(1903~1976)은 남한 철학계의 태두로서 일찍이 청년시대에 조선미술사, 퇴계교육사상 등의 연구를 통해 전통철학과 문화에 대한 관심을 드러냈고 이를 바탕으로 서양철학 특히 하이데거와 헤겔 등 폭넓은 서양철학 연구를 했으며 또한 전통 철학사상을 본격적으로 연구하여 동서철학을 포괄하면서 민족문제와 현실에 대한 관심을 가지고 철학을 했던 철학자로서 남한 철학계에서 독보적인 위치를 차지하고 있다.

열암의 철학사상에 대한 기존 연구들 중에 서양철학과의 관련 양상을 다룬 논문들이 여러 편 있다. 우선 1988년 열암기념사업회에서 편찬해 출간한 『현실과 창조』에 게재된 정용두의 「열암과 기독교」, 박종현의 「열암 철학과 플라톤 철학」, 홍윤기의 「열암 박종홍의 변증법 사상 연구」, 차인석의 「열암과 실용주의」가 있다.[1)] 다음으로 2001년에 나온 『열암 박종홍 철학 논고 2: 현실과 창조』에 게재된 이초식

1) 열암기념사업회 엮음, 『열암 박종홍 철학 논고: 현실과 창조』(천지, 1988).

의 「열암의 인식논리학과 스키마」, 김석수의 「열암에 비춰진 마르크시즘과 실존주의를 통해 본 '철학과 현실'」 등이 있으며 2003년에 나온 『박종홍 철학의 재조명』에는 김형효의 「20세기 한국의 현실과 능위의 사회철학적 사유」와 「키에르케고르 연구를 통해 본 열암 선생」이 실려 있다.

필자는 기존의 여러 연구들을 총체적으로 고려하면서도 열암 철학사상의 형성과 발전과정을 구체적으로 네 시기로 나누어 열암의 사상형성 과정과 서양철학과의 접변양상을 고찰하려고 한다.

우선 제 1기는 성장과 수학(修學)의 시기로 1903년에서 1929년 경성제대 입학 전까지의 시기이며, 제 2기는 1929년부터 일제 말까지로 경성제대에서의 본격적인 철학연구와 그후의 활발한 논문 발표 및 활동시기로, 그리고 제 3기는 1945년 이후 1968년 국민교육헌장 기초위원이 되고 서울대를 정년퇴임하기까지의 시기로 분단된 현실의 남한에서 서양철학과 한국전통철학의 연구·강의·저술 및 계몽적 철학자로서 활발한 활동을 한 시기, 그리고 끝으로 1968년 이후의 마지막 시기로 연구 및 저술활동과 함께 현실참여를 활발히 한 시기로 나누어 볼 수 있다.[2)]

이 글에서도 이 시기 구분에 따라 동서사상 접변의 양상이 변화되고 심화되어가는 과정과 내용을 파악하고자 한다.

---

2) 고성애는 박사학위 논문인 「박종홍의 현대 신유학 연구」(서울대학교 대학원, 2014. 8)에서 열암의 철학사상 시기구분을 '가. 경성제국대학 입학 이전, 나. 경성제국대학 시절, 다. 이화여자전문학교 시절, 라. 해방으로부터 1958년까지, 마. 1959년부터 타계하기까지'로 더 자세히 나누고 있다.

2. 한국사상연구의 출발점으로서 퇴계 연구

열암은 어릴 때부터 한문을 공부했으므로 일찍부터 한서(漢書)를 접해왔다. 법화경·화엄경을 비롯한 여러 불전과 기타 불교에 관한 서적, 그리고 우리나라 역사에 관한 것과 유학의 고전들을 넓게 읽었으며 특히 『중용(中庸)』을 많이 읽었다. 『중용』은 젊어서부터 그가 대단히 좋아했던 책이다.[3] 또한 열암은 이퇴계에 대해서는 일찍부터 관심을 가져 그의 문집을 독파하여 마침내 「이퇴계의 교육사상」이라는 논문을 1927년 7월에 탈고하여 다음해 『경북의 교육』 제6호에 발표하기도 한다.

그는 1961년 "젊었을 때부터 오래 벼르기만 하던 도산(陶山) 예방"을 결행하여 차를 타고 내려가면서 "마치 그리던 임을 만나러 가기나 하는 것 같이"[4] 퇴계에 관한 생각으로 벅차할 정도로 퇴계를 존경하

3) 박종홍, 「중용의 사상」, 『박종홍전집』 2권, 541쪽. "나는 『中庸』(책)을 중학생 시절부터 무엇인지 잘 모르긴 하면서도 이상하게도 이 책에 흥미를 느끼어 왔다. 심심하면 노상 이 책을 읽어보곤 하는 버릇이 있었다. 비라도 줄줄 내리는 날, 굵직굵직한 木版 글자를 한 줄 두 줄 읽으며 책장을 넘기노라면 마음도 한결 가라앉고 속이 시원해지는 것만 같았다." "(『중용』은) 젊어서부터 내가 대단히 좋아하는 책이다. 간단하면서도 함축이 많아 읽을수록 새 맛이 나는 책이다. 중용을 읽고 있노라면 한약을 먹듯이 훈훈해 오는 것이 속으로 즐겁다. 자기의 처지와 때를 따라서 융통성 있게 그때에 가장 맞게 행동하는 것, 그것이 '중용'이 아닌가 한다. 생활의 깊은 철리가 숨어있기 때문에 기회 있을 때마다 나는 이 책을 되풀이해서 읽곤 한다. 철학하는 사람은 자칫하다가는 이론 자체에 휘말리기 쉽다. 그러나 중요한 것은 이론 자체가 자기의 생활과 하나가 되는 일이다"(「평범한 생활 속에 철학을」, 『박종홍전집』 6권, 293쪽.)

4) 『박종홍전집』 4권, 459쪽.

고 따랐으며 "평생을 두고 충심으로 사숙(私淑)"[5] 했다. 그러므로 그의 생애 전체와 사상형성에서 퇴계가 차지하는 비중은 매우 크다고 할 수 있다.

그는 퇴계가 "순수한 교육애(教育愛)의 화신(化身)으로서 천생의 교육자"[6]였음을 강조하면서 퇴계를 존경하는 마음으로 그의 교육사상을 알아보려고 한다. 그는 서론에서 이 글은 "오직 공부의 첫걸음을 내디딘 흔적"으로서 "이것을 발판으로 하여 앞날의 나의 정진(精進)에 도움이 될 수 있었으면 하는 조그마한 염원(念願)"[7]을 가지고서 노력했다고 말하고 이어 다음과 같이 말한다.

> 퇴계의 교육사상은 오늘의 교육관계 학술서와 같이 체계를 세워 저술 또는 논문으로 발표되어 있는 것은 아니다. 그것의 대부분이 단편적인 것이요 경우에 따라 관련된 부분에만 언급되고 있다. 그런 만큼 나의 이 연구는 그러한 단편들을 모아 하나의 사상으로의 체계화를 시도하는 동시에 그의 밑받침으로 퇴계의 성격과 언행을 고려하기에 힘썼다.[8]

그리고 그는 이 논문을 쓰는 과정에서 "그의 방법은 여하간에 고금(古今)이나 동서(東西)라는 시공적인 제약을 벗어나 형식은 다를망정 궁극적인 경지에 이르면 결코 서로 용납(容納)이 되지 말라는 법도 없다"[9]는 상념에 잠기곤 했음을 토로한다.

---

5) 같은 책, 460쪽.

6) 『박종홍전집』 1권, 127쪽.

7) 같은 책, 129쪽.

8) 상동.

9) 상동.

열암은 퇴계의 이기론(理氣論)에 대한 고찰을 통해, 퇴계는 교육을 인간의 기질여하에 불구하고 필요한 것이요 또 가능하다고 보았음을 밝힌다.

다음으로 교육의 목적론에 대한 고찰을 통해 "지적인 면(明明德, 格物致知)으로서의 陶冶도, 실천적인 면(新民, 誠意, 正心, 修身, 齊家, 治國, 平天下)에서의 陶冶도 모두 목적으로 하는 것이나, 그의 궁극적인 목표는 至善에 머무는 데 있다. 바꾸어 말하면 仁을 體得하여 聖賢이 되는 데 있다"[10]고 밝힌다. 그리고 퇴계에서 "至善은 中庸과 다른 것이 아니요 별다른 곳에서 구할 것도 아니라 平常의 理요 天命所當然의 理"[11]이다. 즉 퇴계는 교육목적의 본령을 윤리적으로 확립하고 문예(文藝)나 등과(登科) 또는 영리적 수단 같은 것은 부차적인 것으로 보았다.

이 외에 열암이 파악한 퇴계 교육사상의 특징을 몇 가지 정리하자면 교육방법은 대략 청년기를 중심으로 전후의 두 기로 나누어 전기에는 반복연습을 주로 하는 학습과 습관형성에 치중하고, 후기에는 전적으로 자각적인 사색과 역행(力行)에 의할 것을 권장하였다고 한다. 다음으로 지행호진설(知行互進說)을 취하여 지행의 근본을 경(敬)에다 두어 이 경(敬)의 중요성을 역설하였다. 또한 신체와 관련되는 양호(養護)도 소홀히 해서는 안 된다고 말했다. 그리고 더 나아가 학습은 의문의 해결을 위하여 신중한 사색이 필요하며 천리(天理)의 체인(體認)에까지 이를 것을 이상(理想)으로 하였으며 실천은 일상적인 평이(平易)·

---

10) 같은 책, 136쪽.

11) 같은 책, 132쪽. 우리는 여기서 '中庸의 사상'이 퇴계에 있어서나 열암에 있어서 매우 중요하다는 것을 다시 확인할 수 있다.

비근(卑近)한 것으로부터 노력하되 효(孝)를 기본으로 한 것 등도 퇴계 교육사상의 주요한 특징이라고 본다.

열암은 퇴계 교육사상에 대한 고찰을 마치면서 우리의 교육사상의 현실에 대해 다음과 같이 비판한다.

> 우리의 교육사상은 그의 이념에 있어서나 또는 그의 방법론에 있어서 아직 과도기의 혼돈을 면치 못하고 있다. 서양의 것을 그대로 수입 적용해 보느라고 애를 썼지만, 우리의 실정에 꼭 맞는 것은 아니었다. 성과를 너무 조급하게 기대한다는 것 자체가 잘못인지는 모르나, 그리고 실제적인 경험을 토대로 개선해 나가야 할 것이로되, 此際에 우리는 우리의 전통적인 교육사상을 찾아내어 가치 있는 것이 있다면 다시금 그 근본정신을 살려 새로운 힘이 되게끔 할 수는 없는 것인가? 우리자신의 교육사상은 역시 우리의 전통과 단절되고서는 궁극적인 의의를 구현하기 힘들 것이다. 이러한 面의 새로운 개척에 있어서 퇴계의 敬思想 같은 것은 무엇보다도 高貴하고 緊重한 示唆를 던지는 것으로 짐작된다.[12]

열암은 우리자신에 관하여 좀 더 깊이 생각해야 함을 강조하면서 "후계 자손들을 위한 대계(大計), 참된 한국교육의 건설은 우리자신의 힘에 의하여 우리자신의 땅 위에 이룩되어야 한다. 〈온고이지신(溫故而知新)〉은 지금도 진리다. 선인(先人)의 빛나는 정신을 굳어버린 미이라같이 대하여 좋다는 법은 없다. 다시금 우리들 속에 살려야 한다"[13]고 말한다.

열암은 논문을 마무리하면서 한국사상 연구에 대한 충고와 각오

---

12) 같은 책, 157쪽.

13) 『박종홍전집』 1권, 157쪽.

를 새로이 한다.

> 참으로 한국을 이해하고 한국을 생각하여 한국을 위한 한국인의 교육을 염원하는 사람이라면 한국의 실정을 凝視하는 동시에 우리 한국특유의 교육사상을 그의 근저에서 의의 있게 살림으로부터 출발하는 것이 아니라면 모든 수고가 虛事로 돌아갈 것을 알아야겠다.[14]

3. 하이데거 비판과 '우리 철학'의 모색

열암은 조선미술사를 연구·서술하다가 한계에 부딪침으로써 서양철학과 미학 등에 대한 공부가 필요함을 절실히 느끼게 되고 철학 공부와 함께 다른 공부를 더욱 열심히 하기 시작한다. 심리학과 논리학을 공부하고 또 철학개론과 철학사도 읽었다. 그러나 이러한 독학만으로는 한계를 느끼고 마침내 경성제국대학에 입학하게 된다.

열암이 경성제대에 입학한 당시의 철학과의 교수내용과 철학적 지향을 보면 데카르트를 시작으로 하는 서양근세철학사, 칸트철학에 대한 지속적이고 깊은 연구, 신칸트학파에 대한 연구, 칸트 이후의 브렌타노, 후설 등의 현상학적 흐름, 하르트만, 하이데거에 이르는 존재론 등이 매우 중요한 경향임을 알 수 있다. 그리고 열암은 철학과의 이러한 아카데미적 경향을 한편으로 충실히 따라가면서 연구했으며

14) 같은 책, 158쪽.

그 결과 경성제대 법문학부의 조수(助手)를 하기도 했다. 박종홍(철학과 5회)의 학부 졸업논문은 「하이데거에 있어서 조르게(Sorge)에 대하여」(1933.1)이다.

박종홍은 졸업논문에서 하이데거의 『존재와 시간』(*Sein und Zeit*)(1927)에 근거하여 현존재의 존재로 파악되고 있는 Sorge에 대하여 살펴보게 된다. 그가 하이데거에 대한 연구를 하게 된 데에는 나름의 이유가 있을 것이다. 박종홍 자신은 "사실은 퇴계철학을 연구하고 싶었는데, 일본 교수들이 퇴계가 어떻고 율곡이 어떻고 하는 양을 보아 제대로 연구다운 연구가 될 것 같지 않아서 우선 하이데거 철학을 택하였"[15]다는 전언도 있다. 열암에게 철학은 현실의 문제를 다루는 것이고 식민지 현실의 극복이라는 과제는 그의 철학함을 규정하는 중요한 요인이다. 당시에 유행하던 하이데거의 현존재 철학에 주목하여 연구하고 또 이를 비판하는 것도 이러한 맥락에서 이해할 수 있다.

박종홍은 하이데거에 대한 졸업논문에서 하이데거의 『존재와 시간』에 나타난 Sorge의 구조를 Sich-vorweg(自己·앞서)의 vor의 계기, Schon-sein-in-(內·旣·存在)의 schon의 계기, als Sein-bei(곁의·존재)의 bei의 계기의 세 가지로 나눈다. 그리고 이러한 현존재의 Sorge 분류는 사회적 존재론적 측면이 결핍되어 있고, 이 때문에 Sorge의 개념이 추상적이고 형식적인 것이 되었다고 비판한다. 논문의 후반부에서는 하이데거식의 현존재의 존재에 관한 물음은 그 물음 자체가 이미 불완전하고 예비적인 것으로서 현실적 계기가 빠져 있으며 따라서 전체적인 입장에 있어서의 구체적인 사회적·현실적 계기는 배제되었다고 비판한다. 따라서 하이데거의 현존재 이해는 실존적인 방법에 의하여 일면

15) 조용일, 「'道非身外'를 회상하면서」(『스승의 길』, 천지, 1998), 485쪽.

적이고 추상적이며 관념적인 경향을 지닐 수밖에 없다는 것이다.

하이데거 철학에 대한 연구를 하면서도 식민지 현실을 고민하던 열암은 '철학하는 것(das Philosophieren)' 자체에 대하여 깊이 사색한 후 「철학하는 것의 출발점에 관한 일 의문」을 『철학』 창간호(1933.6)에 투고한다. 여기에서 열암은 철학함의 출발점은 마땅히 가장 직접적이고 구체적인 것으로부터 시작하여야 한다고 주장하면서 결국 "이 시대의, 이 사회의, 이 땅의, 이 현실적 존재 자체"에 있다고 한다. 또한 박종홍은 「철학하는 것의 실천적 지반」을 『철학』 제2호(1934.4.)에 제출하여 현실적 존재에 대하여 보다 깊은 논의를 진행한다. 그는 현실적 존재란 실천적이고 모든 관념적인 존재보다도 제일차적이며 근원적인 존재인데, 숙지하되 개념적으로 충분히 인식(erkennen)하고 있지 못하는 것을 인식하려고 노력하는 곳에 '철학하는 것'의 의의가 있다고 본다. 열암은 이러한 동적이며 전체적인 현실적 존재의 구체적인 존재성을 실천이라고 파악하였다. 또한 "안타까이 살기 위하여 허덕이며 싸우는 곳에, 숨 막히는 긴장이 행동으로 터져 나오는 곳에" 즉 삶의 현장, 현실 자체에 모순이 있기 때문에 실천으로써 모순이 파악되고 다시 실천으로써 그 모순을 지양한다는 것이 「모순과 실천」(1933.10.26~28)의 주된 논리이다. 「현대철학의 동향」(1934.1.1)에서도 변증법적 유물론이나 니체의 초인(超人)사상, 쉴러의 인본주의나 듀이의 기구주의(器具主義)는 서로 차이가 있는 사상체계지만 모두 실천을 중시함에 있어서는 그 궤를 같이한다고 한다.

박종홍은 언젠가 '우리의 철학'이 출현하는 날이 올 것이니 현실에 입각하여 꾸준하고 끈기 있게 노력함으로써 실천적 지반 위에 새로운 철학을 건설하는 첫걸음을 내딛어야 한다고 호소한다. 특히 1920년대 중반과 후반은 조선에서 사회운동이 고조되고 마르크스주의의 수용이 활발한 시기였다. 이때 일본에서 마르크스주의가 아직 사회과학의 문제로서 철학의 울타리 밖에 놓여있었을 때, 그것을 하나의 세계관으로서 일본의 철학에 자리매김한 것이 미끼 기요시(三木清)였다.[16)]

미끼가 일본 철학계에서 차지하는 위치와 문제의식으로 보아 한국의 철학 1세대들에게 미친 영향력을 쉽게 짐작해 볼 수 있는데, 박종홍은 특히 하이데거 철학에 미친 사람이었고 일본인 철학자 가운데에서 미끼를 높이 평가했다. 그는 미끼가 당시 일본 사상계를 풍미하고 있던 마르크시즘을 하이데거의 존재론적 입장에서 해석하려는 시도에 큰 흥미를 갖고 있었고 이의 영향을 받았으며, 니시다(西田)는 대단치 않게 여기고 오히려 다나베(田邊元)에게서 영향을 받았다고 한다.[17)] 박치우의 '위기의 철학' 등에 대한 논의에서도 미끼의 영향을 살펴볼 수 있다. 그러나 신남철은 식민지 지식인의 입장에서 미끼의 인간학적·하이데거적인 변증법적 해석에 의한 마르크스주의에 대한 새로운 정초는 역사적 구체성을 무시하였다고 비판하고 있다.[18)]

---

16) 미끼는 1927년 6월 「인간학의 마르크스적 형태」, 8월에 「마르크스주의와 유물론」, 12월에 「프래그머티즘과 마르크시즘의 철학」을 『사상』지에 발표하고 여러 논문들을 모아 『유물사관과 현대의 의식』(1928.5), 『사회과학의 예비개념』(1929)을 간행한다. 또한 그는 『신흥과학의 깃발 하에』라는 책을 1928년 10월에 창간했다. 그는 「위기에 있어서의 이론적 의의」(『改造』, 1929.1), 「헤겔의 역사철학」(『思想』, 1929.3), 「변증법에 있어서 자유와 필연」(『思想』, 1929.10), 「형식논리학과 변증법」(『理想』, 1930.3) 등을 발표하고 『관념형태론』(1931), 『역사철학』(1932)을 간행하고, 「존재의 역사성」(『思想』, 1931.12), 「위기의식의 철학적 해결」(『理想』, 1932.11), 「위기에 있어서의 인간의 입장」(논문집, 1933.6), 「세계관구성의 이론」(『理想』, 1933.7) 등을 발표했다.

17) 이재훈 「晩學·晩婚·晩成의 大器」(『스승의 길』, 천지, 1998), 37쪽.

18) 신남철, 「불안의 사상의 유형화 –三木清씨의 소론을 읽고」, 『역사철학』, 142쪽. 신남철에 대해서는 김재현, 「신남철의 마르크스주의철학 수용과 그 한국적 특징」(『한국사회철

어쨌든 '운동으로서 학문'의 사상적 기초로서 마르크스주의는 아카데미 밖에서 큰 영향을 주었으며 철학계에서는 특히 미끼의 영향이 컸던 것으로 파악할 수 있다.

박종홍은 「우리의 현실과 철학」(1935.8.15~23)이라는 글에서 "초근목피(草根木皮)로나마 생명을 유지(維持)할 방도(方途)가 이제는 끊어진 남부여대(男負女戴)로 만주(滿洲)의 광야(曠野), 시베리아(西伯利亞)의 황원(荒原)을 유랑(流浪)한다고 하든, 일본내지(日本內地)의 도시(都市)를 거리거리 헤매인다고 하든, 조선(朝鮮) 사람은 영원(永遠)히 조선(朝鮮) 사람일 것"[19]이라고 하면서 '우리'란 바로 조선이라는 땅에서 태어난 사회적 존재인 조선 사람이라고 한다. 때문에 '우리의 철학'은 이러한 역사적이고 사회적인 이 현실 속에 뿌리박고 있는 것이고 이 현실에 대한 다할 줄 모르는 애착과 고민으로부터 용솟음쳐 나오는 문제를 철저하게 해결하려는 것이다. '우리의 현실'을 떠난 철학은 결코 참된 '우리의 철학'이 될 수 없고 '우리의 현실'을 저버린 철학은 결코 위기를 철저하게 극복할 수도 없다. 그렇다면 이러한 '우리의 철학'을 어떻게 건설할 것인가.

박종홍은 「〈우리〉와 우리 철학건설의 길」(1935.7.9)에서 "우리의 철학은 우리들 속에서만 용솟음치고 있기 때문"에 "모든 시대(時代)의 철학적(哲學的) 유산(遺産)을 이 시대(時代)의 이 사회(社會)의 이 땅의 우리의 현단계적(現段階的) 입장(立場)으로부터 전승(傳承)하여 새로운 우리의

학의 수용과 전개』, 동녘, 2002). 박치우에 대해서는 김재현, 「일제하부터 1950년대까지 마르크스주의 수용」(『한국사회철학의 수용과 전개』, 동녘, 2002). ; 윤대석, 「아카데미즘과 현실 사이의 긴장 －박치우의 삶과 사상」(『우리말글』 36호, 2006). ; 崔眞碩, 「朴致祐における暴力の豫感－'東亞協同體論の一省察'を中心に」(『現代思想』 2003年 3月号) 참조.

19) 『박종홍전집』 1권, 「우리의 현실과 철학」, 396쪽.

것을 만드는 때에 우리의 철학(哲學)이 비로소 건설(建設)된다 할 수 있을 것"이라고 한다.[20] 여기서 현단계적 입장이라는 말은 「조선의 문화유산과 그 전승의 방법」(1935.1.1)이라는 글에서 좀 더 명확하게 해석된다. 박종홍은 자각이 없이 일종의 타성(惰性)을 가진 전통으로 전승하거나, 외래문화의 맹목적 숭배로 정당한 비판도 없이 폐기된 문화유산에 대한 새로운 인식을 촉진하지 않을 수 없는 현실적 정황을 현단계적 입장이라는 말로 표현하고 있다. 박종홍은 "외인(外人)의 철학(哲學)"이라고 해서 배척할 것이 아니라 각자 "소장(所長)을 따라 힘껏 배우"고 "마음껏 섭취(攝取)"하여야 하며 "우리의 철학(哲學)의 건설(建設)은 진지(眞摯)한 태도(態度)로 꾸준히 배워 마지않는 학도(學徒)들의 배출(輩出)을 요구(要求)"한다고 한다. 더욱이 "우리의 선조(先祖)들의 철학적(哲學的) 업적(業績)을 연구(硏究)하는 우리의 독학자(篤學者)가 나오기를 고대(苦待)하여 마지 않는다"고 한다. 하지만 반드시 "우리의 현단계적(現段階的) 입장(立場)으로부터 하는 섭취(攝取)며 전승(傳承)이어야 될 것"을 잠깐이라도 잊어서는 안 된다고 다시 한 번 강조한다.[21]

박종홍이 보기에 기존의 철학에서는 관심대상에서 제외되었던 새로운 시각의 인간 존재에 대한 탐구라는 점에서 하이데거의 철학은 마땅히 주목받아야 하는 것이었지만 인간 자체를 전체적으로 파악하고 구체적인 사회의 현실을 역동적으로 해석하기에는 턱없이 부족하였고 이론과 실천의 격렬한 대립에 따른 세찬 갈등과 분투가 결여되어 있었다. 박종홍은 이러한 하이데거 철학의 문제점을 해결하고자 고민하면서 '우리의 철학' 정립을 모색하게 되었다.

---

20) 『박종홍전집』 1권, 「〈우리〉와 우리 철학 건설의 길」, 385쪽.

21) 상동.

4. 『철학개론강의』, 『철학개설』에 나타난 동서사상 접변

일제시대부터 '우리의 철학' 건설을 위한 노력을 경주해 왔던 열암은 해방 직후 '인식논리학', '한국철학사강의', '변증법 강의' 등을 개설하여 창조적 철학을 모색했다. 1953년에 간행한 『철학개론강의』에서 열암은 '철학과 현실'의 관계를 논하면서 소크라테스, 브루노, 스피노자, 야스퍼스, 헤겔 등을 언급하면서 "철학은 본래가 현실과 유리할 수 없는 학문"[22]임을 천명한다. 특히 야스퍼스의 "어중간한 철학은 현실을 떠나 버리지마는 완전한 철학은 현실로 인도한다"[23]는 말을 인용한다. 열암은 "특히 우리 동양에 있어서 철학은 치국평천하의 도리를 밝히는 것이 그의 궁극적인 목표"[24]였음을 강조한다. 열암은 "철학은 그저 주어진 지식의 종합이나, 개념의 체계에 그치는 것이 아니다. 현실의 자기비판, 따라서 현실의 자기부정을 매개로 하여 현실을 새로이 건설, 창조하여 가는 활동 그것인 것이다"[25]고 말한다.

열암은 철학은 철저히 현실적이어야 한다는 관점으로 서양철학을 포괄적으로 연구함으로써 '향내(向內)적 자각'의 철학과 '향외(向外)적 자각'의 철학을 구분하는 자신만의 서양철학 해석의 관점을 확립한다.

특히 열암은 현대 서양철학 사조에서 제임스의 프래그머티즘과

22) 『박종홍전집』 2권, 9쪽.

23) 같은 책, 10쪽.

24) 같은 책, 9쪽.

25) 같은 책, 16쪽.

듀이의 도구주의 등을 향외적 자각의 철학으로 파악하고 동시에 실존주의를 향내적 자각의 철학으로 해석하면서 이 두 철학사조가 모두 한계가 있음을 비판하면서 동양철학에서 이 한계를 극복할 수 있는 단초를 찾을 수 있다고 본다. 열암은 동양의 유교사상과 불교, 노자사상을 간략히 소개한 후 유교의 '중용'과 '성(誠)' 사상이 갖는 현대적 의미를 밝힌 후 "실존철학이 오히려 유교의 생활철학에 의하여 새로운 힘을 발견할 것이 기대된다"[26]고 말하면서 새로운 사상의 개척을 위해 동양사상에 대한 응시를 게을리 하지 않아야 함을 강조한다. 열암의 이러한 문제의식과 동서철학사상의 접변 양상은 『철학개설』 개정판(1961)에 보다 구체적이고 체계화된 형태로 나타난다.

열암은 『철학개설』 개정판에서 현실파악의 두 방향으로서 '향내적 사상'과 '향외적 사상'을 보다 발전시킨다. 서양철학사 전체를 이 두 방향으로 재해석하면서 당시의 첨단 철학인 논리적 실증주의와 과학철학을 '향외적 철학'으로 파악하고 마르크스주의적 변증법적 유물론을 '향외적으로 일탈한 유물사상'으로 규정하고 이 유물론의 자기당착에 대해 서술한다.

열암에 의하면 서구의 실존사상이 향내적인 사유가 철저하지 못했으므로 향외적인 구체적·사회적 실천으로 나가지 못했고, 합리적인 태도로 향외적인 외부의 대상세계에서 진리를 찾고자 시도하였던 과학철학은 향외적인 실천만을 강조했지만 이는 향내적인 사유에 소홀했으므로 문제가 있다. 열암은 반드시 향내적인 자각을 통하여 향외적인 실천에 도달하여야 함을 강조하면서 과학철학의 새로운 전환이 이를 방증해준다고 보았다. 열암은 서구철학에서 하이데거의 노자

26) 『박종홍전집』 2권, 119쪽.

에 대한 언급이나 야스퍼스의 공자와 석가, 노자에 대한 관심은 서양의 "현대철학 자체가 그의 전환에 있어서 동양사상에서 어떤 시사를 받고 있음이 사실"[27]임을 보여주는 것으로 해석한다.

열암은 "실존철학과 과학철학이 서로 배치되는 것이 아니라 본래가 하나밖에 없는 길을 제각기 일면적으로 추상화한 것에 불과"한데 "이 두 면을 본래 하나의 양면으로 가지고 있는 것이 동양사상"[28]이라고 본다.

> 하늘이 명한 성(性)이라 함은 인간에 있어서의 본성만도 아니요, 사물에 있어서의 성만도 아니다. 성을 따른다 함은 그 본래의 성을 다함을 의미하는 것이요, 본래의 성을 다한다 함은 사람의 실존적인 성을 다할 뿐 아니라, 사물의 성을 즉 과학적인 진리를 실현함으로써 다할 수 있는 것이다. 길은 안으로만 향(向)한 것도 아니요, 또 밖으로만 향한 것도 아니다. 구체적인 힘을 가진 길로서 안팎을 겸한 것이 비로소 진정한 길일 수 있을 것이다. 그러기에 향외적인 眞(참)과 향내적인 誠(참)은 본래가 하나의 참이었던 것이다.[29]

27) 같은 책, 324쪽.

28) 같은 책, 327쪽.

29) 『박종홍전집』 2권, 327-329쪽.

5. 「부정(否定)에 관한 연구」에 나타난 동서사상 접변

열암은 1961년 9월 30일에 「부정에 관한 연구」로 서울대학교에서 박사자격을 취득한다. 이 논문은 현실을 부정하면서 창조하는 건설의 철학을 세우고자 하는 열암의 문제의식을 잘 보여주는 매우 전문적인 철학적 글이며, 그가 당시까지 연구한 동서양 철학사상 전반을 통합한 글로서 열암의 독창적 철학사상이 잘 나타나는 논문이다.

그는 '부정'에 관한 서양철학의 여러 논의들을 검토한 후 다음과 같이 전체적으로 평가한다.

> Jaspers와 Sartre는 부정의 방법론적 의의를 살려 선용하였다고 하겠으나 부정을 결국 인간에 있어서만 본 것이요, 존재 자체, 더 나아가 현실에서 파악하지는 못하였다. Heidegger는 부정의 근거를 한 걸음 들어가 존재의 투쟁에서 찾았으나 원래 투쟁이라는 것이 부정 없이 가능할 것인가는 의문이다. Hegel은 부정의 문제를 절대자의 부정성에까지 모처럼 밀고 나갔으나, 자각적인 주체를 내세움으로써 오히려 Heidegger와 더불어 부정성인 현실의 전개과정에 있어서의 어떤 계기 하나만을 강조하는 소이가 되고 만 것이다. 항시 통체성(Totalitat)의 전체계에 있어서 진리를 보려는 Hegel이면서도 이 주체성을 내세운 점에 있어서는 차라리 존재 자체에 육박한 대로 그의 투쟁을 부정의 근거로 하는 Heidegger보다도 일보 후퇴한 것이라고 하여 무방할 것이다.[30]

30) 『박종홍전집』 3권, 680쪽.

열암은 이러한 서양철학의 논의를 참조하되 동양의 유가사상과 불교 사상, 노장사상 등을 토대로 자신이 고민해오던 '창조의 논리'를 생각하면서 그는 자신의 생각을 서술하고 있다. "인간은 부정성의 자각에 의하여 역사적 현실에 대한 한갓된 추종이 아닌 능동적 참여를 하게 된다. 그리하여 인간은 역사적 현실의 소산인 동시에 그 역사적 현실의 형성에 참여한다. 이것이 다름 아닌 우리 인간에 있어서의 창조다."[31)]

> 이러한 부정성은 곧 동양의 이른바 천명지성이요 곧 천리다. 부정성을 자각함은 곧 천부본연의 성을 자각함이요, 또한 천리를 자각함이다. 부정성에 즉한 생활이 곧 천명지성을 따르는 솔성(率性)의 생활이요, 또 천리(天理)에 즉한 생활이다. 인도(人道)는 천도를 떠나서 있을 수 없거니와 인도는 천도인 부정성을 자각하여 천지의 화육을 돕는 데 있다. 이것이 인간으로서 창조다.[32)]

열암은 불교와 노장사상이 갖는 부정성은 결국 천명과 연결되지 않으므로 역사적 현실에 적극적·창조적으로 참여하는 것에 소극적일 수밖에 없음을 비판한다. 그는 유교사상 특히 『중용』에서의 미발지중(未發之中)을 '부정성'으로 보면서 이것이 발하여 절도에 맞음이 달도(達道)요, 복례(復禮)한 것이 달도이며, 극기(克己)가 곧 부정성의 실현이라고 본다. 극기복례가 다름 아닌 위인(爲仁)이며 부정성으로서 천명의 실현임을 강조한다.[33)]

---

31) 같은 책, 682쪽.

32) 같은 책, 682쪽.

33) 같은 책, 684-685쪽.

6. 동서양사상 접변을 통한 '우리의 철학' 창조

열암은 「부정(否定)에 관한 연구」 이후로 한국철학사연구 즉 한국불교사상사 연구와 한국유학사상사 연구를 통해 한국철학의 전통과 논리와 특징을 구체적으로 파악하게 된다. 그는 이를 바탕으로 실존사상과 한국불교사상을 보다 구체적으로 분석·비교함으로써 전통철학과 서양철학의 접변양상을 밝혀낸다.

열암에 의하면 주체적인 내면생활에서 참된 현실을 파악하고자 하였던 것이 서양 현대의 실존사상이고, 고통과 번뇌에서 벗어나 진정한 자유와 행복을 얻는 부처님의 가르침을 깨닫는 것이 한국불교사상이므로 이 두 사상은 모두 향내적인 사유를 추구하는 공통점이 있다고 본다. 그러나 열암은 이 두 사상이 향내적인 사유를 통해 획득한 결과는 매우 다른 것이었음을 지적한다.

박종홍에 의하면, 하이데거에 있어서 빛은 나 아닌 타자(上帝 등)로부터 얻어진 것으로서 인간은 그 빛 속에 던져져 있다. 던져진 존재로서 인간에게는 '타자에 의한 제약'이 전제되어 있기 때문에 주관과 객관을 초월한 궁극적인 해탈을 이룩할 수는 없다. 반면에 지눌은 나 자신을 곧 광원으로 설정함으로써 자신 스스로가 부처 즉 광원임을 깨닫기만 하면 된다. 지눌에게 있어서 동굴이나 사슬 자체는 결국 무의미한 것으로 되어버리는 것이다.

실존사상이나 한국불교사상 모두 향내적으로 인간의 내면에서의 현실파악을 추구함은 마찬가지이지만 실존사상은 '그 내면에서 다시 인간을 넘어서는 타자를 발견함으로써 인간 유한성의 확인으로 끝나는' 반면에 한국불교사상은 '그 내면에서 중생이 곧 부처이고 인심이 곧 도심이며 사람이 곧 하느님임을 깨달음으로서' 양자는 근본적으로 다른 것이다.[34] 한국불교사상은 인간의 내면에 대한 보다 철저한 자각을 통하여 인간이 곧 부처라는 궁극적인 깨달음을 추구한다.

뿐만 아니라 열암은 실존사상이 향내적인 현실파악의 한계에 부딪쳐 '자연적인 태도와의 관련성, 더 나아가 신체적인 행위와의 관계를 되찾고자' 시도하면서 인간의 구체적인 실천을 강조하는 추세로 발전하고 있음을 들면서 이 또한 지눌의 사상이 앞서있음을 강조한다.

> 그러나 이것은 지눌의 중생을 위한 회향(廻向)의 보현행(普賢行)에서 더 한층 적극적이며 사상적인 표명과 아울러 그대로 실천된 것이요, 지눌의 가장 위대한 것이 여기에 있다고 나는 생각한다.[35]

열암은 지눌의 회향의 보현행을 사상적인 표명과 함께 그대로 실천된 것으로 파악하면서 보현행에 구체적인 실천이 이미 포함되어 있음을 강조한다. 그가 바로 이러한 보현행에 지눌의 위대함이 있다고 파악하는 이유는 지눌의 보현행으로부터 향내적인 현실파악과 구체적인 실천의 종합적인 모습을 확인하고자 하였기 때문이다.

이러한 지눌의 사상으로부터 박종홍은 한국불교사상의 "향내적인 자각을 통하여 무에 부딪쳐 다시 향외적으로 돌아오는"[36] 창조적인

---

34) 한자경, 『한국철학의 맥』(이화여자대학교출판부, 2008), 401쪽. 한자경은 이 책에서 박종홍이 한국사상의 정신을 주체성의 자각으로 보았고 동학사상의 '인내천'에서 그것의 절정을 발견하였다고 주장한다.

35) 『박종홍전집』 4권, 「지눌의 사상」, 192쪽.

정신을 도출해낸다. 그는 실존사상이 향내적인 현실파악에 있어서 이미 철저하지 못하기 때문에 결코 향외적으로 구체적인 실천으로까지 이어질 수 없는 한계를 가지는 반면에 한국불교사상은 철저한 향내적인 자각을 통하여 다시 향외적인 실천에까지 이르는 창조적인 정신을 가지고 있음을 강조한다.

열암은 현대의 과학적인 사고방식이 초래한 인류의 비극적인 운명을 강조하면서 이러한 비극의 해결은 반드시 인간의 향내적인 자각에 근거하여야 하고 이미 향내적인 사유로 방향을 전환하고자 시도하고 있음에 주목한다.

열암이 보기에 논리적 실증주의가 가치문제를 다루고 일상용어의 분석에 치중하고 분석철학자가 형이상학에 관한 저술을 낸 사실로부터 과학철학 자체의 내부에서 이미 향내적인 자각에 근거하여야 하는 필요성을 인식하고 있었음을 알 수 있었다. 그는 과학철학이 향외적인 사유만을 고집하다가 뒤늦게야 향내적인 자각에 기초하여야 함을 인식한 반면에, 처음부터 불교적인 향내적인 사유를 기초로 할 뿐만 아니라 무에 부딪쳐 다시 향외적인 실천까지 강조하였던 것이 바로 한국유학이었음을 적극 강조한다.

박종홍은 유학사상의 근본이 중용에 있다고 파악한다. 그는 '하늘이 명한 성(天命之謂性)'을 사람의 본성과 사물의 본성 모두를 지칭하는 개념으로 파악한다. 오직 하나의 천명으로서의 성(性)이 있고 그 성을 다하는 곳에 사람으로서의 도리와 사물로서의 법칙이 생겨난다는 것이다. 하지만 실존사상은 인간의 본성에 주목하고 과학철학은 사물의 본성에 주목하면서 두 가지 본성이 모두 하늘이 명한 것임을 간과하

---

36) 『박종홍전집』 2권, 「철학개설 · 결론」, 368쪽.

였다고 주장하면서 박종홍은 유학사상이 하나의 천명으로서의 성 자체를 강조하였음을 내세운다.

박종홍은 중용의 '하늘이 명한 것을 성이라 하고, 성을 따르는 것을 도라 한다'[37] '성실한 자는 하늘의 도이고 성실히 하고자 하는 자는 사람의 도이다'[38] '성실하지 않으면 사물이 없다'[39] 등의 구절에 근거하여 인간의 능동적인 태도와 수동적인 태도를 적극 발휘하여 참되고자 노력함으로써 하늘과 땅 사이에서 인간의 소임을 다하는 것이 유교사상의 근본이라고 파악한다.

여기서 하늘이 명한 인간의 본성을 다하여 참되고자 노력하는 인간은 수동적인 태도로서 향내적으로 수양을 닦아 자신을 완성하고 능동적인 태도로서 향외적으로 사물의 본성을 다하여 만물을 완성한다. 박종홍은 이러한 유교의 향내적인 태도와 향외적인 태도의 종합체로서의 인간에 주목하면서 향외적인 실천은 반드시 향내적인 자각을 토대로 하여야 함을 강조한다.

또한 열암은 유학에서 수신·제국·평천하를 강조하듯이 구체적인 실천으로 이어지려면 외면적인 관계 즉 제도문물에 주목하게 되는데 이것이 바로 조선 후기의 실학사상이라고 본다. 무엇보다 한국의 낙후함에서 벗어나려면 경제의 발전 특히 과학기술을 발전을 이룩하여야 함을 강조하는 것이다. 하지만 그는 이러한 서양의 과학기술에 대한 근본적인 요구는 인간의 존엄성에서 비롯된 것임을 주장한다.

이로부터 박종홍은 실학사상에 있어서 향내적인 성실성에 대한

---

37) 『중용』 1장, "天命之謂性, 率性之謂道."

38) 『중용』 20장, "誠者, 天之道也; 誠之者, 人之道也."

39) 『중용』 25장, "誠者, 物之終始. 不誠無物."

추구와 더불어 향외적인 경제와 과학기술의 발전에 대한 강조는 필연적인 요소였음을 내세운다. 반드시 향내적인 도덕적 측면과 향외적인 경제적 실천이 종합적으로 동시에 강조되어야 하는 것이다. 그리고 이러한 두 가지 측면에 대한 강조로부터 비로소 인간의 존엄성을 살릴 수 있는 것임을 주장한다.

7. 열암에서 전통과 서양의 접변

첫째, 열암은 어릴 때부터 한문을 공부했고 법화경·화엄경을 비롯한 불전과 불교에 관한 서적, 그리고 우리나라 역사와 유학의 고전들을 넓게 읽었으며 특히 『중용』을 많이 읽었다. 『중용』의 사상은 그의 생활과 철학에서 매우 중요한 위치를 차지한다고 볼 수 있다. 또한 열암이 「中庸과 辨證法」이라는 간단한 논문을 쓴 일도 있다는 사실은 전통철학과 서양철학을 종합해 보려는 의도가 있었다는 것을 말해 준다.

둘째, 열암은 퇴계에 대한 논문을 쓰는 과정에서 학문의 방법이 동서고금(東西古今)의 시공적인 제약을 벗어나 형식은 다를지 몰라도 궁극적으로는 서로 통하리라는 생각을 하곤 했으며, 이를 통해 볼 때 우리는 이미 열암이 젊은 시절에 이미 특수한 민족의 철학사상이 보편적 차원의 세계철학과 만날 수 있음을 깨달았다는 사실을 알 수 있다.

셋째, 경성제국대학에서의 하이데거에 대한 연구를 통해 인간 현존재의 존재론적 구조를 잘 이해했으나 하이데거의 현존재 이해는 추상적 수준에 머물러 사회적·역사적 현실로 나가기가 어렵다는 것을 비판하고 있다. 열암은 다양한 서양철학 연구를 통해 '우리의 철학'을 창조하고자 노력한다.

넷째, 열암은 해방 후 철학은 철저히 현실적이어야 한다는 관점으로 서양철학을 포괄적으로 연구함으로써 '향내(向內)적 자각'의 철학과 '향외(向外)적 자각'의 철학을 구분하는 자신만의 서양철학 해석의 관점을 확립한다. 그리고 유가철학을 토대로 향외적인 眞(참)과 향내적인 誠(참)은 본래가 하나의 참이라는 것을 밝힘으로써 서양철학의 접변을 통해 자신의 철학을 제시하고자 한다.

다섯째, 열암은 '부정' 또는 '부정성'이라는 주제로 자신이 연구한 서양철학 전반과 동양철학 전반을 아우르는 독창적인 논문을 발표한다. 그는 특히 『중용』에서의 미발지중(未發之中)을 '부정성'으로 보면서 이것이 발하여 절도에 맞음이 달도(達道)요, 복례(復禮)한 것이 달도이며, 극기(克己)가 곧 부정성의 실현이라고 본다. 극기복례가 다름 아닌 위인(爲仁)이며 부정성으로서 천명의 실현임을 강조한다.

여섯째, 열암은 한국철학사연구 즉 한국불교사상사 연구와 한국유학사상사 연구를 통해 한국철학의 전통과 논리와 특징을 구체적으로 파악하게 된다. 그는 이를 바탕으로 서양철학과 전통사상을 보다 구체적으로 분석 비교함으로써 전통철학과 서양철학의 접변양상을 밝혀내려 한다.

【참고문헌】

『박종홍전집』(증보판, 1-7), 서울: 민음사, 1998.

고성애, 「박종홍의 현대 신유학 연구」, 서울대학교 박사학위논문, 2014.8.

김석수, 『현실 속의 철학, 철학 속의 현실: 박종홍 철학에 대한 또 하나의 해석』, 서울: 책세상, 2001.

김원열, 문성원, 「유교윤리의 근대적 변형에 대한 비판적 고찰: 박종홍의 유교윤리를 중심으로」, 『시대와 철학』 제17권 1호, 한국철학사상연구회, 2006.

김재현, 『한국사회철학의 수용과 전개』, 서울: 동녘, 2002.

김재현, 『한국근현대 사회철학의 모색』, 경남대출판부, 2015.

김항, 「"우리-내-존재"라는 철학적 전회 : 박종홍과 하이데거」, 『민족문화연구』 50호, 고려대학교 민족문화연구원, 2009.

김항, 「탈근대의 철학, 반근대의 철학」, 『민족문화연구』, 52호, 고려대학교 민족문화연구원, 2010.

박영미, 「박종홍과 국가주의 : 강단철학의 빛과 어둠」, 『처음 읽는 한국현대철학사상』, 서울: 동녘, 2015.

박영미, 「박종홍에서 전통의 문제(1) -전통 인식을 중심으로」, 『시대와 철학』 제26권 1호, 한국철학사상연구회, 2015, 봄.

백종현, 「서구철학 수용과 한국의 철학」, 『철학사상』 제5호, 서울대 철학사상연구소, 1995.

백종현, 「독일철학의 유입과 수용·전개」, 『철학사상』 제5호, 서울대 철학사상연구소, 1995.

송상옥, 「박종홍은 박정희에게서 무엇을 발견하였나?」, 『월간 조선』, 1996. 1.

신오현, 「한국철학연구의 반성과 전망」, 『철학의 철학』, 문학과 지성사, 1988.

신오현, 「철학적 주체성과 한국철학」, 『철학의 철학』, 문학과 지성사, 1988.

신오현, 「실존주의의 철학적 전승」, 『예속과 해방』, 한국철학회 해방50주년 기념 정기학술발표회 논문집, 1995.

열암기념사업회 엮음, 『스승의 길』, 천지, 1998(증보판).

열암기념사업회 엮음, 『현실과 창조 : 열암 박종홍 철학 논고 1』, 천지, 1998.

열암기념사업회 엮음, 『현실과 창조 : 열암 박종홍 철학 논고 2』, 천지, 2001.

열암기념사업회 엮음, 『박종홍 철학의 재조명』, 천지, 2003.

위상복, 『불화 그리고 불온한 시대의 철학 : 박치우의 삶과 철학』, 서울: 도서출판 길, 2012.

유진오, 『젊음이 깃칠 때』, 서울: 휘문출판사, 1978.

이규성, 「〈열암사상의 이해와 계승〉에 대한 논평」, 제11회 열암철학학술발표회 발표논문집,

1996.
이규성, 『한국현대철학사론: 세계상실과 자유의 이념』, 이화여자대학교출판부, 2012.
이남영, 「열암철학 –향내적 철학과 향외적 철학의 집합으로서의 한국철학」, 철학연구회 편, 『해방 50년의 한국철학』, 서울: 철학과현실사, 1996.
이병수, 『열암 박종홍의 철학사상 : 천명사상을 중심으로』, 파주: 한국학술정보, 2005.
이병수, 「1930년대 서양철학수용에 나타난 철학 1세대의 철학함의 특징과 이론적 경향」, 『시대와 철학』 17권 2호, 한국철학사상연구회, 2006.
이병수, 「유학의 천명사상에 대한 새로운 해석 : 열암 박종홍의 천명사상」, 『시대와 철학』 제14권 2호, 한국철학사상연구회, 2003.
이병수, 「문화적 민족주의의 맥락에서 본 안호상과 박종홍의 철학」, 『시대와 철학』 제19권 2호, 한국철학사상연구회, 2008.

최두선의 궁리와 철학

: 20세기 초 한국의 서양철학 연구와 일본적 맥락

양일모

* 이 글은 2019년 6월 21일 독일 보쿰대학이 개최한 국제학술대회(Korean Intellectuals In Between: Configuring knowledge in periods of transition)에서 발표한 "What is philosophy: Choi Tu-sŏn and Genyoku Kuwaki"를 대폭 수정한 것임.

1. 한국 근현대철학의 태동

철학사의 관점에서 한국과 서양의 만남은 이미 17, 8세기 천주교가 중국을 경유하여 한국에 소개된 이후부터라고 할 수 있다. 예수회 선교사들은 스콜라철학을 배경으로 한 기독교 신학을 한문으로 번역하면서 선교활동을 시도하였고, 조선시대의 지식인들은 유교적 지평 위에서 서양의 철학과 종교를 이해하면서 비판하거나 혹은 수용하는 태도를 취했다. 당시의 서양철학에 대한 수용과 이해는 주로 천주교라는 종교의 측면과 밀접하게 관련되면서 진행되었다고 할 수 있다.

19세기 중엽 이후 동서사상의 만남은 강력한 군사력과 경제력을 기반으로 밀려들어오는 서양의 힘, 즉 또 다른 문명으로서 나타난 서양이라는 담론과 밀접하게 관련되면서 전개되었다. 아편전쟁이 발발한 직후 중국에서 간행된 『해국도지』(1842)와 『영환지략』(1848)과 같은 인문지리서가 동아시아 지식인들에게 관심의 대상이 된 것은, 그러한 서적이 새로운 공간적 지리를 제시했기 때문이라기보다는, 새로운 문명을 암시하고 있었기 때문이라고 할 수 있다. 새로운 세계를 소개한 유길준(1856~1914)의 『서유견문』(1895년 간행) 또한 서양에 대한 견문록이라기보다는 새로운 문명에 대한 이해라 할 수 있다. 『서유견문』은 서양 문명의 근간을 이루는 근대 학문을 소개하고 있으며, 특히 철학에 대해 "이 학문은 지혜를 애호하여 이치를 통하기 위한 것이다. 그러므로 그 근본의 심원함과 공용(功用)의 광박함이 경계를 세워 한정할 수 없으므로, 인간의 언행과 윤기(倫紀), 그리고 온갖 일들의 움직임을 논의하고 결정하는 것이다"[1]라고 설명하고 있다.

1880년대 들어와 개화파가 메이지유신이라는 일본의 근대적 기획을 본떠 입헌군주제라는 정치적 개혁을 시도하면서 조선 사회는 유동하기 시작했다. 서양의 강대국뿐만 아니라 일본이 새로운 문명으로 부각되었고, 중국을 중심으로 하던 동아시아의 기존 질서 또한 유동성이 증가되었다. 동아시아 내부의 역학 관계가 변화하기 시작했을 뿐만 아니라, 세계를 표상하고 설명하는 지식 체계에 변화가 발생했다. 한국의 지식인들이 종래에는 중국으로부터 지식의 원천을 공급받았지만, 점차 일본 혹은 해외에서 간행된 서적을 통해 새로운 지적 자원을 얻기 시작했다. 역사상 최초로 한국의 지식인이 일본과 미국으로 유학하기 시작한 것이다.

한국의 근현대철학은 서양철학의 수용과 밀접하게 관련되면서 전개되었다. 한국에서 '철학'이란 말을 사용하면서 서양철학사상의 내용을 연구하고, 또한 그것을 자기 나름대로 소화하여 동양의 전통사상과 비교하면서 서양철학을 논구하기 시작한 것은 1910년경부터라고 할 수 있다.[2] 1910년 이후로 한국에서는 일본을 통해 서양철학이 본격적으로

1) 유길준, 「태서 학술의 내력」(1895)(『서유견문』, 교순사, 유길준전서 편찬위원회, 『유길준전서』 1, 일조각, 1971), 351쪽. 인용은 현대 한국어 표기로 옮김.

수용되기 시작했다. 여기에서는 서양철학의 수용에 관한 기존의 연구를 토대로 하면서, 문화적 토대를 달리하는 서로 다른 두 지평의 만남이라는 관점에서 한국의 근현대철학이 태동하는 과정을 분석해보고자 한다. 즉, 한국근현대철학의 생성과정을 단순한 서양철학수용사의 관점을 넘어서, 유교적 지평과 서양철학적 지평 사이의 대화라는 관점에서 접근해 보고자 한다. 따라서 1차적으로 당시에 어떤 사상이 수용되었고, 어떤 방식으로 이를 이해했으며, '철학'이라는 개념을 통해 무엇을 문제로 상정하고자 했는가 하는 점에 주목하고자 한다.

'철학'은 20세기 이전까지 한국에서는 낯선 용어였다. 『한성순보』 등 19세기 말 한국에서 시작된 근대적 매체인 신문, 잡지 등에서 '철학'이라는 단편적 용어가 사용되었다.[3] 한국에서 '철학'이라는 용어 그 자체의 의미에 대해 본격적인 논의를 시도한 글로서는 최두선(崔斗善, 1894-1974)이 『청춘』(1917)에 게재한 「철학이란 무엇인가」라는 글을 들 수 있다. 이 연구는 최두선의 논문을 심층적으로 분석하면서 1910년대를 중심으로 한국의 전통 사상과 서양 사상의 접변 양상을 살펴보고자 한다. 최두선은 육당 최남선(1890~1957)의 동생이다. 최두선의 글이 20세기 초 일본에 칸트 학설을 소개하면서 강단철학의 기틀을 형성한 구와키 겐요쿠(桑木嚴翼, 1874~1946)의 『철학개론』(1900)에 의거하고 있다는 점에 주목하여, 이들 사이의 사상적 지평을 검토하고자 한다.[4]

---

2) 박종홍, 「이정직의 칸트 연구」(『한국사연구휘집』 제2호, 1973. 『박종홍전집』 V, 형설출판사, 1980)에 재수록.

3) 김재현, 「『한성순보』, 『한성주보』, 『서유견문』에 나타난 '철학' 개념에 대한 연구 -동아시아적 맥락에서-」(『개념과 소통』 제9호, 2012).

4) 근대 중국의 현대철학의 기초를 마련한 왕궈웨이(王國維)는 1902년 구와키 겐요쿠의 『철

1880년대 이래로 갑오개혁(1894)과 대한제국의 성립(1897)으로 이어지는 일련의 정치적 변혁 속에서 중국 혹은 일본, 또는 서양으로부터 다양한 사상들이 수용되었다. 개혁을 주장하는 일련의 지식인들은 이러한 제도적 변화를 정당화하기 위해 자유와 평등을 중심으로 하는 유럽의 근대적 가치를 동원했다. 그동안 조선 사회를 이론적으로 지탱해온 유교라는 사상적 토대가 약화하고 외래 사상이 부상되는 듯이 보였다. 그렇지만 조선시대뿐만 아니라 그 이후에도 지속적으로 유교는 외래사상과의 만남 속에서 중국 혹은 일본, 또는 서양으로부터 전래되어오는 다양한 사상들과의 만남을 이해하고 해석하는 사상적 저류로 기능하였다. 최두선이 비록 식민지시기에 일본에 유학하면서 배운 지식을 바탕으로 '철학'의 의미를 밝히고자 하였지만, 그의 논의는 19세기 말의 다양한 사상적 지평과의 관련성 속에서 조망될 필요가 있다.

2. 식민지 조선의 사상적 원천 : 중국과 일본

1909년 11월 24일 『황성신문』에는 「철학가의 안력」이라는 논설이 게재되었다.

학개론』을 중국어로 번역하였다. 일본에서 간행된 철학 관련 저술이 중국과 한국에 번역 소개되는 과정에 관해서는 앞으로 포괄적인 연구가 필요하다. 楊冰, 「王國維の哲學思想の出發点「正名説」における桑木嚴翼の『哲學概論』(1900)の影響: 王國維の『哲學辨惑』(1903)を中心に」(『人文學論集』 32, 2014), 121-146쪽 참조.

무릇 철학이라는 것은 궁리(窮理)의 학문이니 각종 과학 공부의 미치지 못하는 곳을 연구하여 천리(天理)를 밝히고 인심(人心)을 맑게 하는 고등 학문이다. 그 사상의 심오함과 범위의 광박함이 실로 무진장한 능력이 있는 것이니, 이를 여름 벌레와 우물 속 개구리의 견해로 겨우 한쪽 구석만을 바라보고 자만하고 자족하여 천하 학문이 우리보다 못하다고 망령되게 말하겠는가?

아, 우리 한국의 학계를 말해보자면, 종래 습관적으로 사대부들이 물질 연구로 이용후생의 재료를 공급하는 학문에 대해 모두 천한 일로 간주하여 일체 도모하지 않았으며, 그 결과 졸렬하고 초라함이 극에 이르렀고, 세계에 발표할 만한 가치가 없다. 그렇지만 철학이라는 이 분야에 이르러서는 6백여 년 동안 유림들이 갈고 닦아 대대로 전수해온 것이므로, 당연히 세계의 학자들을 상대하여 장단점을 비교할 가치가 있어야 할 터이다. 그러나 무슨 이유로 한 명의 유학자도 철리(哲理)를 발휘하여 세계의 학자들에게 우리나라에 철학자가 있다는 것을 드러내는 자가 없는가? 그 까닭을 물어야 할 것이다. …

내가 일찍이 각 지역의 유학자에게 일본 철학파의 원류와 서양철학자의 격언을 제시하였는데, 그들은 놀라서 일본과 서양에도 학자가 있느냐고 말했다. 문견의 고루함이 여기에 이르니 다시 무엇을 말하겠는가, 다시 무엇을 말하겠는가? 지금부터 유림 여러분이 큰 눈을 더 크게 떠서 세계의 서적을 널리 보고 세계의 학리(學理)를 널리 구하여 시골 동네에서 우리나라 책만 공부하던 누습을 격파하고 세계에서 철학자의 한 부분을 차지하게 되면, 또한 우리나라의 빛을 드러낼 값이 있을 줄로 생각하노라.[5]

---

5) 「哲學家의 眼力」(『황성신문』 논설, 1909년 11월 24일). "무릇 哲學者는 窮理의 學이니 각종 과학 공부의 所不及處를 연구하여 明天理 寂人心하는 고등학문이라. 그 사상의 淵奥함과 範圍의 廣博함이 실로 無盡藏의 能力이 有한 者니, 此를 엇지 夏虫과 井蛙의 見으로 一偏一曲을 僅窺하고 自滿自足하여 天下의 學이 莫吾若也라 妄云하리오. 噫라. 吾韓의 學界로 論하

『황성신문』에 게재된 이 글이 한국에서 '철학'을 처음으로 언급한 것은 아니다. 이보다 먼저 석정(石亭) 이정직(李定稷, 1841~1910)은 「강씨학설대략(康氏學說大略)」(1905년 추정)을 발표했다. 그는 전통적인 지식인이었지만, 1868년 연행사의 수행으로 북경에 가서 당시 중국에 소개된 서양 문물을 몸소 경험하기도 했다. 한국에 칸트 철학을 가장 빨리 소개한 이 글은 양계초(梁啓超, 1873~1927)의 저작, 즉 「근세 최고 철학자 칸트의 학설(近世第一大哲康德之學說)」을 저본으로 한 것으로 알려져 있다.[6] 김제에서 활동한 이정직이 이미 1905년에 중국인의 저작을 통해 칸트의 학설을 한국에 소개하였고, 이어 『황성신문』은 서양철학뿐만 아니라 한국 유림에게도 그리고 일본의 학술계에도 '철학'이 있다고 알렸다. 1910년에 들어와서는 서양철학사에 해당하는 저술이 간행되기 시작했다. 즉 1912년 고령에서 활동하던 성와(省窩) 이인재(李寅宰, 1870~

면 從來 慣習이 物質 硏究로 利用厚生의 材料를 借給하는 學問은 士大夫가 皆看作賤藝하여 一切廢圖한 결과로 其鈍拙鹵莽함이 極項에 달하여 足히 世界에 發表할 價値가 無하거니와 哲學 一門에 至하여는 六百餘年間에 儒林諸公이 修礪傳受하든 餘라 宜乎 世界學者를 對하여 絜長較短의 가치가 有할지어늘 하고로 一個儒者가 능히 哲理를 발휘하여 세계학자로 하여금 吾國에 哲學家가 有한 것을 발표하는 자가 無한가? 그 故를 可以質語할지로다. …

余가 鄕曲儒者를 對하야 日本哲學派의 源流와 西洋哲學家의 格言을 提出ᄒᆞᆫ 즉 其人이 愕然曰 日本과 西洋에도 學者가 有乎아 ᄒᆞ니, 其 聞見의 固陋ᄒᆞᆷ이 此에 至ᄒᆞᆫ 卽 復何言哉며 復何言哉아. 幸其自今으로 儒林諸君은 孔眼을 稍開ᄒᆞ야 世界의 書籍을 博覽ᄒᆞ며 世界의 學理를 廣求ᄒᆞ야 三家村里의 兎園册子를 談話ᄒᆞ든 陋習을 劈破ᄒᆞ고 世界上 哲學家의 一部分을 占有ᄒᆞ면 또ᄒᆞᆫ 我의 國光을 發表ᄒᆞᄂᆞᆫ 價格이 有ᄒᆞᆯ 줄노 思惟ᄒᆞ노라."

6) 박종홍, 앞의 글. 최영성, 「'석정 이정직 유고' 해제」(『석정 이정직 유고 1』, 『향토문화자료』 제20호, 김제문화원, 2001). 양계초의 「近世第一大哲康德之學說」은 『新民叢報』 제25·26·28·46·47·48호(1903. 2~3 ; 1904. 2. 14)에 연재되었다. 양계초는 나카에 초민(中江兆民)의 『이학연혁사(理學沿革史)』를 토대로 칸트의 학설을 소개했다. 『이학연혁사』는 프랑스의 철학자 Alfred Fouillée의 *Histoire de pilosophie*(1875)를 한문체로 번역한 것이다. 양일모, 「근대 중국의 서양학문 수용과 번역」(『시대와 철학』 15권 2호, 2004), 주)39 참조.

1929)는 『고대희랍철학고변』(1912)을 출판했다. 그는 곽종석과 함께 한주(寒洲) 이진상(李震相, 1818~1886)의 제자로 이황의 사상을 계승하는 유학자였다. 그의 저작이 이노우에 엔료(井上圓了, 1858~1919)가 저술한 『철학요령』의 중국어 번역본을 토대로 엮어진 저술이었다는 점에서 보면[7], 비록 일본인의 저서를 소개한 것이지만 중국 학술계의 지평도 무시할 수 없을 것이다. 조선시대 후기의 유학자들이 새로운 사상을 흡수하는 방식은 여전히 중국을 경유한 것이었다. 20세기 초 한국에서 '철학'이라는 용어가 점차 소개되고 정착되어가는 과정에 중국 학계의 영향이 적지 않았다고 할 수 있다.

앞에서 인용한, 『황성신문』에 게재된 논설은 장지연(1864~1921)의 글로 추정된다. 이 글에서 주목할 만한 것은, 장지연이 '철학'이라는 새로운 용어를 사용하면서 서양으로부터 수용된 철학이 아니라 600여 년 동안의 한국의 유학 사상을 곧바로 '철학'으로 설명하고 있다는 점이다. 아울러 그 '철학'은 천리를 밝히고 인심을 맑게 하는 궁리(窮理)의 학문으로 설명되고 있는 점이다. 궁리는 사물의 이치를 탐구한다는 뜻이며 주자학을 대표하는 용어이다. 즉 주희(朱熹, 1130~1200)는 『대학』의 격물치지(格物致知)를 해석하면서 "사물에 나아가 이치를 탐구하는 것"(卽物窮理)으로 해석했다. 또한 주자학에서 궁리는 거경(居敬)과 함께 학문과 수양의 기본적인 방법이기도 하다. 이처럼 신조어로서 등장한 '철학'이 주자학을 대표하는 '궁리'로 해석되었기 때문에, 조선의 유학자는 곧 철학자라는 논리도 가능해진 것이다. 따라서 장지

7) 井上圓了의 『哲學要領』(哲學書院, 1886)을 중국인 羅伯雅가 동일한 제목의 『哲學要領』(上海: 廣智書局, 1902)으로 번역했다. 임종진, 「성와 이인재의 성리사상 1 -『고대희랍철학고변』에 대한 분석을 중심으로」(『퇴계학과 유교문화』 제53호, 2013) ; 양일모, 「한학에서 철학으로 -20세기 전환기 일본의 유교 연구」(『한국학연구』 제49집, 2018) 참조.

연은 조선의 지식인이 유학, 즉 철학을 열심히 공부해왔음에도 불구하고 왜 현재 세계의 철학 무대에 등장하지 못하는가 하는 물음을 제시하였던 것이다. 여기에서 그는 조선의 유학자에게 '철학', 그리고 '일본철학'과 '서양철학'을 학습해야 한다고 강조하고 있다. 한국 밖의 철학을 함께 배우면서 한국의 철학적 전통을 새롭게 이어가야 할 것을 주장한 것이다.

이정직, 장지연, 이인재 등 초기에 서양철학을 소개한 세대에 비해, 1890년대 이후에 출생한 조선 후기의 지식인들은 유교의 전통으로부터 비교적 자유로웠다. 특히 그들은 갑오경장 이후 새롭게 등장한 신식학당에서 수학한 세대로서 이전 세대들과 달리 직접 일본으로 유학하면서 새로운 사상을 흡수하기 시작했다. 예를 들면, 최남선(1890~1957)은 1902년 일본인이 일본어를 가르치기 위해 설립한 경성학당에서 공부하고 1904년에는 대한제국 황실 유학생으로 선발되어 부립(府立) 제일중학교(현재 동경도립 히비야고등학교)에 입학하였으나 오래 다니지 못하고 그 해 귀국하였다. 1906년 그는 다시 와세다대학에 유학하여 지리역사과에서 공부했지만, 1907년 동맹휴학사건으로 퇴학을 당해 귀국하였다. 1914년 그는 자신이 발간한 『청춘』 잡지에 서양의 과학과 철학에 관해 설명하는 글을 게재했다. 즉 그는 「백학명해(百學名解)」라는 제목 아래 '학(學, science)', '과학', '궁리학(窮理學, 혹 哲學, 英 Philosophy, 德 Philosophie)에 관해 각각 해설하였다. 그는 먼저 학문에 대해 '조직된 지식'(Partially unified knowledge)으로 정의하면서 개괄적 지식, 체계적 지식, 합리적 지식이라고 설명하고, 과학에 대해서는 모든 분과학문으로 정의하였다.[8] 나아가 그는 궁리학이 '학문'과 '과학'과는 구별된다

8) 최남선, 「논설」(『청춘』 창간호, 1914). 최남선이 어떤 지적 경로를 통해 '학'에 대해 정의

고 하면서, 다음과 같이 설명하였다.

> 그리스 시대에는 온갖 순 궁리적 지식(智識)을 포괄하였지만, 먼저 수학, 다음 자연과학, 다음에 정신과학이 떨어져 독립하였고, 지금은 만유 전반의 우주, 인생, 지식 등의 근본 원리를 탐구하는 학문으로 정의된다.
>
> 궁리학은 인성(人性)의 모든 방면의 요구로부터 생긴 것이지만, 지적이며 형식적인 것을 취하는 점에 있어서는 상상이나 신앙에 입각한 시, 노래, 법률, 종교와 다르고 만유 전반을 대상으로 하는 점에서는 그 일부를 대상으로 하는 과학하고 다르니, 한편으로는 과학의 결과를 재료로 하고 한편으로는 과학에 기초를 준다.
>
> 만유 전반의 탐구는 ① 인식의 형식, ② 실재의 본질, ③ 행위의 문제로 요약할 수 있으니 궁리학의 세 부분, 곧 인식론, 형이상학, 윤리학이 각각 여기에 해당한다.[9]

여기에서 먼저 주목할 만한 것은 최남선이 구사하고 있는 언어이

를 내리고 있는지 앞으로 깊은 연구가 필요하다. 최남선이 1904년 국비 유학생으로 일본으로 가서 와세다대학 지리역사과에서 공부했다는 점을 고려할 때, 당시 일본에서 출판된 구와키 겐요쿠의 『철학개론』(1900)을 읽었다고 추정할 수도 있다. 구와키는 학문이 갖추어야 할 세 가지 요건으로서 개괄적(generalized), 방법적(methodical), 합리적(rational)을 들고 있다. 桑木嚴翼, 『哲學概論』(東京專門學校出版部, 1900), 50-55쪽.

9) 최남선, 「논설」(『청춘』 창간호, 1914). "그리스 시대에는 온갖 純窮理的 智識을 包括하얏더니 먼저 數學과 뒤에 自然科學과 다음 精神科學이 떨어져 獨立하고 지금은 萬有全般宇宙, 人生, 智識 등의 根本原理를 考究하는 學으로 定義되니라.

窮理學은 人性의 모든 方面의 要求로서 생긴 것이지마는 知的 形的을 取하는 點에 在하야는 想像이나 信仰에 立脚한 詩歌法敎하고 다르고 萬有全般을 對象으로 하는 點에 在하야는 그 一部를 對象으로 하는 科學하고 다르니 一邊으로 科學의 結果를 材料로 하고 他邊으로 科學에게 基礎를 주나니라.

萬有全般의 考究는 ① 認識의 形式, ② 實在의 本質, ③ 行爲의 問題로 要約함을 엇나니 窮理學의 세 부분 곧 認識論, 形而上學, 倫理學은 이 각개에 應함이니라."

다. '인식', '형식', '실재', '본질' 등과 같은 용어는 일본에서 만들어진 신어(新語, Neology)라고 할 수 있다. 이러한 용어는 종래의 언어체계 속에서는 해석하기 어렵고 또한 새로운 의미를 제시하고 있다. 그는 이러한 신어 체계 속에서 새로운 사유를 전개하고 있지만, 서양의 학문으로서 'philosophy'를 '궁리학'으로 번역하였다. 그렇지만 그가 제시한 궁리학은 이미 궁리진성(窮理盡性)이라는 조선시대의 성리학적 언어와는 다른 의미를 지니고 있으며, 철학으로서의 궁리학이라고 할 수 있다.

20세기 초 한국의 서양철학 수용은 단편적인 단계였지만, 일본에 유학하는 학생이 급속도로 증가하면서 서양철학의 수용 또한 급격히 증가하기 시작했다. 한국의 서양철학 수용에 관한 기존의 연구에 따르면, 1905년 평양 숭실학당에 대학부가 설치되어 미국 북장로회 소속의 선교사 찰스 번하이젤(Bernheisel, Charles Francis, 한국 이름은 편하설(片夏薛))이 철학을 강의했다고 한다.[10] 또한 김중세(金重世, 1882~1946)가 1905년 일본으로 떠나 동양(東洋)대학, 게이오대학, 와세다대학, 동경물리학교(현 동경이공대학) 등에서 문학과 철학, 과학을 청강했으며, 1908년에는 동경의 세이소쿠(正則) 영어학교를 다녔다. 그리고 1909년 독일로 유학을 떠났으며, 1911년 베를린 훔볼트대학에 입학하여 1914년 졸업하였고, 1926년 라이프치히대학에서 『귀곡자 -귀신 계곡의 철학자』라는 제목으로 박사학위를 받았으며, 1928년 귀국하여 경성제국대학에서 강사로서 그리스어와 그리스 철학을 강의하였다.[11]

---

10) 조요한, 「서양 철학의 도입과 그 연구의 정착」(『종교인간사회: 휴머니티의 회복을 위하여』, 서의필선생 회갑기념 논문집간행위원회, 한남대학교출판부, 1988).

11) 표정훈, 『동양학자 김중세 연구』(성균관대학교 석사학위논문, 2014). 김중세가 남긴 문헌은 그다지 많지 않고 유럽의 동양철학연구를 소개한 「西洋에서 硏究旺盛한 東洋哲學의 槪況」(『조선일보』 1929년 1월 1일)이 있는 정도이다. 김중세에 관한 학계의 평가로서는

한편 1924년에 설립된 경성제국대학은 졸업생을 배출하기 시작했다. 1929년 경성제대 철학과 제1회 졸업생으로 김계숙(1905~1989), 권세원(전 성균관대학교수), 조용욱(1902~1991), 배상하(1906~?), 박동일 등이 있었다. 그후로 안용백(1930년 졸업, 1901~1977), 신남철(1931년 졸업, 1903~?), 박종홍(1932년 졸업, 1903~1976), 박치우(1932년 졸업, 1909~1949), 고형곤(1933년 졸업, 1906~2004) 등이 경성제대 철학과를 졸업하고 학계에서 활발한 학술활동을 전개하였다. 이처럼 식민지 시기의 한국철학은 국내외를 막론하고 일본이라는 자장 속에서 성장할 수밖에 없었던 것이다.

3. 궁리와 철학

김중세에 이어 일본에 유학하여 철학을 전공한 자로서는 최두선을 들 수 있다. 그는 서울 출생으로 호가 각천(覺泉)이다. 휘문의숙을 졸업하고 1912년 일본 와세다대학에 유학했으며, 1917년에 동 대학 철학과를 졸업했다. 그는 일본의 정규 대학 철학과에 입학하여 정식으로 철학을 공부한 최초의 한국인 학생이라 할 수 있다. 귀국 후 1918년 김성수가 경영하던 중앙고등보통학교 학감에 취임했고, 다음해 교장이 되었다. 중앙고등보통학교 교장으로 재임하면서 그는 1920년 6월

이관용, 「東洋學界의 名星, 金重世 氏」(「開闢」 제46호, 1924년 4월 1일), 79-80쪽이 참고할 민하다.

결성된 조선교육회 평의원으로 활동했으며, 1921년 3월 총독부 촉탁으로 보통학교 교과용 도서 언문철자법을 조사하는 업무를 담당했다. 그해 12월에는 주시경의 문하생들과 함께 휘문의숙에서 조선어연구회를 창립해 활동했다. 1922년에는 다시 독일로 유학을 떠나 마르부르크대학과 베를린대학에서 철학을 공부하다가 학업을 마치지 못하고 귀국하였다. 1925년 10월 귀국해 곧바로 중앙고보 교장으로 복임(復任)했다.[12] 그는 10대 후반에 일본에서 5년 동안, 그리고 20대 후반에 독일에서 3년 동안 철학을 공부하였으며, 수학한 경력으로만 본다면, 그는 당시 한국인으로서는 누구보다도 서양철학의 훈련을 많이 받았다고 할 수 있을 것이다.

독일로 유학을 떠나기 전 1921년 봄, 최두선은 중앙기독교청년회가 주최하는 시민강좌에 초대되어 철학강화(哲學講話)라는 강연을 했다고 동아일보는 보도했다.[13] 독일에서 귀국한 직후인 1926년 봄, 그는 칸트기념강연회에서 「철학의 완성자 –칸트의 생애와 사업」에 관해 논했다. 이 강연에 관한 기록이 당시 『동아일보』에 게재되었는데, “그[칸트]는 합리론과 경험론을 절충하야 선험론 내지 비판론을 제창하는 『순수이성비판』, 『실천이성비판』, 『판단력비판』 등의 저술로 분석비판과 종합비판의 조화를 대성하였는데 이 대저서 등은 모두 57세 이후의 노년에 성취되였다”[14]라고 소개되었다. 1930년대 이후로 그는 보성전문학교 이사, 경성방직 사장 등 경영인의 삶을 살았고, 해방 이후로는 한국민주당계의 정치인, 동아일보 사장 등 정치와 언론의 길로

12) 『한국민족문화대백과사전』, http://encykorea.aks.ac.kr/Contents/Index?contents_id=E0057266 (검색일 2017년 10월 15일).

13) 『동아일보』, 1921년 4월 22일.

14) 「학예」(『동아일보』, 1926년 4월 28일).

나아갔다. 아쉽게도 그는 식민지시대에는 철학을 연구하는 전문 학자라기보다는 교육자와 경영인으로서, 해방 후에는 정치인과 언론인으로서의 삶을 살았다.

최두선은 일본에 유학하여 와세다대학 철학과에서 정식으로 공부하고 다시 독일에 유학하여 철학을 공부한 점에서 서양철학을 본격적으로 공부한 1세대라고 할 수 있다. 그렇지만 그는 학자로서의 삶이 길지 않고, 철학과 관련하여 남긴 저작 또한 많지 않다. 철학 분야에서 그가 남긴 저작으로 현재 확인할 수 있는 것은 『청춘』 잡지에 발표한 「철학이란 하오」(1917)와 「철학자 칸트(1724~1804)」(1918), 「근대철학의 선도자 데카르트」(1918), 그리고 『동아일보』에 실린 「철학의 완성자 -칸트의 생애와 사업」(1926) 네 편 정도이다. 1930년대에 이미 사업가로 변신한 그가 『삼천리』 잡지에 기고한 「철학자 칸트」(1938)는 이전에 『청춘』 잡지에 게재한 글을 그대로 전재한 것이다.

최두선보다 2살 위인 이광수(1892~1950)는 당시 이미 문명을 떨치고 있었다. 그는 1916년 11월 10일부터 23일까지 『매일신보』에 「문학이란 무엇인가」를 발표하여 근대적 문학의 출발을 선언했으며, 1917년 1월 1일부터 5월 14일까지는 『매일신보』에 장편소설 「무정」을 연재하면서 근대적인 의미의 소설가로서 활동하고 있었다. 그는 1915년에 일본으로 건너가 와세다대학 고등예과에 편입하였고, 1917년에는 철학과에 편입했지만 졸업하지 않고 다음해 귀국했다. 최두선이 1912년부터 1917년까지 와세다대학을 다니고 있었으므로, 두 사람은 같은 시기에 일본에 있었던 것이다. 그렇지만 최두선에 대한 이광수의 평가는 그다지 높지 않았다.

아마 조선인으로 철학을 배운 자는 와세다대학 철학과를 마친 최두선 군뿐인 듯합니다. 그러나 그가 철학자가 되고 안 되기는 장래 문제니 아직은 그를 철학자라고 할 만한 아무 발표된 증거가 없습니다. 학자의 증거는 저술인데.[15]

이광수는 『소년에게』(1921)라는 저술에서 조선사회가 경제적·도덕적 파산에 이어 지식마저도 파산한 상황을 기술했다. 그는 조선의 철학 연구 또한 성숙되어 있지 못한 점을 최두선을 들어 비판한 것이다. 최두선이 1930년에 20여 년 전의 글을 다시 투고한 것 또한 20년이 지난 조선 사회에서 여전히 칸트 철학에 대한 소개가 유의미한 상황이었고, 한편으로는 조선 사회의 철학의 빈곤을 말해주고 있다.

최두선은 「철학자 칸트」에서 칸트를 제2의 코페르니쿠스라고 설명하면서 다음과 같이 소개하였다.

칸트의 불후의 공적은 철학상 소위 인식론을 대성하여 우리 인식의 능력과 한계를 밝혀 신철학에 광명을 비춘 것에 있다. 그는 구래의 철학을 비판하여 그 옳고 그름을 논하여 신철학의 향로를 개척하였다. 그러므로 그는 근세철학사 상에 가장 중요한 지위를 점한다. 우리는 자연(만물)을 경험하고 인식할 때, 그 자연이 우리의 주관과는 독립하여, 그 질서와 맥락은 자연이 스스로 고유한 것이 아니라 우리가 자연을 인식할 때에 그 자연에 부여하는 것이다. 혹은 시간공간의 형식을 부여하고 혹은 원인 결과의 연결을 부여한다. 자연이 우리의 주관을 떠나서는 여하한 것인지는 모르나, 우리가 자연을 인식한 때에는 벌써 우리 주관의 작용이 첨가된 때이다. 그러므로 자연은 영구히 우리의 주관을 떠나서

15) 이광수, 「소년에게」(『조선의 현재와 장래』, 홍문당, 1929), 143쪽. 「소년에게」는 1921년에서 1922년에 걸쳐 『개벽』에 노아자(魯啞子)라는 필명으로 발표한 글이다.

> 는 형태를 이루지 못한다. 곧 자연은 우리 주관의 소산이다. 물론 이 주관의 작용은 의식적으로 행하는 것이 아니라 개인을 초월하는 무의식적 작용이다. 그러므로 그 작용은 개인의 의식에 드러나지 아니하고 다만 그 작용의 소산만 현상이 되어 개인의 의식에 드러나니, 상식으로 객관 세계라 하는 것이 이것이다. 이리하여 칸트는 상식의 견해를 타파하고 인식론을 확립하여 이 인식론상에 신철학을 건설하려고 하였다. 칸트의 저서는 그 수가 많으나 그 가운데 가장 대저요 또 그의 근본사상을 드러낸 것은 『순수이성비판』, 『실천이성비판』, 『판단력비판』의 세 저술이다. 첫째는 칸트 철학의 근본 문제인 인식을 논한 것이요, 둘째는 윤리 도덕을 논한 것이요, 셋째는 미학을 논한 것이다.16)

이 글은 칸트의 철학에 관한 교과서적인 설명이다. 최두선은 일찍이 일본에 유학하고 또 독일에 유학한 경력을 갖고 있었고, 귀국 후 식민지 조선에서 활동하고 있었기 때문에, 그가 칸트를 이해하는 지평은 독일과 일본의 학술계, 그리고 식민지 조선이라는 복잡한 차원으로 구성되어 있다고 할 수 있다. 물론 그가 칸트를 이해하게 되는 지적 경로에 대해서는 더욱더 세밀한 분석이 필요할 것이다. 그가 와세다대학에 유학했던 1910년대에는 이미 일본 학계에서 칸트, 피히테 등 독일철학이 활발하게 소개되고 있었다. 그가 일본에서 처음으로 학습한 경험이 일생 칸트에 관심을 갖게 된 이유 중의 하나라고 할 수도 있을 것이다.

다시 이 글의 논제로 돌아와서 최두선이 일본 유학에서 돌아온 직후의 글을 살펴보기로 한다. 그가 독일로 유학을 떠나기 전에 발표한

16) 『삼천리』 제10권 제8호, 1938년 8월 1일. 이글은 끝 부분에 '대정 6년', 즉 1917년으로 되어 있는 것으로 보아 같은 제목으로 『청춘』 11호(1917년)에 발표했던 글의 초고로 추측된다. 글자의 출입이 다소 있지만, 두 글은 동일한 내용이다.

저술은 그다지 많은 것 같지 않다. 1914년『학지광』에「문학의 의의에 관하야」라는 글이 알려져 있는 정도이다.[17] 이 글의 주제와 관련하여 중요한 것은 1918년『청춘』잡지에 발표한「철학이란 무엇인가」라는 글이다. 이글에는 "철학은 궁리탐진의 학문"이라는 부제가 달려 있다.

철학이란 말은 동양의 고유한 것이 아니다. 물론 한문에 '철(哲)'자와 '학(學)'자가 없지는 않지만, '철학'이라는 두 글자로 된 문자는 없었다. 이는 서양어를 번역하기 위하여 새로 만든 것이다. 유럽의 여러 나라에서 사용하는 '필로소피'를 번역하여 철학이라 하였으니, '필로소피'는 그리스어의 '필로소피아'에서 유래한 말이다. 물론 서양어를 번역하여 철학이라 명명하기 이전에 동양에도 철학을 강구하였으나, 그 연구를 철학이라 명명하기는 서양어가 들어온 이후이다. 또 위에서 기술한 그리스어를 번역함에는 상당한 근거와 이유가 없지 아니하다. 그리스어의 '필로소피아'는 '필리아'라 하는 단어와 '소피아'라는 단어를 합성한 단어이다. '필리아'는 '사랑한다'는 뜻이요 '소피아'는 '지혜'의 뜻이다. 그런즉 '필로소피아'라는 말을 그 어원대로 역해하면 '지혜에 대한 사랑'[愛智]이라 할 수가 있다. 물론 여기에서 '애지'라 하는 것은 다만 지식(智識)을 사랑한다는 뜻일 뿐 아니라 이치를 궁구하고 참됨을 탐구하는 학이라는 의미를 포함하는 것이다.

번역어인 철학의 '철'자를 검토해보면,『이아(爾雅)』「석언(釋言)」에서는 철(哲)은 지(智)라고 하였고,『양자(楊子)』「방언(方言)」에서도 철(哲)은 지(智)라 하였고,『서경(書經)』「요전(堯典)」에 "준철문명(濬哲文明)"이라는 구절이 있고, 같은 책「열명(說命)」에는 "지지왈명철(知之曰明哲)"이라는 구절이 있다. 이것을 보건대 '철'자는 원어의 '소피아' 곧 '지(智)'라 하는 말과 유사한 것 같다. 그러나 단순한 지혜라는 것보다 복잡한 의의를 포

17)『학지광』, 1914년 12월 03일.

함한 것이므로, 한자로써 이를 표기하려고 한다면 송대 유학에서 말하는 이학(理學)이라는 단어가 가장 그 진의에 가깝다 하겠다. 그러므로 서양철학이 동양에 처음 소개되었을 때에는 이를 '이학'이란 말로써 표기한 일이 있었다. 그러나 지금에는 이학이란 말은 흔히 자연과학 곧 물리학, 화학, 천문학, 생물학, 지질학 등을 총칭하는 단어가 되었으므로 철학이라는 의미로 사용하기는 불편하다. 그러므로 다소 의미가 멀고 또 자의를 이해하기 어려운 폐단은 있으나 지금에는 학자가 다 철학이란 단어를 사용하게 되었다.[18]

이 글에서 주목할 만한 것은 'philosophy'를 '철학'으로 번역하는 과정에 대한 설명이다. 중국의 경전에서 '철(哲)'자의 의미를 고증하면서

18) "哲學이란 語는 東洋의 固有한 것이 아니다. 勿論 漢文에 哲字와 學字가 없는 바이 아니나 哲學이란 붓흔 文字가 업섯고 이는 西洋語를 譯하기 위하야 新造한 것이다. 歐洲 諸國에서 用하는 바 '필로소피'를 譯하야 哲學이라 하얏스니 '필로소피'는 希臘語의 '필로소피아'로 流來한 말이다. 勿論 西洋語를 譯하야 哲學이라 命名하기 前에 東洋엣도 哲學을 講究하얏스나 그 硏究를 哲學이라 命名하기는 西洋語가 擧한 後이다. 上에 記한 希臘語를 譯함에는 相當한 根據와 理由가 업지 아니하다. 希臘語의 '필로소피아'는 '필리아'라 하는 語와 '소피아'라는 語와의 二語를 合하야 成한 語니 '필리아'는 '愛'의 意요 '소피아'는 '智'의 意다. 그런즉 '필로소피아'라는 語를 그 語源대로 譯解하면 '愛智'라 할 수가 잇다. 勿論 여긔 愛智라 하는 것은 다만 智識을 愛한다는 意일 뿐 아니라 理를 究하고 眞을 探하는 學이란 意를 含한 것이다. 그 譯語인 '哲學'의 哲字를 檢하건대 『爾雅』 釋言에는 哲은 智라 하얏고 『楊子』 方言에도 哲은 智라 하얏고 『書』 堯典에 濬哲文明이란 句가 잇고 동 說命에는 知之曰明哲이란 句가 잇다. 이것을 보건대 哲字는 原語의 '소피아' 곳 '智'라 하는 語와 相似한 것 같다. 그러나 單純한 智惠라는 것보다 複雜한 意義를 包含한 것임으로 漢字로써 此를 表하랴 하면 宋儒의 所謂 理學이라는 語가 가장 그 眞義에 近하다 하겠다. 그럼으로 西洋哲學이 東洋에 처음 紹介되었을 때에는 此를 理學이란 語로써 表한 일이 잇섯다. 그러나 現今에는 理學이란 語는 흔이 自然科學 곳 物理學, 化學, 天文學, 生物學, 地質學 등을 總稱하는 語가 되얏슴으로 哲學이라는 意味로 使用하기는 不便하다. 그럼으로 다소 意義가 遠하고 또 字意를 解하기 難한 弊는 잇스나 現今에는 學者가 다 哲學이란 語를 使用하게 되얏다." 崔斗善, 「哲學이란 何오」(『靑春』 제11호, 新文館, 1917.11), 52-53쪽.

'철'이 지식(智識)을 의미하는 것을 논증하고, 철학을 참된 이치를 탐구하는 학문으로 설명하고 있다. 또한 철학이 근본 원리에 대한 탐구라는 점에서 송대의 성리학과 통한다고 보았다. 그렇지만 당시 '이학'이 이미 자연과학을 지칭하는 것으로 정착되어 있기 때문에 '이학' 대신 '철학'을 'philosophy'의 번역으로 사용하게 되었다고 한다. 나아가 최두선은 "철학은 자연, 인생 및 지식(의 현실 및 이상)에 관한 근본적 원리의 학", "철학은 실재 및 지식의 근본적 학"으로 철학을 정의하고 있다. 따라서 그는 "철학은 자연과 인생의 원리를 강구하며 인식의 능력과 한계를 명시하는 것이니 그 연구 방법은 학문적이요 그 구하는 바 원리는 근본적 원리이다"[19]라고 부연한다. 'philosophy'에 대한 번역으로서의 '철학', 그리고 철학을 보편적 학문으로 정의하는 그의 논법은 그가 유학한 일본 학계로부터 전래된 것이며, 그 중에서도 동경제국대학과 경도제국대학에서 철학을 강의한 구와키 겐요쿠(桑木嚴翼, 1874~1946)의 『철학개론』에서 빌려온 것이다.

4. 일본의 아카데미즘과 구와키 겐요쿠의 『철학개론』

동경제국대학에서는 1893년 강좌제가 창설되면서 〈철학과 철학사〉 제1강좌를 이노우에 테츠지로(井上哲次郎, 1856~1944)가 담당하고,

19) 崔斗善, 「哲學이란 何오」(『靑春』 제11호, 新文館, 1917.11), 64쪽.

심리학과 논리학 강좌는 모토라 유지로(元良勇次郎, 1858~1912)와 나카지마 리키조(中島力造, 1858~1918)가 각각 담당하여 아카데미의 형태를 갖추었다. 이후 라파엘 폰 케벨(Raphael von Koeber, 1848~1923), 구와키 겐요쿠, 하타노 세이치(波多野精一, 1877~1950) 등이 강의를 담당했다. 그리고 동경제국대학 이외에도 이노우에 엔료가 창설한 철학관(현재 도요대학(東洋大學))과 동경전문학교(현재 와세대대학) 등은 철학 관련 강의가 충실했던 곳이다.[20]

구와키 겐요쿠는 1896년 동경제국대학 문학부 철학과를 졸업했다. 1899년 제1고등학교 및 동경대학 강사가 되었고, 1902년 문학박사 학위를 취득하여 조교수가 되었다. 1906년 경도제국대학에 새로 문과대학이 설치되고 철학과가 개설되었을 때, 구와키 겐요쿠는 경도제국대학에 취임해서 철학개론과 서양철학사를 강의하였다. 1907년 그는 라이프찌히대학, 1908년에는 베를린대학에 유학하였고, 다음해 귀국하였다. 이후로 그는 경도제국대학에서 근무하다가 1914년 동경대 교수로 이동하여 1935년까지 재직했다. 신칸트학파의 입장에서 철학사와 철학개론, 칸트 연구서 등을 발표하여 20세기 전반의 철학 연구에 초석을 놓은 인물이다. 1910년대에 그가 제창한 '문화주의'는 당대의 사조에 방향을 제시했으며, 그 이후에도 문화주의적 자유주의자로서 철학 보급에 힘썼다. 주요 저작으로는 『철학개론』(1900), 『철학강요』(1913), 『칸트와 현대의 철학』(1917), 『문화주의와 사회 문제』(1920), 『철학개설』(1930), 『철학 및 철학사 연구』(1936), 『메이지의 철학계』(1943) 등이 있다.[21]

일본에서 철학이 아카데미즘에 정착하는 것은 20세기를 전후한 시

20) 미야카와 토루·아라카와 이쿠오 엮음, 이수정 옮김, 『일본근대철학사』(생각의 나무, 2001), 148-149쪽.

21) 위의 책, 160쪽.

기이다. 즉 1890년대 후반부터 20세기 초까지 철학은 학문적으로 왕성하게 연구되기 시작했다. 철학개론이나 철학사 분야에서 서양 서적에 대한 번역뿐만 아니라 일본인의 저술도 간행되었다. 오니시 하지메(大西祝)의 『서양철학사』(1895), 나카지마 리키조의 『열전체 서양철학소사』(1898), 구와키 겐요쿠의 『철학개론』(1900), 하타노 세이이치의 『서양철학사요』(1901), 구와키 겐요쿠 초역 『철학사요』(빈델반트 저, 1902), 도모나가 산주로(朝永三十郎)의 『철학 강요』(1902) 등은 이 시기를 대표하는 저작이라 할 수 있다.[22]

구와키는 『철학개론』에서 철학을 다음과 같이 정의했다.

> 그렇지만 이 말의 진의는 반드시 이와 같이 단순 지혜를 사랑하는 것이라는 뜻에 그치지 않고 궁리탐진(窮理探眞)의 학이라는 뜻을 갖고 있다. 다시 이 단어 '철학'의 '철'자를 검색해보면 『이아(爾雅)』 「석언(釋言)」에 철(哲)은 지(智)이라고 하고, 『양자(楊子)』 「방언(方言)」에도 철(哲)은 지(智)라 한 것과 같이, 혹은 『서(書)』 「요전(堯典)」에 준철문명(濬哲文明)이라 하고, 「열명(說命)」에 지지왈명철(知之曰明哲)이라고 한 것과 같이 다소간 '소피아'라는 단어, 즉 지혜와 비슷하다. 그렇지만 앞에서 말했듯이 이 말의 진의는 혹 다시 적절하게 말하자면 오늘날의 의미로는 단순한 지혜라기보다는 다시 복잡한 의미를 지니는 것으로서, 만일 고대에 일본 혹은 지나에서 통용된 문자를 사용하면 송대 유학에서 말하는 이학(理學)과 같은 것이 가장 진의에 가까울 것이다. (그밖에 또 일본의 도쿠가와 시대 말엽에 통용된 심학(心學)이라고 하는 통속 철학의 명칭도 그 일부를 표시할 수 있다.) 현재 메이지 시대에 이르러서는 『이학연혁사(理學沿革史)』라고 하는 저술이 있었는데, 그 내용은 순전히 철학의 역사이다. 그밖에 최근 저술과 논문 등에도 특히 이 말을 사용하고 있다. 그렇지

---

22) 위의 책, 116쪽.

> 만 이학이라고 하면, 오늘날에는 주로 자연과학, 즉 물리학, 화학, 성학(星學), 생물학, 지질학 등을 총칭하는 것이기 때문에, 이 말을 철학이라는 의미로 사용하기에는 불편함을 피할 수 없다. 그러므로 다소 의미의 차이에도 불구하고 철학이라는 명칭을 따라서 사용하면, 오히려 오해를 피하는 유익함이 있을 것이다. 하물며 '철학'이라는 말은 도리어 '필로소피아'의 원의에 가깝지 않을까.[23]

구와키는 philosophy를 '철학'으로 번역하는 것이 타당하다는 것을 설명하기 위해 중국의 고전 문헌의 용례를 끌어오고 있다. 또한 송대의 이학(理學)이 philosophy와 등가적이라 지적하고 나카에 초민이 제시한 또 다른 번역어로서의 '이학'에 대해서도 비판적이지 않았다. 다만 이미 시대가 변하여 '이학'이 자연과학을 통칭하는 의미로 사용되고 있었기 때문에, philosophy의 번역으로 사용하기 어렵다고 지적하였다. 따라서 그는 philosophy를 '철학'으로 번역하고 이치를 궁구하고 진리를 발견하는(窮理探眞) 학문으로 파악하였다. 구와키가 철학을 정의하고 설명하는 이러한 방식은 최두선의 글과 매우 유사하다고 할 수 있다. 최두선은 구와키의 『철학개론』에 의거하여 철학이란 무엇인가에 대한 해답을 작성한 것이다. 최두선이 1912년 와세다대학에 유학했을 때, 구와키 겐요쿠는 경도제국대학과 동경제국대학 철학과에서 가르치고 있었다. 따라서 최두선이 구와키에게 직접 가르침을 받았다고 단언하기는 어렵다. 그렇지만 최두선이 철학에 관해 논의할 때 구와키 겐요쿠의 저술을 그대로 인용하고 있다는 점에서, 일본 학계의 서양철학 담론과 식민지 조선의 철학 담론의 영향 관계를 엿볼 수 있다고 할 수 있다.

---

23) 桑木嚴翼, 앞의 책, 34-35쪽.

구와키는 경도대학 철학과의 창설 멤버였고 8년 후 동경대로 옮겨 왔을 정도로 당시 철학계에 명망이 높았다. 그렇지만, 그는 니시다 기타로(西田幾多郎, 1870~1945)와 같이 독자적인 철학 체계를 제시하기보다는 철학사의 경향이 강했으며 인식론적 합리주의의 관점에서 칸트의 비판철학을 조술하고 발전시켰으며, 『칸트와 현대의 철학』(岩波書店, 1917), 『철학 및 철학사연구』(岩波書店, 1936), 『윤리학의 근본문제』(理想社, 1936) 등의 저작을 남겼다.[24)]

20세기에 진입하면서 일본 학계에서 philosophy의 번역은 이미 '철학'으로 정착하고 있었다. 구와키도 언급하고 있지만, 그때까지도 '이학'은 여전히 philosophy의 번역으로 유력한 후보였다. 일찍이 나카에 초민(中江兆民)은 프랑스의 철학자 알프레드 후이에(Alfred Fouillée, 1838~1912)의 *Histoire de la philosophie*(1875)를 『이학연혁사』(1885)라는 제목으로 번역했다. 그는 루소의 『사회계약론』을 『민약역해(民約譯解)』(1882)라는 제목 아래 한문으로 번역할 정도로 한학의 대가이기도 했다. 그렇지만 그는 '이학'이라는 번역에 집착한 것이 아니라 '철학'이라는 용어를 사용하면서도 진정한 철학의 의미를 강구하고자 했으며, 일본에는 '철학'이 없었다고 주장했다.

> 우리 일본에는 옛날부터 지금까지 철학이 없었다. 모토오리[本居宣長, 아쓰타네(平田篤胤)]의 무리는 고릉(古陵)을 파고 고사(古辭)를 다루는 일종의 고고학자에 불과하다. 천지성명(天地性命)의 이치에 관해서는 어둡다. 이토 진사이(伊藤仁斎), 오규 소라이(荻生徂徠)의 무리는 경설에서 새로운 뜻을 찾아내는 것이 있지만, 결국 경학자일 뿐이다. … 근일 가토 아무

24) 宮永孝, 「西洋哲學傳來小史」(『社會志林』 57 (1-2), 2010), 1-110쪽.

> 개[加藤弘之], 이노우에 아무개[井上哲次郎]는 스스로 철학자로 행세하고 세상 사람들도 혹 그렇게 받아들이고 있지만, 실은 자기가 학습한 서양의 이런저런 논설을 그대로 수입하여 날것을 그냥 삼킨다는 말처럼 이해도 못하니, 철학자로 칭하기에는 부족하다."[25]

나카에 초민이 철학에 대해 세계와 자연의 원리를 규명하는 천지 성명의 이치로 파악하고 있다는 점에 주목하면, 그가 philosophy를 '이학(理學)'으로 번역한 이유를 알 수 있다. 그렇지만 그는 1901년의 저작에서는 이미 '이학'이라는 용어에 집착하지 않고 '철학' 혹은 '철학자'라는 용어를 자연스럽게 사용하고 있다. '철학'이 일상적으로 사용되기 시작하는 시대가 되었다. 그렇다고 해서 그가 이해한 철학이 이학(理學)으로부터 완전히 이탈하여 새로운 의미를 지닌 것이라고 할 수는 없다. 여전히 유교적 언어로서의 이학이 철학의 이해에 작동하고 있었다. 따라서 그는 일본의 국학(國學)이 중시하는 경학적 특징은 철학과는 다르다고 주장했다. 또한 그는 당시 서양철학을 일본에 활발하게 소개하는 지식인들에 대해서도 철학의 수입자로 간주하여 진정한 철학자라고 부를 수 없다고 주장했다. 그는 필로소피를 '이학(理學)'으로 번역했지만, 그렇다고 해서 그가 유학에 대해 전적으로 긍정한 것도 아니다. 그는 당시 유행하고 있던 담론, 즉 서양은 실리(實理), 실학이며 유학은 공리(空理), 허학이라는 이분법을 반대하고 있었다. 그는 일방적으로 서양을 수용하는 것이 아니라 동서양의 사상이 지니고 있는 각각의 특수성에 주목하였고, 한편으로 동서양 사상을 관통하는 보편적 진리에 주목한 것이다.[26] 서양철학의 소개를 넘어 서양철학에

25) 中江兆民, 『一年有半』(博文館, 1901), 26-27쪽.

대한 이해가 필요하다고 본 것이다.

'철학'이 일상화되면서 개론적인 철학 관련 서적이 활발하게 출판되었고, 구와키 겐요쿠의 『철학개론』 또한 이러한 시대적 분위기 속에서 산생된 것이다. 이제 철학이란 무엇인가 하는 물음이 제기되는 시대가 되었다. 이에 대해 구와키는 '궁리'라는 전통적 용어를 통해 철학을 설명하고자 했다. 즉 '궁리'라는 전통적 용어는 철학을 설명하기 위해 동원된 용어였으며, 성리학적 의미라기보다는 진리의 탐구라는 새로운 차원으로 의미의 전용이 발생한 것이다. 철학이 궁리로 설명된다고 하더라도, 철학은 성리학과는 다른 차원의 새로운 학문으로 정립되었다. 구와키 겐요쿠는 '철학'이란 번역 용어를 학적으로 정착시키는 데 기여한 인물이라고 할 수 있다. 그의 『철학개론』은 제2장 「철학의 정의」에서 '정의의 필요 및 곤란'(제4절), '철학 어의의 연혁'(제5절), '철학의 형식적 정의'(제6절), '철학의 실질적 정의'(제7절)를 다루고 있다.

최두선의 '철학이란 무엇인가'라는 글은 구와키 겐요쿠의 『철학개론』 제2장을 요약한 것이다. 최두선이 설명하고 있는 '철학'의 정의는 『철학개론』 제2장 제5절에 따르고 있다. 구와키는 철학의 형식적 정의로서 다음과 같이 세 가지 명제를 제시하고 있다. "1) 철학은 학(學)이다, 2) 철학은 근본적 원리의 학이다, 3) 철학은 진보적 학이다." 그러나 최두선은 철학을 정의하면서 세 번째 명제, 즉 진보적 학문으로서의 철학 부분이 생략되어 있다. 그리고 구와키는 철학의 실질적 정의로 "1) 자연, 2) 인생, 3) 지혜, 4) 현실 및 이상"을 들었다. 이에 반해 최두선은 '현실 및 이상' 부분을 빠트리고 있다. 최두선이 철학을 설명

---

26) 藤田正勝, 「日本における'哲學'の受容」(『岩波講座哲學 14ー哲學史の哲學』, 岩波書店, 2009).

할 때 일부분을 누락시킨 것에 대해서는 분량 등의 제한으로 인한 자신의 의도인지 혹은 다른 외적 조건이 작용한 것인지 하는 것에 대해 추후의 고찰이 필요할 것이다.

마지막으로 최두선은 구와키의 『철학개론』 제6장 「철학의 문제-(2) 자연철학」 부분을 매우 개괄적으로 인용하면서 철학이 문학, 종교, 과학과 어떤 차이가 있는지를 설명한다. 나아가 그는 「철학과 과학의 차이」를 강조하면서 「철학이란 하오」를 마무리하고 있다. 즉 그는 "철학은 보편적 원리를 논하며 과학은 전술함과 같이 가정 원리상에 입각하나, 철학은 그 가정을 설명하려 하고 또 일체 과학을 통일하려 한다"라고 정의한다. 최두선은 철학이 보편적이고 근본적 학문이라는 점을 강조한 것이라고 할 수 있다.

5. 조선사상사의 지평과 번역적 근대

최두선은 그의 형 최남선과 마찬가지로 1890년대에 태어난 신세대 지식인이었다. 20세기 초에 이정직, 이인재, 장지연 등이 서양철학에 관한 저작을 남겼지만, 이들은 기본적으로 한학의 소양을 지닌 유교적 지식인이었다. 이에 비해 최두선은 그들과는 1세대 뒤에 태어난 인물이며 그만큼 전통적 지식체계인 유교의 영향에서 멀어져 있었다. 특히 그는 어릴 때 신식 학교인 휘문의숙에서 공부하였으며 10대 후반에는 일본의 와세다대학에 유학하여 근대적인 대학 교육 체제 속에서 철학을 공부했다. 이미 그는 조선의 전통적 지식인과는 사회적 지적 배경을 달리하고 있었다. 그가 사용하는 언어(terminology) 또한 유교 경전을 통해 습득한 언어가 아니었다. 그가 사용하는 언어는 근대 신어였으며, 기본적으로 일본 학계의 자장 속에서 형성된 것이었다. 그가 '철학'을 '궁리탐원'의 학문으로 정의하면서 이치에 대한 궁구를 강조하고 있지만, 이때 '궁리'는 주자학적 격물궁리 혹은 거경궁리와는 다른 차원의 의미를 품고 있다.

20세기 전환기는 동아시아의 사상 세계에서 공간적 변화가 두드러진 시대였다. 그 이전에는 중국을 중심으로 형성된 지식 체계가 이 지역에서 주된 역할을 담당했다고 한다면, 서양으로부터 전래된 서학(西學), 혹은 새로운 학문으로서의 신학(新學)이 유교로 대표되는 구학(舊學)과 경쟁하기 시작하면서 중국 혹은 일본에 소개된 서양 관련 지식이 한국 지식인의 지적 자원이 되었다. 특히 20세기에 들어와서 일본의 지식계는 한국 지식인의 사상적 지평에 지대한 영향을 미쳤다. 이러한 현상은 동아시아 지식 체계의 중심으로 간주되었던 중국에서도 마찬가지였다. 철학이라는 새로운 학문에 관한 일본어 저술이 중국어로 번역된 것이다. 이인재의 『고대희랍철학고변』이 이노우에 엔료의 저작에 대한 중국어 번역본을 참고로 했다는 점만 보더라도, 20세기 초의 동아시아 지식 공간에서 일본의 자장을 쉽게 알 수 있다. 장지연이 사용하는 '철학'이라는 용어 또한 당시의 한국의 지식계에 상당한 영향을 끼쳤던 중국인 양계초의 영향과 관련되어 있다고 볼 수 있을 것이다. 양계초는 당시 일본에서 활동하면서 서양 지식의 발신 기지 역할을 담당했던 것이다.

최두선의 철학 이해에 주요한 자원을 제공한 것은 당시 동경대 교수였던 구와키 겐요쿠가 저술한 『철학개론』이었다. 이 책은 일본에서 필로소피에 대한 번역으로 '철학'을 학문적으로 정초하는 데 주요한 역할을 담당한 서적이었다. 최두선은 필로소피를 '철학'으로 수용하였으며, 철학에 대해 정의를 하는 방식 또한 구와키의 설명 방식에서 그다지 벗어나 있지 않았다. 메이지 중기까지 일본에서 논의되었던 필로소피에 대한 다양한 번역들, 즉 이학(理學), 성리(性理), 격물학 등의 다른 번역들에 대한 관심도 최두선에게는 거의 사라졌다고 할 수 있다. 다만 장지연을 비롯하여 최두선 등이 철학의 특징으로 '궁리'를 들어가면서 철학의 보편적 근본적 성격을 강조한 점은 구와키의 영향과 함께 조선사상사의 내적 지평과의 관련성 위에서 검토를 요하는 문제이다.

이 글은 최두선이 남긴 일군의 저작을 토대로 진행된 연구이므로, 최두선의 저작을 전체적으로 조감하면서 최두선의 사상적 특징을 밝히지 못한 한계를 지닐 수밖에 없다. 최두선의 저작에 대한 조사뿐만 아니라 20세기 초 한국의 서양철학 소개와 연구에 관한 기초적인 자료 정리가 절실한 상황이다.

【참고 사진 자료】

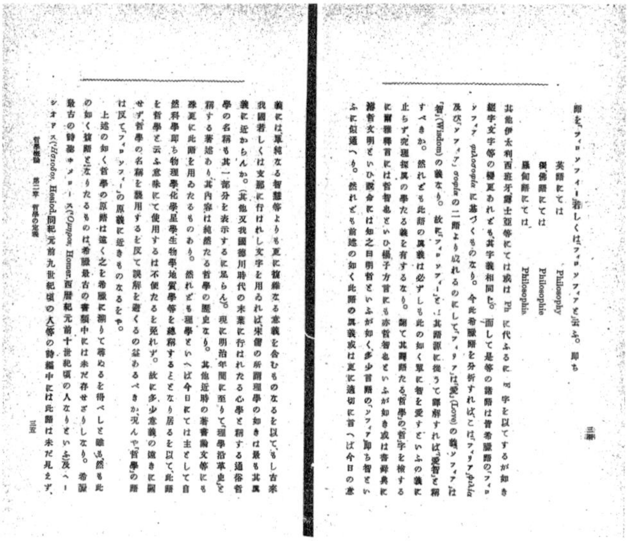

三四

語を「フィロソフィー」若しくは「フィロソフィア」と云ふ。即ち

英語にては　Philosophy

獨佛語にては　Philosophie

羅甸語にては　Philosophia

其他伊太利西班牙露士亞等にては或は Ph に代ふるに F 字を以てするが如き綴字文字等の變更あれども其字義相同じ。而して是等の諸語は皆希臘語の「フィロソフィア」φιλοσοφία に基づくものなり。今此希臘語を分析すれば、こは「フィリア」φιλία 及び「ソフィア」σοφία の二語より成れるものにして「フィリア」は「愛」(Love)の義、「ソフィア」は「智」(Wisdom)の義なり。故に「フィロソフィー」をば其語源に從うて譯解すれば「愛智」と稱すべきか。然れども此語の眞義は必ずしも此の如く單に智を愛すといふの義に止らず、究理探眞の學たる義を有するなり。翻て其譯語たる「哲學」の「哲」字を檢するに爾雅釋言には哲智也といひ、揚子方言にも亦哲智也といふが如き或は書經典に濬哲文明といひ說命には知之曰明哲といふが如く多少吾語の「ソフィア」即ち智といふに似通へり。然れども前述の如く此語の眞義或は更に適切に言へば今日の意義には、單純なる智慧等よりも更に複雜なる意義を含むものなるを以て、もし古來我國若しくは支那に行けれし文字を用ゐれば、宋儒の所謂理學の如きは最も其眞義に近からんか。（其他又我國德川時代の末葉に行はれたる心學と稱する通俗哲學の名稱も其一部分を表示するに足らん）。現に明治年間に至りて「理學沿革史」と稱する著述あり、其内容は純然たる哲學の歷史なり。其他近時の著書論文等にも殊更に此語を用ゐたるものあり。然れども理學といへば今日にては主として自然科學即ち物理學、化學、星學、生物學、地質學等を總稱するとなり居るを以て、此語を哲學と云ふ意味にて使用するは不便たるを免れず。故に多少意義の遠きに關せず、哲學の名稱を襲用するを反て誤解を避くるの益あるべきか、況んや「哲學」の語は反て「フィロソフィー」の原義に近きものなるをや。

上述の如く哲學の原語は遠く之を希臘に溯りて尋ぬるを得べしと雖も、然も此の如く術語と成りたるものは、希臘最古の書類中には未だ存せざりしなり。希臘最古の詩聖ホメーロス（Ὅμηρος, Homer. 西曆紀元前十世紀頃の人なりといふ）及へーシオドス（Ἡσίοδος, Hesiod. 同紀元前九世紀頃の人）等の詩編中には此語は未だ見えず、

哲學概論　第二章　哲學の定義　三五

구와키 겐요쿠, 『철학개론』, 34-35쪽.

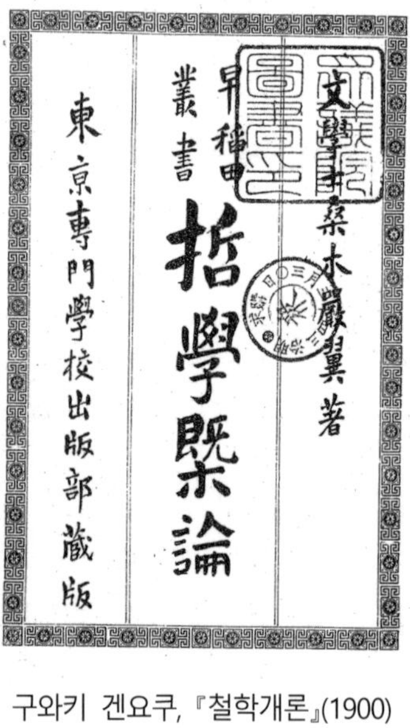

구와키 겐요쿠, 『철학개론』(1900)

【최두선 간략 연보】

1894년 서울에서 태어남

1912년 휘문의숙 3회 졸업

1917년 와세다대학 철학과 졸업

「哲學이란 何오」, 『청춘』 잡지에 발표

1918년 중앙고등보통학교 학감

「哲學者 칸트(1724~1804)」, 『청춘』 잡지에 발표

「近代哲學의 先導者 떼카르트」, 『청춘』 13호에 발표.

1919년 중앙고등보통학교 교장

1920년 조선교육회 평의원

1921년 총독부 촉탁으로 보통학교 교과용 도서 언문철자법 조사 업무 담당

12월 3일 주시경 선생의 제자인 권덕규, 장지영, 이승규와 함께 휘문의숙에서 조선어연구회를 창립

중앙기독교청년회 시민강좌에서 철학강화(哲學講話) 강연

1922년 독일 유학, 마르부르크대학과 베를린대학에서 철학을 공부함

1925년 중앙고등보통학교 교장

1926년 조선학생과학연구회 주최 칸트 탄생 202주년 기념강연회에서 「칸트의 一生」 강연

「철학의 완성자 – 칸트의 생애와 사업, 고향에서 일보를 떠나지 않은 일생, 합리론과 경험론을 조화한 그 철학」을 『동아일보』에 게재 (4월 28일)

1929년 재단법인 중앙학원 이사

1931년 중앙고등보통학교 교장 사임

1932년 보성전문학교 이사 취임

1935년 경성방직 이사

1938년 경성방직 상무이사
　　홍업구락부사건으로 체포 약 3개월 수감
　　보성전문학교 상무이사직 퇴임
　　「철학자 칸트」, 『삼천리』 잡지에 전재
1939년 대동직물주식회사 이사 선임
　　남만방적주식회사 이사
1941년 조선임전보국단 이사
1944년 경성방직 전무
1945년 경성방직 사장 취임
1946년 한국민주당 중앙상무집행위원
1947년 반탁독립투쟁위원회 중앙집행위원
　　동아일보사 사장 취임
1948년 5·10선거 중앙선거위원회 위원
1949년 민주국민당 상무집행위원
1951년 전국대의원회 부의장
1952년 중앙상무집행위원회 부의장
1953년 민주국민당 부위원장
1955년 정계 은퇴
1956년 유엔가입전국추진위원회 활동, 유엔총회 한국대표
1960년 국제연합한국협회 부회장, 대한적십자사 총재, 유엔총회 파견대표
　　단 대표
1961년 5월 16일 군사정부의 민간사절단으로 미국 방문
1963년 동아일보 사장 퇴임(재임 만 16년 6개월)
　　대한적십자사 총재, 제3공화국 초대 내각 총리
1965년 아프리카친선사절단 단장으로 아프리카 순방
1966년 대한적십자사 총재
1974년 사망

【참고문헌】

『개벽』, 『동아일보』, 『삼천리』, 『청춘』, 『학지광』.

박종홍, 『박종홍전집』 V, 서울: 형설출판사, 1980.

유길준전서 편찬위원회, 『유길준전서』 1, 서울: 일조각, 1971.

이관용, 「동양학계의 名星, 金重世 氏」, 「開闢」 제46호, 1924년 4월 1일.

이광수, 『조선의 현재와 장래』, 홍문당, 1929.

최남선, 「논설」, 『청춘』 창간호, 1914.

최두선, 「哲學이란 何오」, 『青春』 제11호, 新文館, 1917.11.

최두선, 「哲學者 칸트」, 『청춘』 總14號(第4卷3號), 1918.

桑木嚴翼, 『哲學概論』, 東京: 東京專門學校出版部, 1900.

中江兆民, 『一年有半』, 博文館, 1901.

井上圓了, 『哲學要領』, 哲學書院, 1886.

최영성, 「'석정 이정직 유고' 해제」, 『석정 이정직 유고 1』, 『향토문화자료』 제20호, 김제문화원, 2001

김재현, 「『한성순보』, 『한성주보』, 『서유견문』에 나타난 '철학' 개념에 대한 연구 -동아시아적 맥락에서-」, 『개념과 소통』 제9호, 한림대 한림과학원, 2012.

미야카와 토루 · 아라카와 이쿠오 엮음, 이수정 옮김, 『일본근대철학사』, 서울: 생각의 나무, 2001.

양일모, 「근대 중국의 서양학문 수용과 번역」, 『시대와 철학』 15권 2호, 한국철학사상연구회, 2004.

양일모, 「한학에서 철학으로 -20세기 전환기 일본의 유교 연구」, 『한국학연구』 제49집, 인하대 한국학연구소, 2018.

임종진, 「성와 이인재의 성리사상 1 -『고대희랍철학고변』에 대한 분석을 중심으로」, 『퇴계학과 유교문화』 제53호, 경북대학교 퇴계연구소, 2013.

조요한, 「한국에 있어서의 서양철학연구의 어제와 오늘」, 『사색』 제3집, 숭전대철학회, 1972.

표정훈, 『동양학자 김중세 연구』, 성균관대학교 석사학위논문, 2014.

宮永孝, 「西洋哲學傳來小史」, 『社會志林』 57(1-2), 東京: 法政大學社會學部學會, 2010.

藤田正勝, 「日本における'哲學'の受容」, 『岩波講座哲學 14 —哲學史の哲學』, 東京: 岩波書店, 2009.

楊冰, 「王國維の哲學思想の出發点「正名說」における桑木嚴翼の『哲學概論』(1900)の影響 : 王國維の『哲學弁惑』(1903)を中心に」, 『人文學論集』 32, 大阪: 大阪府立大學人文學會, 2014.

[부록 1]

한국서양철학 수용연표

양일모, 김재현, 이원석 정리

한국서양철학 수용연표

연월일	내 용
1888년 2월 6일	▶ '철학' 용어 최초 등장. • 한성주보(漢城週報) 「외보(外報)」. 의미 설명은 제시되지 않음.
1895년	▶ 유길준이 최초로 서양철학을 '철학'으로 설명하고 정의함. • 『서유견문(西遊見聞)』, 「태서 학술의 내력」(『유길준전서』 1, 일조각, 351쪽.)
1896년 4월 7일	▶ 『독립신문』 창간 논설로 「옛적 썩은 학문과 향기 나는 새 학문」 수록.
1896년 7월 2일	▶ 독립협회 창립
1896년 12월 5일	▶ 「법률적요총화」, 「스토아학파 철학」, 「철학의 원칙」 발표됨. • 『대조선독립협회보』 2호
1897년 8월 21일	▶ 『독립신문』에 최병헌의 「개화록」 발표.
1898년 4월 20일	▶ 『그리스도인 회보』에 「격물학의 근원」 발표
1898년 5월 25일	▶ 최병헌, 「일본을 열람한 일」이 『대한그리스도인회보』 2권 21호~30호에 발표됨.
1899년 1월 13일	▶ 『황성신문』 「청의보」에 '철학'이 언급됨.
1899년 7월 28일	▶ 『독립신문』에 「외국론(전호연속)」이 발표됨.
1899년 9월 12일	▶ 『독립신문』에 「나라의 근본」 • 동양의 도학을 기독교로 대체해야 한다는 주장 펼침.
1898년 11월 5일	▶ 『매일신문』 논설란에 철학 언급.
1899년	▶ 최병헌, 「동방 성인들도 하나님을 공경하였고」 발표. ☞ 『대한그리스인회보』
1901년 11월	▶ '이학' '과학' 번역 용어 게재 • 『신학월보』 1권 8호, 「언사자전」
1902년	▶ 최병헌, 「선진이 후진에 행할 식분」, 『신학월보』 2권 7호.
1902년 11월	▶ "Vocabulary of Primer of Psychology", 『신학월보』 2권 12호.
1903년	▶ 석정(石亭) 이정직(李定稷, 1841~1910)이 『강씨학설대략(康氏學說大

	略)』 집필 시작. • 『연석산방고』의 『미정문고별집』 속에 128쪽에 달하는 분량으로 수록됨. • 양계초의 『음빙실문집』을 참고하여 칸트 철학을 주자학과 비교.
1903년 8월	▶ 이승만, 「예수교가 대한의 장래」, 『신학월보』.
1903년 12월 22일	▶ 최병헌, 「기서」, 『황성신문』.
1904년	▶ 최병헌, 「공부를 부지러니 할 때」, 『신학월보』 10권 4호.
1905년	▶ 평양의 숭실학당에서 교사 베른 하이젤(Bern Heisel, 片夏薛)이 최초의 학교판 철학교육 실시.
1906년 2월 7일	▶ 『제국신문』에 「각 종교의 관계」 발표됨.
1906년 4월	▶ 대한자강회 설립
1906년 6월 8일	▶ 『황성신문』 일본 간행 철학서적 광고 수록(평양대동서관 발행)
1906년 7월 31일	▶ 윤효정의 「본회회보」와 박은식의 「대한정신」이 『대한자강회월보』 1호에 발표됨.
1906년 10월 20일	▶ 「기서경답북산하이규영씨」에 '철학', '과학' 용어 등장.
1906년 11월	▶ 장응진, 「진화학상 생존경쟁의 법칙」, 『태극학보』 4호.
1906년 12월 1일	▶ 조선통감부가 "종교의 선포에 관한 규칙" 선포.
1906년 12월 31일	▶ 장응진, 「과학론」, 『태극학보』 5호.
1907년 2월 1일	▶ 이규백 저(박은식 역술) 「廣新學以補舊學說」, 『서우』 3호.
1907년 3월 3일	▶ 이창환, 「법률과 도덕의 구별」, 『대한유학생회보』 1호.
1907년 4월	▶ 장응진, 「심리학상으로 관찰한 언어」, 『태극학보』 9호.
1907년 4월 25일	▶ 유근 역, 「교육학원리」, 『대한자강회월보』 10호.
1907년 7월 24일	▶ 장응진, 「양심론」, 『태극학보』.
1907년 10월	▶ 장응진, 「교수와 교과에 대하야」, 『태극학보』 15호.
1907년	▶ 신기선이 대동학회 설립.
1907년	▶ 김대희, 『20세기조선론』(일신사) 간행.
1908년 1월 26일	▶ 최병헌, 「기서 통곡자사」, 『황성신문』.
1908년 2월 25일	▶ 김사설, 「학문체용」, 『대동학회월보』(순한문) 1호. ▶ 김문연, 「학계일반」, 『대동학회월보』 1호. ▶ 신기선, 「도학원류」, 『대동학회월보』 1호.(2호에도 연속해서 수록) ▶ 이종하, 「신구학문이 동호아 이호아」, 『대동학회월보』 1호.(2호에도 연속해서 수록)
1908년 11월 25일	▶ 최병헌, 「학유신구변기허실」, 『기호흥학회월보』 1권 4호.
1908년 3월 25일	▶ 박해원, 「신구학변」, 『대동학회월보』 2호.

	▶ 권보상, 「법학용어해」, 『대동학회월보』 2호.
1908년 4월 25일	▶ 원영의, 「종교지구별」, 『대동학회월보』 3호에 발표됨.
1908년 5월 24일	▶ 김영재, 「과학의 급무」, 『태극학보』 20호.
1908년	▶ 학해주인, 「철학초보」, 『태극학보』 21호, 22호.
1908년 6월	▶ 이기, 「호남학회월보발행서」, 『호남학보』 1호.
1908년 6월 25일	▶ 신기선, 「학무신구」, 『대동학회월보』 5호. ▶ 이창환(명치대학동창회), 「철학과 과학의 범위」, 『대한학회월보』 5호. • 『대한학회월보』는 일본유학생 단체인 대한학회의 월보로 일본에서 발행됨.
1908년 7월 25일	▶ 신기선, 「학무신구(속)」, 『대동학회월보』 6호. ▶ 이종린, 「신구학의 관계」, 『대한협회회보』 4호. ▶ 변승기, 「신구동의」, 『호남학보』 2호.
1908년	▶ 강매, 「서양윤리학 요의」, 『대한학회월보』 8, 9호.
1908년 8월 25일	▶ 여병현, 「격치학의 공용」, 『대한협회회보』 5호.
1908년 월일미상	▶ 안국선, 「고대의 정치학과 근세의 정치학」, 『대한협회회보』 6호.
1907년 9월 17일	▶ 「중앙학회발기」가 『황성신문』에 발표됨.
1908년 10월 5일	▶ 박두화, 「법률과 도덕의 관계」, 『법정학계』 17호.
1908년 10월 25일	▶ 여병현, 「격치학의 공용(속)」, 『대한협회회보』 7호
1908년 11월 25일	▶ 여병현, 「신학문의 불가불수」, 『대한협회회보』 8호.
1908년 12월 5일	▶ 이해조, 「윤리학」, 『기호흥학회월보』 5호. • 5호를 시작으로 8회에 걸쳐 연재되기 시작.
1909년 1월 1일	▶ 구신자, 「신학과 구학의 구별」이 『서북학회월보』 8호. • '철인(哲人)' 용어가 사용됨.
1909년 2월 26일	▶ 『황성신문』 논설에 '철리학(哲理學)' 용어 출현.
1909년 3월	▶ 박은식, 「유교구신론」, 『서북학회월보』 10호.
1909년 4월	▶ 저자미상, 「제학석명절요」, 『서북학회월보』 11호.
1909년 4월 25일	▶ 이해조, 「윤리학(속)」, 『기호흥학회월보』 9호.
1909년 5월 1일	▶ 나기석, 「기김성욱서」, 『서북학회월보』 12호.
1909년 5월 20일	▶ 박해원, 「국민의 지식보급설」, 『대한흥학보』 3호.
1909년 7월 1일	▶ 죽포생, 「학문연구의 요로」, 『서북학회월보』 14호.
1909년 8월 4일	▶ 『대한매일신보』 논설에 '철인' 용어 등장.
1909년 9월 11일	▶ 박은식, 대동교 창건. 양명학 통한 유교혁신과 대동사상 주장
1909년 9월 25일	▶ 성낙현, 「욕학신학선학구학」, 『대동학회월보』 20호.
1909년 10월 1일	▶ 박은식, 「동양의 도학원류」, 『서북학회월보』 17호.

1909년 11월 24일	▶ 장지연, 「철학가의 안력」, 『황성신문』 논설. ▶ 저자미상, 「철학위군학적두뇌」, 『황성신문』.
1910년 1월 16일	▶ 『대한매일신보』 1면, 소크라테스를 '철학가', '종교가', '도덕가'로 서술.
1910년 3월	▶ 이보경, 「문학의 가치」, 『대한흥학보』 11호.
1910년 6월 10일	▶ 김용철, 「최근태서과학의 개관」, 『보중친목회보』 1호.
1912년	▶ 이인재(李寅梓, 1870~1929)가 『고대희랍철학고변(古代希臘哲學攷辨)』을 편찬한 것으로 추정됨.
1913년	▶ 한용운 『조선불교유신론』 간행. • 철학 관련 전문용어 다수 등장.
1914년 9월	▶ 최남선, 「백학명해(百學明解)」, 『청춘』 창간호.
1914년	▶ 강매, 「동양철학과 퇴계선생」, 『신문계』 2-1.
1915년 5월	▶ 염석우(廉錫祐), 「西洋哲學史序論」, 『학지광』 4호. ☞ 『학지광』은 조선유학생학우회 기관지.
1915년	▶ 백상규 경신학교 대학부에서 논리학 강의 시작. ☞ 경신학교 대학부는 1917년에 연희전문학교로 승격.
1915년	▶ 국여(菊如) 양건식(1889~1944)이 『불교진흥회월보』 1호에서 7호에 걸쳐 「西哲康德格致學說」을 번역하여 발표. • 양계초의 「근세제일대철강덕지학설」을 번역 및 주석.
1916년 11월 10일	▶ 이광수, 『문학이란 하오』, 『매일신보』 11월 10일자~23일자.
1917년 8월 4일	▶ 『매일신보』, 최두선 와세다대학 철학과 졸업 보도.
1917년 11월	▶ 최두선(1894~1974), '철학이란 하오' [청춘] 11호. • 이 해, 최두선은 와세다대학 철학과 졸업. • 구와키 겐요쿠(桑木嚴翼, 1874~1946)의 『哲學概論』(1900) 34-35쪽에 의거하고 있음을 밝힘
1918년 1월	▶ 강인택, 「종교적 정신을 배양」, 『천도교회월보』 8호.
1918년 4월	▶ 최두선(崔斗善), 「近代哲學의 先導者 떼카르트」, 『청춘』 13호.
1918년 6월	▶ 최남선, 「십년」, 『청춘』 14호 • "처음 철학에 우목(寓目)하였고..."라는 구절이 나옴. • "이광수 와세다대 철학과에서 특대생으로 진급"(『학지광) 12호 기사)
1919년 1월 3일	▶ 이광수, 「숙명론적 인생관에서 자력론적 인생관에」, 『학지광』 17호
1920년	▶ 전병훈(全秉薰)이 『精神哲學通編』을 북경에서 출간.
1920년	▶ 소춘 김기전, 「역만능주의의 급선본 프리드리히 니체선생을 소개함」, 『개벽』 1호.

1920년	▶ 묘향산인, 「신인생표의 수립자 :프리드리히 니체선생을 소개함」, 『개벽』 2호.
1920년	▶ 새봄, 「칸트의 영구평화론을 논함」, 『개벽』 4호.
1921년 3월	▶ 강인택이 「동양도학」을 『개벽』 9호에 연재하기 시작. • 9호-15호(1921.3~1921.9) 7회에 걸쳐 연재 • "조선철학" 용어 사용.
1921년 4월 21일	▶ 종로중앙청년회 소년부 주최 시민강좌 개최, 연사 최두선, 주제는 철학강화(哲學講和).
1921년	▶ 이관용(李灌鎔)이 독일에서 「의욕론 -의식의 근본사실로서」라는 주제로 우리나라 최초로 철학박사 학위를 취득. 연희전문에서 논리학, 심리학, 철학을 가르쳤고, 철학을 '原學'으로 불러야 한다고 주장.
1921년	▶ 김사국, 「근대철학과 찜스」, 『아성』 3호.
1921년	▶ 김명식, 「현대사상의 연구」, 『아성』 4호.
1922년 11월	▶ 안 확(1886~1946), 「朝鮮哲學思想槪觀」, 『신천지』 7호. • '조선철학'이란 개념을 처음 사용한 것으로 추정됨.
1922년	▶ 재동경조선기독교청년순회강연단(在東京朝鮮基督靑年巡回講演團)이 평양에서 강연회 개최 • 강연내용 : 人生의 眞正한 價値(白南薰), 近世哲學 傾向과 基督教(蔡弼近), 天國백성(宋義禎).
1922년	▶ 김명식, 「전쟁철학의 비판」, 『신생활』 7호.
1922년	▶ 신일용, 「자본주의와 철학사상」, 『신생활』 8호.
1922년	▶ 이대위, 「니체의 철학과 현대 문명」, 『청년』 19호.
1922년 10월 4일	▶ 이관용, 「사회의 병적 현상」, 『동아일보』(10.4-20일) • 16회 연속 게재물로 이 글은 일종의 철학에세이임.
1923년	▶ 이대위, 「근대철학 대가와 기독의 사상」, 『청년』 23호.
1923년 2월 13일	▶ 이관용 귀국인터뷰, 『동아일보』.
1923년	▶ 이관용, 「원학(原學)인 철학」, 『신생명』 1호.
1923년 6월 1일	▶ 임 주, 「인류의 사상 변천과 재래 종교의 가치」, 『개벽』 36호.
1924년	▶ 이강렬, 「과학과 철학」, 『연희』 3호. ▶ 김정설, 「칸트의 직관형식에 대하여」, 『연희』 3호 ▶ 노정일, 「칸트의 도덕론」, 『연희』 3호. ▶ 이관용, 「임마누엘 칸트」, 『연희』 3호.
1924년	▶ K.S 생, 「근대철학의 개조 칸트의 탄생 2백년을 기념하여」, 『학생계』 22호.

1925년	▶ 이순탁, 「유심사관과 유물사관」, 『연희』 4호.
1926년	▶ 경성제국대학에 철학과 설치.
1926년	▶ 오봉빈, 「철학은 무엇이며, 종교는 무엇인가?」, 『신인간』 1호.
1926년 12월 1일	▶ 한치관, 「특수적 조선인」, 『동광』 8호.
1926년 4월 22일	▶ 칸트紀念講演(朝鮮學生科學研究會 主催) • 칸트의 一生 (崔斗善) • 칸트의 學說에 對하야 (崔鉉培) • 칸트의 道德哲學에 對하야 (李灌鎔)
1926년 4월 28일	▶ 최두선(崔斗善)이 「哲學의 完成者 칸트의 生涯와 事業, 故鄕에서 一步를 떠나지 안은 一生, 合理論과 經驗論을 調和한 그 哲學」을 『동아일보』에 게재.
1926년	▶ 최화운, 「칸트철학과 뿌르조아사상」, 『개벽』 65호.
1926년	▶ 최화운, 「푸로레타리아의 철학」, 『개벽』 67호.
1926년	▶ 최화운, 「헤겔철학과 엥겔스」, 『개벽』 68호.
1926년	▶ 한치진, 「순정과학(純正科學)과 구미의 사상계」, 『연희』 6호.
1927년 6월 14일	▶ 톨스토이 紀念講演 • 톨스토이 生涯觀 (池鎔殷) • 톨스토이 藝術觀 (金鍵) • 톨스토이 婦人觀 (姜壽岳) • 톨스토이 宗教觀 (金鍾弼) • 톨스토이 哲學觀(蔡弼近)
1927년	▶ 이시참, 「현대 역사철학에 대하여-특히 리케르트의 원리론」, 『현대평론』 7호.
1927년	▶ 이안준, 「투쟁의 철학」, 『조선지광』 65호.
1927년	▶ 한치진, 「유물이냐, 유심이냐?」, 『조선지광』 73호.
1927년	▶ 송재홍, 「한치진군의 반동적 유심론을 논박함」, 『조선지광』 74호.
1927년	▶ 이강렬, 「칸트와 흄」, 『동광』 11호.
1927년	▶ 안광천, 「무산자계급의 철학과 근대철학-유물변증법연구」, 『조선지광』 74호.
1928년 3월 23일	▶ '김중세 박사 귀국' 보도 (『매일신보』)
1928년 5월	▶ 이병도, 「학계에 자랑할 동방의 대철인 이퇴계와 이율곡」, 『별건곤』 12, 13호.
1928년 7월 6일	▶ 하기상식대강좌(夏期常識大講座) 신간회김해지국주최(新幹會金海支局主催) 본보김해지국후원(本報金海支局後援) • 史學哲學 (李灌鎔)

	• 朝鮮語 (崔鉉培)
1928년 8월 8일	▶ 평양기청수양강좌(平壤基靑修養講座) • 哲學(蔡弼近), 衛生(李容卨), 歷史(李永漢), 經濟(鄭哲), 工業(車廣恩).
1928년 10월 12일	▶ 朝鮮教育協會의 週間講座 • 經濟原論(徐椿), 哲學史(崔鉉培).
1928년	▶ 한치진, 「철학과 인생」, 『朝鮮之光』 제77호. 40-50쪽. • 유심론적 철학의 입장.
1928년	▶ 이봉직, 「철학에 관한 문제의 이삼」, 『조선지광』 80호.
1928년	▶ 철아, 「근대철학의 비조 르네 데카르트」, 『불교』 46-48호.
1928년	▶ 신원, 「헤겔의 철학」, 『여시』 1호.
1928년	▶ 송정순, 「퍼어얼빠하의 유물철학 개관」, 『조선지광』 76호.
1929년 7월 15일	▶ 경성제국대학의 한국인 학생들이 『신흥(新興)』이라는 학보를 창간, 서양철학에 관한 논문이 주축을 이룸. 창간호(1929.7.15.)에는 김계숙의 「코헨 철학에 관한 단편」, 권세원의 「진리와 정확의 구별」, 배상하의 「짜라투스트라」가 실림.
1929년	▶ 안호상이 「헤르만 로체의 관계문제를 위한 의미」라는 주제로 독일 예나대학에서 박사학위 취득.
1929년	▶ 김소하, 「쇼펜하우엘의 염세철학과 그의 불교사상」, 『불교』 56호
1930년	▶ 김계숙, 「철학과 특수과학」, 『신흥』 3호. ▶ 고유섭, 「미학의 사적개관」, 『신흥』 3호.
1930년	▶ 차 일, 「유물주의의 철학」, 『대조』 6호.
1930년 10월 21일	▶ 先生評判記 其(十四) 퉁퉁한 술부대 尹泰東 講師, 浪漫哲學을 特히 研究(R記者).
1930년	▶ 조종언, 「철학! 철학!」, 『신인간』 5권1호.
1931년 1월	▶ 박동일, 「동서철학일별」, 『일광』 3호.
1931년	▶ 김계숙, 「철학과 자연성과의 관계」, 『신흥』 4호.
1931년	▶ 지창하, 「소크라테스의 도덕론」, 『신생』 40호.
1931년	▶ 한치진, 「철학적 직각론」, 『청춘』 2월호. 16-19쪽.
1931년	▶ 한치진, 『논리학개론』 간행.
1931년 8월	▶ 신언준, 「현대중국사상가열전(4) :실험주의의 철학자 호적」, 『동광』 24호.
1932년	▶ '철학연구회' 결성.
1932년 11월	▶ 스피노자(B. Spinoza, 1632~1677) 탄생 삼백주년을 맞아 『신동아』(11월호)에 철학(스피노자) 특집이 마련됨. 여기에는 이관용의 「스피

	노자의 생활」, 이종우의 「스피노자 철학의 특징」, 안호상의 「스피노자의 우주관」이 실림.
1932년	▶ 박체리, 「철학의 처녀지」, 『비판』 16호.
1932년	▶ 백　철, 「18세기의 불란서 계몽철학」, 『신단계』 3호.
1932년	▶ 목　규, 「철학에 있어서 레닌단계」, 『비판』 12호.
1932년 11월	▶ 김명식, 「형이상철학의 자기발견, 박일성씨의 희비극을 논함」, 『동광』 33호.
1932년 11월 22일	▶ 김두헌, 스피노자 탄생 300주년 기념강연(~12월 5일, 총4회) : 「哲人 스피노자 그의 生涯와 哲學 誕生 三百年記念을 마치며」
1932년 11월 23일	▶ 哲學大講演 (主催: 中央佛專學生聯合會, 東亞日報社學藝部) 개최 · 哲學을 正解하라 (朴東一) · 獨逸 사람과 哲學 (安浩相) · 스피노자의 人生觀 (金斗憲)
1933년 7월 16일	▶ 김두헌, 「朝鮮의 現實과 哲學」 발표.
1933년 7월 17일	▶ 『哲學』 창간호 발간. · 박종홍, 「철학하는 것의 출발점에 대한 一疑問」 · 권세원, 「철학이란 무엇이냐? 철학의 영원성에 대하여」 · 이재훈, 「구체적 존재의 구조」 · 이종우, 「외계 실재의 근거」 · 안호상, 「객관적 논리학과 주관적 논리학」 · 김두헌, 「윤리적 평가의 이념」 · 신남철, 「헤라클레이토스의 斷片語」(번역)
1933년 7월 19일	▶ 신남철, 「조선철학계의 성장을 위하여」, (『조선중앙일보』 학예면)
1933년	▶ 고형곤, 「셸링은 어떻게 피히테를 넘어섰는가?」, 경성제국대학 논문
1933년 10월 17일	▶ 第一回公開哲學講演會 (主催 哲學硏究會 後援 東亞日報社學藝部) · 10월 17일 倫理와 文化 (金斗憲), · 10월 19일 人生과 哲學 (安浩相) · 10월 20일 矛盾과 實踐 (朴鍾鴻)
1933년	▶ 신동욱, 「예술철학의 의의」, 『신생』 50호.
1934년 4월 1일	▶ 『철학』 2호 간행 · 박치우, 「위기의 철학」 · 박종홍, 「철학하는 것의 실천적 지반」 · 이재훈, 「존재-인식」 · 신남철, 「현대 철학의 Existenz에의 전향과 그것에서 생(生)하는 당면의 과제」 · 이종우, 「생의 구종에 대하여」 · 이인기, 「개성 유형과 그 교육적 의의」

	· 안호상, 「이론철학은 무엇인가?」 · 김두헌, 「고 이관용 박사 의욕론」
1934년	▶ 안호상, 「헤겔의 철학의 시초와 논리학의 시초」, 『보전학회논집』 1집
1935년 6월 20일	▶ 『철학』 3호 간행 · 이인기, 「교육 원리로서의 개성과 사회와 문화」 · 전원배, 「사회학의 논리적 구조」 · 이재훈, 「철학의 문제 및 입장」 · 안호상, 「이론철학과 실천철학에 대하야-지와 행에 대한 일고찰」 · 갈홍기, 「회의주의의 논리적 방법」
1935년	▶ 박종홍, 일본에서 발간되는 철학잡지 『理想』에 「하이데거에 있어서의 지평의 문제」라는 논문을 발표.
1935년 9월	▶ 이광수, 「학창독어」, 『사해공론』(1935. 9월-12월) ☞ 『이광수전집』 14권(삼중당, 1963) 366-369쪽에 수록됨.
1936년	▶ 한치진, 『(최신)철학개론』(소선문화연구사) 출간.
1936년	▶ 김기석, 「철학의 이념과 그 현실행정」, 『조광』 12호.
1937년	▶ 미국 미시간대에서 이희성(李希聖)이 「주관주의와 직관」이라는 논문으로 박사학위를 받음. 이후 보성전문에서 영어, 심리학, 철학을 가르침.
1937년	▶ 안석천 번역, 「실존철학」, 『불교』 6호, 7호.
1938년	▶ 김두헌, 『윤리학개론』(일본어로 간행).
1938년 8월 1일	▶ 최두선, 「哲學者 칸트」, 『삼천리』 제10권 제8호.
1939년	▶ 김기석, 「철학의 이념과 그 현실행정」, 『인문평론』 3호. ▶ 고형곤, 「철학의 새로운 방향」, 『인문평론』 3호.
1939년 11월 5일	▶ 나의 生活哲學 ; 各界人事들의 賢答 · 女子大學建設 (李淑鍾) · 말을 삼가할 것 (孫晉泰) · 去富貴思眞理 (金斗憲)
1939년	▶ 문동한, 「철학개념의 변천에 대하여, 사적 약고」, 『럼비니(룸비니)』 3호.
1939년	▶ 서인식, 「역사철학 잡관」, 『비판』 106, 107, 108호.
1941년	▶ 안호상이 일본의 京都帝大에서 발간되는 『철학연구』에 「헤겔에 있어서의 판단의 문제」라는 논문을 독일어로 발표.
1941년	▶ 고형곤, 「베르그송의 생애와 사상」, 『춘추』 3월호.
1941년	▶ 박상현, 「선제주의의 철학-20세기의 신화에 대하여」, 『춘추』 9월호.
1942년	▶ 안호상이 우리말로 『철학강론』(동광당서점)을 출간.

【참고문헌】

구사회, 「한국 애국계몽기의 석정(石亭) 이정직(李定稷)과 중국 양계초(梁啓超)의 『음빙실문집(飮氷室文集)』」, 『한국평화연구학회학술회의』 Vol.2016 No.07, 2016.

김재현, 「한국에서 근대적 학문으로서 철학의 형성과 그 특징－경성제국대학 철학과를 중심으로」, 『시대와 철학』 18권3호, 2007.

_____, 『한국사회철학의 수용과 전개』, 동녘, 2002.

_____, 『한국근현대 사회철학의 모색』, 경남대학교출판부. 2015.

박광현, 「경성제국대학의 문예사적 연구를 위한 시론」, 『한국문학연구』 21집, 1999.

_____, 「경성제대와 '신흥'」, 『한국문학연구』 제26집, 2003.

박종린, 「철학과의 설치와 운영」, 『한국근현대 인문학의 제도화: 1910~1959』, 혜안, 2014.

박홍식, 「자산 안확 철학사상의 한국철학사적 의의」, 『동양철학연구』 33, 2003.

_____, 「박은식과 안확의 철학사상 대비」, 『동양철학연구』 23호, 2000.

_____, 「일제강점기 『신천지』에 발표된 안확의 「조선철학사상개관」에 대한 고찰」, 『동북아문화연구』 16호, 2008.

백종현, 「서양철학수용과 한국의 철학」, 『철학사상』 5. 1995.

안호상, 『철학강론』, 1942.

안확, 「조선철학사상개관」, 『자산안확국학논저집』 4권, 여강출판사, 1994.

이기상, 「철학개론서와 교과과정을 통해 본 서양철학의 수용(1900~1960)」, 『철학사상』 5, 1995.

이행훈, 「번역된 '철학' 개념의 수용과 전유」, 『동양철학연구』 제74집, 2013.

_____, 『학문의 고고학 : 한국 전통지식의 굴절과 근대학문의 기원』, 소명출판, 2016.

조요한, 「한국에 있어서의 서양철학연구의 어제와 오늘」, 『사색』 3, 숭전대 철학회, 1972.

_____, 「우리의 삶, 우리의 현실, 한국 철학언어로의 모색」, 『월간조선』 1983년 3월.

_____, 「서양 철학의 도입과 그 연구의 정착」, 서의필선생 회갑기념 논문집간행위원회, 『종교, 인간, 사회 : 휴머니티의 회복을 위하여』, 1988.

조희영, 「현대 한국의 전기 철학사상 연구 -일제하의 철학사상을 중심으로」, 『용봉논총』 제4집, 1975.

_____, 「현대 한일 철학사상의 비교연구 -1930년대 박종홍과 삼목청의 철학사상을 중심으로」, 『용봉인문논총』 12권, 1982.

조희영·신상호·성진기, 「한국(韓國)과 일본(日本)에 있어서의 서양철학(西洋哲學)의 수용형태(受容形態)에 관한 비교연구」, 『용봉인문논총』, 1977.

진교훈, 「서양철학의 전래기」, 『한국철학사』 하권, 동명사, 1987.

최남선, 「서재한담」, 『최남선전집』 5권, 1973.

한치진, 『최신철학개론』, 1936.

[부록 2]

1910년대 한국 철학 자료

1. 철학가의 안력
2. 백학명해(百學名解)
3. 최두선, 「철학이란 하오」
4. 최두선, 「철학자 칸트」
5. 최두선, 「철학의 완성자 -칸트의 생애와 사업」
6. 최두선, 「근대철학의 선구자 데카르트」

양일모 정리

* 1910년대 자료는 현대 한국어 문법에 따라 표기하고 번역함

1. 철학가의 안력[1)]

무릇 철학이라는 것은 궁리(窮理)의 학문이니 각종 과학 공부의 미치지 못하는 곳을 연구하여 천리(天理)를 밝히고 인심(人心)을 맑게 하는 고등 학문이다. 그 사상의 심오함과 범위의 광박함이 실로 무진장한 능력이 있는 것이니, 이를 여름 벌레와 우물 속 개구리의 견해로 겨우 한쪽 구석만을 바라보고, 자민하고 지족하여 천하 학문이 우리보다 못하다고 망령되게 말하겠는가?

아, 우리 한국의 학계를 말해보자면, 종래 습관적으로 사대부들이 물질 연구로 이용후생의 재료를 공급하는 학문에 대해 모두 천한 일로 간주하여 일체 도모하지 않았으며, 그 결과 졸렬하고 초라함이 극에 이르렀고, 세계에 발표할 만한 가치가 없다. 그렇지만 철학이라는 이 분야에 이르러서는 6백여 년 동안 유림들이 갈고 닦아 대대로 전수해온 것이므로, 당연히 세계의 학자들을 상대하여 장단점을 비교할 가치가 있어야 할 터이다. 그러나 무슨 이유로 한 명의 유학자도 철리를 발휘하여 세계의 학자들에게 우리나라에 철학자가 있다는 것을 드러내는 자가 없는가? 그 까닭을 물어야 할 것이다.

---

1) 장지연 편집, 『황성신문』 논설, 1909년 11월 24일. 국한문 혼용체임.

어떻게 말할 것인가? 우리 한국에서 유학자들은 평생 동안 족적이 향리를 벗어나지 못하고 문견이 역외에까지 미치지 못하고, 단지 송대 유학의 찌꺼기와 자기 학파의 전수해 온 법문에 매여 있다. 심성(心性)과 이기(理氣)의 설 가운데 몇 구절 몇 마디를 다른 사람의 의견에 따라 조금이라도 암기할 수 있으면, 스스로 잘난 체하면서 스스로 유림의 종장으로 자처하고 세상 사람들은 또 높은 지위로 대우한다. 따라서 그 학력으로 보자면 깊게 연구하여 자득한 견해가 없고, 실용을 따져보면 둥근 바닥에 네모난 뚜껑처럼 서로 앞뒤가 맞지 않는 한탄만 있을 뿐이다. 이러한 학식으로 어찌 세계의 풍기가 날로 진화하고 천학의 학리가 날로 진보하는 시대를 맞이하여 얼굴을 마주하고 어깨를 나란히 할 능력이 있겠는가?

내가 일찍이 각 지역의 유학자에게 일본 철학파의 원류와 서양철학자의 격언을 제시하였는데, 그들은 놀라서 일본과 서양에도 학자가 있느냐고 말했다. 문견의 고루함이 여기에 이르니 다시 무엇을 말하겠는가, 다시 무엇을 말하겠는가? 지금부터 유림 여러분이 큰 눈을 더 크게 떠서 세계의 서적을 널리 보고 세계의 학리를 널리 구하여 시골 동네에서 우리나라 책만 공부하던 누습을 격파하고 세계에서 철학자의 한 부분을 차지하게 되면, 또한 우리나라의 빛을 드러낼 값이 있을 줄로 생각하노라.

2. 백학명해(百學名解)[2]

○ 학문(學, 영어 Science, 독일어 Wissenschaft)

학문은 '조직된 지식'(Partially unified knowledge)이란 뜻이다. 자세히 말하자면 제일은 널리 관찰하여 많은 재료를 한데 뭉쳐 그 전반에 관통되는 개괄적 지식이요, 제이는 그 재료를 수십, 배열하는 데 일정한 방법을 좇아 계통을 명정하게 하여 분류를 한 체계적 지식이요, 제삼은 정돈된 재료와 사실의 관계를 밝혀 그 사이에 있는 이법(理法)을 정확하게 단정하여 그 사실을 설명할 수 있는 합리적 지식이라야 하는 것이다. 진실로 이러한 것들은 처음부터 온갖 학문에 겸비하여 있다는 것도 아니요 또 이상 세 가지가 서로 대등한 지위를 가지는 것도 아니다. 제일의 요건을 갖춘 뒤에 제이로 나아가고 또 제삼으로 나아가는 것이니, 이렇게 학문이 점차로 진보 발달하는 것이니라.

---

2) 최남선 편집, 「논설」, 『청춘』 창간호, 1914년.

○ 과학

두 가지 뜻으로 쓰인다.

(1) 학문과 동일한 의미이다. 곧 일상 개개의 지식을 가지고 이를 통일하고 조직하여 일과(一科)의 학문을 만든 것이니, '조직된 지식'이란 뜻이니라.(위 항목 참조)

(2) 궁리학(철학)의 대상이 전반적임에 대하여 그 대상의 범위가 부분적인 것이니, 생물학, 심리학이 각각 만유의 일부분인 생물계, 정신현상을 고구하는 부류이다.

여러 가지로 그 부류를 나누는 일이 있으니, 자연현상이나 정신현상을 대상으로 삼음을 말미암아 자연과학(천문학, 물리학 등)과 정신과학(심리학, 경제학 등)으로 나누며, 또 사물이 생기하는 유래를 설명함과 우리의 행위, 사유, 정서가 마땅히 따라야할 규범을 탐구함으로 말미암아 설명과학(물리학, 심리학 등)과 규범과학(논리학, 윤리학 등)으로 나눈다. 자연과학을 혹 물적 과학, 정신과학을 혹 심적 과학, 설명과학을 혹 기재 과학, 규범과학을 혹 형식과학이라고 한다.

○ 궁리학(窮理學 혹 철학, 영어 Philosophy, 독어 Philosophie)

그리스 시대에는 온갖 순 궁리적 지식을 포괄하였지만, 먼저 수학, 다음 자연과학, 다음에 정신과학이 떨어져 독립하였고, 지금은 만유 전반의 우주, 인생, 지식 등의 근본 원리를 탐구하는 학문으로 정의된다.

궁리학은 인성(人性)의 모든 방면의 요구로부터 생긴 것이지만, 지적(知的) 형적(形的)을 취하는 점에 있어서는 상상이나 신앙에 입각한 시, 노래, 법률, 종교[詩歌法教]와 다르고 만유 전반을 대상으로 하는 점에서는 그 일부를 대상으로 하는 과학하고 다르니, 한편으로는 과학의 결과를 재료로 하고 한편으로는 과학에 기초를 준다.

만유 전반의 탐구는 ① 인식의 형식, ② 실재의 본질, ③ 행위의 문제로 분과가 많다.

궁리학

(1) 지식 철학[理學]

(ㄱ) 현실…… 인식론

(ㄴ) 이상…… 인식론과 논리학

(2) 자연 철학

(ㄱ) 현실…… 자연생성론(우주론, 실체론 등)

(ㄴ) 이상…… 자연목적론(윤리학, 신학 등)

(3) 인생 철학

(ㄱ) 현실…… 인생관(협의)

(ㄴ) 이상…… 윤리학

3. 최두선, 「철학이란 하오 —철학은 궁리와 탐진의 학문」[3)]

철학이란 무엇인가? 이는 어려운 문제이다. 철학에서 강구하는 문제가 방대하고 어려운 것처럼, 철학은 무엇인가 하는 철학의 본령을 명시하는 것도 결코 용이한 일이 아니다. 철학이라는 말이 매우 희미하여 얼른 그 개념을 포착하기 어려울 뿐만 아니라 철학에서 논하는 사항이 깊고 높아 실제의 생활과는 교섭이 없는 듯하며, 세상사람들이 철학을 한가로운 사람의 한가로운 일이나 공리공론으로 여겨 우리의 인생과 관계가 없다고 한다. 그러면 세상사람들이 생각하는 것과 같이 철학은 우리들에게 그다지 관계가 친밀하지 못하고 간절하지 아니한가? 물론 사람마다 다 철학자는 아니다. 철학자가 아닌 이상 철학을 학구적으로 연구하고 조직적으로 논의할 필요는 없다. 이러한 관점에서 보건대 철학은 일반인에게 흥미를 주는 것이 아니요 특수한 사람에게 흥미를 주는 것이다. 그러나 철학 조직 중에 포함하는 사상과 감정으로 논하면, 어떤 사람을 막론하고 현저하지는 않지만 다소

3) 崔斗善, 「哲學이란 何오」, 『青春』 제11호, 新文館, 1917년 11월. 52-53쪽.

지니고 있지 아니함이 없고, 유치한 형태로이지만 약간씩을 안고 있는 바이다. 그런데 철학이라는 것은 그 연원이 필경 이러한 사상과 감정에서 출발하므로 이러한 사상과 감정을 조탁하고 구체화한 것이 곧 철학이다.

우리가 목격하는 일반적인 일은 그것이 심상한 것이라 하더라도 일대 불가사의한 비밀 창고가 아닌 것이 없다. 우리가 매일 접하는 사방의 광경, 매일 경험하는 인간의 운명, 이런 것은 다 심상한 것이지만, 그러나 그 중에 불가사의한 의미가 있지 아니한가? 일월성신의 운행을 보라. 그 운행이 범상한 일이라 하면 하나의 범상한 일에 불과하다. 사시와 풍우의 변환을 보라. 이 변환이 당연한 일이라 하면 당연한 일에 불과하다. 또 영고성쇠의 변환 혹은 사생궁달(死生窮達)의 순환 이런 것을 무심하게 보면 일상 조우하는 상례(常例)에 불과할 뿐이요 하등의 기이하다 할 점이 없다. 그러나 한번 활연히 도리를 분별하는 눈을 열어 그 사이에 상량과 고찰을 더해 보면 이들의 그 어느 것인들 우리에게 경의의 감정을 야기하고 회의의 생각을 유도하지 아니할까? 저 유유한 천체, 과연 처음과 끝이 있는가? 혹은 처음과 끝이 없는가? 묘묘한 인생이 그 가운데서 태어나 그 가운데서 죽으니 사람이 태어남에는 어디에서부터 무엇을 위하여 왔으며, 죽은 뒤에는 어디로 무엇을 위하여 떠나가는가? 우리의 생활이 천지와 전연 관계가 없다고 한다면 그 순간적인 적멸이 무의미하며, 천지의 변화가 완고하고 융통성이 없는 운동이라고만 해석하면, 그 정연한 질서와 규율이 너무나 기이하지 아니한가? 그러므로 다소간 사리에 통하는 자는 이 사이에서 맥락을 구하여 그것을 변증하려고 시도하고, 사리에 우매한 자도 일종의 신앙을 만들어 설명을 대신하려고 한다. 아무리

야만적이고 미개한 자라도 얼마만큼 사려와 변별이 있는 부류의 사람은 일종의 신화를 갖고 있지 아니한 자가 없다. 이 신화는 미개인이 우주에 대하여 내리는 판단이요 해석이니 곧 그들의 우주관이다.

정연한 계통을 갖춘 조직적 신화를 갖고 있는 것은 인도와 그리스 등의 나라에 불과하나, 그 밖의 우매한 민족에서도 질서는 정연하지 못할망정 각각의 천변지이와 제반 인사의 길흉에 관하여 단편적 신화를 갖고 있지 않는 종족이 없다. 일반 민중은 괴이한 것을 좋아하여 평범한 일에 대해서도 반드시 무슨 설명을 덧붙이려고 한다. 가령 하늘에서 천둥이 격렬하게 치게 되면, 혹 귀신이 북을 치는 것이라 하기도 하고 혹은 수레를 달리게 하는 것이라 하기도 하고, 혹은 악인을 징벌하는 형벌의 도구라고 믿기도 한다. 또 태양이 중천에 밝게 빛나 운무가 사방으로 흩어지는 것을 보고, 이를 최대 위력의 천신으로 여기고, 뿐만 아니라 광명과 따뜻한 열기로 하계 중생을 비추는 은혜로 생각하기도 한다. 이와 같이 일체의 천지 현상을 다 유의미한 것으로 해석하여 여기에서 신화가 생겨나게 되었다. 이 신화야말로 실로 학자가 철학이라 하고 종교라고 하는 이름을 붙이는 것의 연원이요 그 맹아라 할 것이다. 그러므로 우리는 독일의 유명한 철학자 쇼펜하우어의 말과 같이 철학적 사색을 하지 아니하는 사람이 없다고 할 것이니, 과연 아무리 조야한 인민이라도 그 신화 중에는 다 철학이 있다고 할 것이다.

신화 밖에 또 민중의 철학을 대표하고 현시하는 것이 있다. 심상하고 천박한 아래 사람들의 수작을 듣고 살펴보건대, 그 무심하게 뱉는 언론 중에 왕왕 흥미진진하고 참으로 철학적 대관이라 할 만한 것이 적지 않다. 이언(俚諺)이라는 것이 곧 이를 표명한 것이다. 이언은 흔히 통속의 철학 혹은 민간의 지혜라 칭하는 것이니, 그 어구가 간단하고 착상이 기발하며 의미가 심장하여 촌철살인 할 만한 것이다. 물론 이언 중에도 혹은 뛰어난 학자가 지어서 민간에 보급시킨 것도 있고, 혹은 기존에 성립된 전적이나 학설 중에서 변화한 것도 있으나, 그 가운데 참으로 배운 적이 없는 야인의 마음에서 나온 것이 적지 아니하고, 또 비록 학자의 손에 만들어지거나 혹은 고전에 기인한 것이라도 그것을 일반 인민이 그와 같이 용이하게 해석하고 전파하는 것을 보건대, 그 이언의 출처는 고원하지만 그 의의는 극히 비근한 것임을 알 수 있다. 다시 말하면, 그 이언은 원래 이속(俚俗)에 통합할 성질을 가진 것이니 원래 민중의 심리에 잠복하여 아직 발현할 기회를 득하지 못하였을 따름이라 할 것이다. 그런즉, 이와 같은 이언은 민중의 사상을 대표하는 것이라 말하더라도 무방하다. 실로 이언은 곧 민간 지식의 발표요 철학 사상의 표백(表白)이다. 이를 역사에서 찾아보건대 그리스 철학의 개조로 유명한 탈레스는 실로 이러한 이언에서 묘를 얻은 칠현인 중의 한 사람이었다. 이로 보건대 철학 사상은 신화에서 그 맹아를 발하고, 다시 이언이 되어서 일상의 말과 행위에 접촉하여 왔다. 또 이러한 신화와 이언은 결코 일국 일인의 전유물이 아니오, 어느 민족 어느 나라 사람을 막론하고 다 있는 것이니, 그러면 철학사상이 보편한 것이요 일부에 한한 것이 아님을 알겠다.

철학사상은 보편한 것이지만, 그렇다고 철학, 환언하면 조직적 철학사상도 그렇게 보편한 것이라 할 수는 없다. 앞에서 서술한 것과 같이 신화로 말하더라도 단편적 신화는 갖지 아니한 민족이 없으나, 조직적 신화를 갖지 아니한 국민은 많으니, 고상한 신화를 가진 국민은 고래로 문화로써 이름난 나라 중에도 겨우 인도와 그리스가 있을 뿐이다. 신화에 있어서도 그것이 조직적 신화로 말하면 보편하지 못하거든 하물며 철학과 같이 정련한 지력을 요하는 것일까? 우매하고 미개한 민족에는 철학을 볼 수가 없고 우매하고 미개한 곳뿐만 아니라 문화가 발달한 나라에서도 특별한 조직적 철학을 갖지 못하는 곳이 없지 아니하다. 그러므로 조직적 철학은 반드시 어디에든지 보편한 것이 아니다. 또 설령 철학의 발달이 현저한 곳, 즉 고대 그리스 및 독일 등에 있어서도 철학을 논하는 자는 그 수가 근소하고 논자가 근소할 뿐만 아니라 철학을 이해하는 자도 전 국민 가운데 몇 분의 일에 불과하다. 이로써 보건대 **조직적 철학**은 국토로나 사람으로나 그다지 보편하지 못함을 알겠다.

그러나 그 철학적 사상은 어느 곳을 막론하고 각인이 다 지니고 있는 바이요, 이 **철학적 사상**이 곧 **조직적 철학**의 **연원지**요, 발아지로다. 이 철학적 사상이 사람에게 없었더라면 철학은 발생하지 못하였을 것이다. 누구인들 홀연히 생겼다가 홀연히 멸하는 자연계의 현상을 보고 놀라는 마음을 가지지 아니하며, 혹은 번성하고 혹은 쇠퇴하는 인생의 운명을 보고 의아한 생각을 품지 아니 하리오. 놀라는 마음이 생겨나고 의아한 생각이 발하거늘, 이성을 천부한 사람으로서 어찌 시비와 진위를 살피고 따지지 아니하고 말리오. 그러나 이들의 해답은 다 단편적이요 우발적이라, 그러므로 하나의 감상이나 문득 떠오르는 생각에 불과하다. 이성을 가진 사람은 이 감상적 해답에 만족하지 못함으로 일보를 다시 더 나아가 완전한 해답, 곧 전후에 모순이 없고 수미가 일관한 해결을 구하려 하는 것이 곧 철학이다. 사람마다 모두 갖고 있는 철학적 사상과 감정을 이론이 철저하게 계통적으로 조직하려 하는 것이 곧 철학이다. 이와 같은 사명과 목적을 가진 철학이 그 직분을 다할 수가 있느냐 없느냐는 별개의 문제이거니와, 여하간 그 계획은 상술한 것과 같다.

■ 철학은 궁리탐진(窮理探眞)의 학문

철학적 사상이 보편적이요 그 보편적 사상을 조직적으로 이론을 세우려 하는 것이 철학이라 함은 이상에서 약술한 바이지만, 여기서 다시 한 번 본문의 논제를 중언하지 아니하지 못하겠다.

"철학이란 何오." 바꾸어 말하면, 철학은 무엇이라 정의할까? 대개 한 분과의 학문에 대해 정의를 만드는 것은 용이한 일이 아니다. 한 분과 학문의 내용의 복잡함이 간단한 몇 구절의 말로써 그 윤곽을 정하고 범위를 보여줄 수 없는 까닭이다. 더욱이 철학과 같이 그 문제가 크고 그 한계가 분명하지 못한 학문에서 있어서는 그 어려움이 더 심하다. 또 학문은 고정한 것이 아니요 시대를 따라서 늘 진보하고 발전하는 것이니, 진보하고 발전하여 한 학자가 새로운 내용을 추가하는 대로 그 정의에 변동이 생겨남은 이치상 당연한 일이다. 이제 이 글을 쓰는 것은 철학의 새로운 정의를 세우려 함이 아니요, 오직 독자로 하여금 철학이란 무언인가에 대해 일반 개념을 가지게 하려 함이다. 이로부터 철학이란 말의 어원과 뜻을 설명한 뒤 오늘날 철학 정의에 관하여 일반적으로 통용되는 해석을 보이겠노라.

철학이란 말은 동양의 고유한 것이 아니다. 물론 한문에 '철(哲)'자와 '학(學)'자가 없지는 않지만, '철학'이라는 두 글자로 된 문자는 없었다. 이는 서양어를 번역하기 위하여 새로 만든 것이다. 유럽의 여러 나라에서 사용하는 '필로소피'를 번역하여 철학이라 하였으니, '필로소피'는 그리스어의 '필로소피아'에서 유래한 말이다. 물론 서양어를 번역하여 철학이라 명명하기 이전에 동양에도 철학을 강구하였으나 그 연구를 철학이라 명명하기는 서양어가 들어온 이후이다. 또 위에서 기술한 그리스어를 번역함에는 상당한 근거와 이유가 없지 아니하다. 그리스어의 '필로소피아'는 '필리아'라 하는 단어와 '소피아'라는 단어를 합성한 단어이다. '필리아'는 '사랑한다'는 뜻이요 '소피아'는 '지혜'의 뜻이다. 그런즉 '필로소피아'라는 말을 그 어원대로 역해하면 '지혜에 대한 사랑[愛智]'이라 할 수가 있다. 물론 여기에서 '애지'라 하는 것은 다만 지식을 사랑한다는 뜻일 뿐 아니라 이치를 궁구하고 참됨을 탐구하는 학이라는 의미를 포함하는 것이다.

번역어인 철학의 '철'자를 검토해보면, 『이아(爾雅)』「석언(釋言)」에서는 철(哲)은 지(智)라고 하였고, 『양자(楊子)』「방언(方言)」에서도 철(哲)은 지(智)라 하였고, 『서경(書經)』「요전(堯典)」에 "준철문명(濬哲文明)"이라는 구절이 있고, 같은 책 「열명(說命)」에는 "지지왈명철(知之曰明哲)"이라는 구절이 있다. 이것을 보건대 '철'자는 원어의 '소피아' 곧 '지(智)'라 하는 말과 유사한 것 같다. 그러나 단순한 지혜라는 것보다 복잡한 의의를 포함한 것이므로, 한자로써 이를 표기하려고 한다면 송대 유학에서 말하는 이학(理學)이라는 단어가 가장 그 진의에 가깝다 하겠다. 그러므로 서양철학이 동양에 처음 소개되었을 때에는 이를 '이학'이란 말로써 표기한 일이 있었다. 그러나 지금에는 이학이란 말은 흔히 자연과학 곧 물리학, 화학, 천문학, 생물학, 지질학 등을 총칭하는 단어가 되었으므로 철학이라는 의미로 사용하기는 불편하다. 그러므로 다소 의미가 멀고 또 자의를 이해하기 어려운 폐단은 있으나 지금에는 학자가 다 철학이란 단어를 사용하게 되었다.

철학이라는 단어의 어원이 애지(愛智)라고 한다는 것은 앞에서 서술한 것과 같다. 곧 옛날 시대의 사람은 철학을 애지의 학, 곧 궁리탐진의 학으로 생각하였다. 그러나 이 사상이 차차 변화하고 점점 확대하여 똑 같은 철학이란 단어를 사용하면서도 그 의미하는 내용은 복잡하여지고 광대해졌다. 이리하여 새로운 학자가 새로운 학설을 세울 적마다 따라서 철학의 정의의 변동이 생겨 학자마다 철학을 정의함이 다르고 또 다름으로 혹 광협의 차가 있고, 심한 때에는 두 학설이 상반하는 경우도 없지 아니하다. 자고로 여러 학자가 사용한 철학의 정의가 구구하여 일일이 거론하기가 어렵기도 하고, 또 여기에서는 그다지 필요할 것도 없다. 그러므로 여기에서는 철학이란 무엇을 연구하며 어떻게 연구하는가를 제시하여 그 무엇인가를 알리려 하노라.

그렇게 하기 위해서는 철학을 그 형식과 실질의 두 방면으로 관찰하여 그 개념을 분석할 필요가 있다. 어떠한 일이든지 어떠한 사물이든지 반드시 형식과 내용의 두 방면이 있다. 예를 들면, 정방형의 금속기로 논하자면, 금속은 실질이요 정방형은 형식이다. 형체가 없는 사상으로 논하더라도 또한 그러하다. 고금 이래로 철학으로 칭하고 일컬어지는 것이 천차만별하지만, 그 형식의 방면으로 보면 그것들이 철학이란 칭호를 듣는 이상에는 반드시 일정한 방법으로 일정한 형질과 형상을 갖추지 아니한 것이 없다. 이 형식적 방면을 연구하여 얻은 정의를 철학의 형식적 정의라 할 수 있다. 또 철학의 내용이란 것은 그 중에서 궁구할 사항이니 우리는 이로부터 그 실질적 정의를 지을 수 있다. 자고이래로 철학이라는 것의 설이 분분하여 일정하지 아니하다는 말은 이 실질에 관한 각자의 견해가 다름을 말함이여 그 형식에 이르러서는 거의 고금이 일치하여 심한 변천이 있지 아니하다. 철학을 정의함에는 이 두 방면을 아울러 관찰하여야 하는 것이다.

■ 형식적 방면의 두 가지[4] 특질

본디 철학의 개념을 그 형식적 방면으로 분석하면 다음과 같이 두 가지 특질이 있다.

(1) 철학은 학이다.

(2) 철학은 근본적 원리의 학이다.

(1) 철학은 학이다.

한자로 철학이라 쓰면 이미 '학'자가 붙어있으므로 철학은 학이라고 특별히 논술할 필요가 없을 것 같으나, 결코 그러하지 아니하다. 철학의 자의는 서양에서는 물론이요 동양에서도 다른 학문과는 달리 일종의 특이한 의미로 사용된다. 뿐만 아니라 다시 일보를 나아가 학의 의미를 정밀히 연구하면 통상인이 생각하지 못하는 특질이 있으므로, 우리는 학이란 무엇인가를 연구하여 철학도 역시 학의 일종임을 명시하겠노라. 학이란 무엇인가? 학이란 어떤 특수한 한 분과의 학을 지칭함이 아니다. 바꾸어 말하면, '과학'의 의미를 포함하는 것이 아니다. 학에는 여러 가지의 학이 있을 것이니, 물리학, 경제학, 식물학, 천문학 또는 철학 등 그 수가 많으나 이들이 학이라는 이름으로 불리는 이유는 무엇인가? 학이란 그것이 물리학이나 식물학과 같이 어떤

4) 원문은 '三特質'로 되어 있다. 구와키 겐요쿠의 일본어 원서에서 '三特質'로 되어 있고, 최두선의 글에서도 '三特質'로 표기되어 있지만, 최두선은 이 글에서 두 가지 특질만 서술하였다.

특수한 현상인 것과 혹은 철학과 같이 일반적 원리의 연구인 것을 불문하고, 어떤 연구가 어떤 요건에 적합한 지식의 영역에 속하는 것임을[5] 칭하는 것이다. 그 요건에 적합하지 아니하는 지식은 비록 실제 응용의 이익이 있더라도 그것을 지식이라 할 수는 있어도 학적 지식이라 하지는 못한다. 오직 한 개 혹은 일군의 지식에 불과하고 일 계열의 지식이라 할 수는 없다. 그러면 무슨 연구로 하여금 학의 자격을 얻게 하는 요건은 무엇인가? 개괄적, 방법적, 합리적 등 이 세 가지 요건이 곧 그것이다.

(가) 개괄적이라는 것은 다만 하나의 특별한 사항뿐 아니라 그와 동종의 사항을 다 합쳐 통괄하여 같은 종류의 사항이면 그 모든 사항에 다 통할 수 있는 점을 명시함을 말함이다. 바꾸어 말하면, 개개의 특별한 것을 서론함이 아니요 개개의 제 사항에 다 적용되는 일반형식을 표현하는 것이다. 수학의 예를 들어보면, 특수한 물체의 연산이 아니라 어떠한 문제든지 적용되는 공식을 논함이 곧 개괄적이다. 그러므로 다만 자기가 지금 직접 경험하는 사물뿐 아니라 그 사물과 성질이 같은 것이면 아직 경험하지 아니한 것이라도 이미 경험한 사물과 동일군에 포괄하여 경험한 것에 관하여 말할 수 있는 것을 아직 경험하지 아니한 바에 관하여도 말할 수 있을 것 같으면, 이는 개괄적 지식을 가졌다 할 수 있다.

예컨대, 동일한 해안에 오래 거주한 어부가 그 지방의 기후의 변화할 징조를 숙지하고 있으니, 이는 그 지방에 관하여 상세한 지식을 가진 까닭이다. 그러나 그 어부가 타향에 가서는 지세가 변하고 산해

5) 원문은 '知識團體'.

의 위치가 달라, 자기 지방에서는 기후 예측자였던 이 어부도 아무 예측을 못하게 되니, 이는 그의 지식이 다만 개별적이요 조금도 개괄적이 아닌 까닭이다. 그러므로 자기가 거주하는 특수한 지방의 일은 알지만 다른 지방의 일에 관하여는 추론하지 못한다. 그러나 기상학자는 아무아무 지역의 특수한 국부에 관한 지식은 그 지역에 거주하는 고로(古老)들을 못 따르지 모르나, 그의 지식은 다만 아무 지역을 특별히 조준한 것이 아니므로 아무 지역에서 인지할 수 있는 징후는 이를 다른 지역에서도 인지할 수가 있다. 그러므로 갑의 지역에 관하여 말할 수 있는 것을 을의 지역에 관하여서도 말할 수 있으니, 토지의 변화는 조금도 그 예언의 능력을 멸살하지 못한다. 이는 여러 해안에 관한 일을 일군에 통괄하여 아는 바가 있는 까닭이니, 이것이 곧 학적 지식이다. 그러므로 학이라는 것은 반드시 이 요건에 합하여야 한다. 어부와 고로의 지식은 실제에는 이익이 있더라도 학적 지식이라 하지 못 한다.

(나) 방법이라는 것은 체계적 또는 조직적이라고도 하니 잡다하고 막연하게 전후 상하의 차별 없이 병렬함이 아니요 무슨 일정한 순서로 정제함을 칭함이라. 상세하게 말해보면, 무슨 일정한 순서로 연구하고 또 그 결과를 질서정연한 하나의 계통적인 조직 또는 체계를 만들도록 서술할 수 있으면, 이는 방법론적 지식이다. 담화로써 예를 들면, 소아 혹은 지식이 없는 자의 담화는 사령(辭令)에 익숙하지 못하여 다만 그 순간에 감상하는 바를 그대로 발표하므로 질서도 없고 맥락도 없어서 단편적인 말은 겨우 추측하여 이해할 수 있으나 그 전체의 취지에 이르러서는 막연해서 파악할 길이 없다. 요컨대 그들의 담화는 우감적(偶感的), 즉흥적, 단편적이다. 겹겹이 기와조각이 쌓여 있는

것과 같아서 돌덩어리 사이에는 조금도 밀착한 결합이 없다. 반대로 어른, 식자 또는 웅변가의 담론에는 말마다 성률이 있고 구절마다 이치가 있어 갑의 말은 을의 말을 낳고 을의 말은 또 스스로 병의 말을 낳는다. 만일 그 을을 없애면 맥락이 전무할 것이요 을이 있으므로 갑과 병도 살아난다. 예를 들면 직물(織物)과 같아서 그 실 한 오라기를 빼내면 날줄과 씨줄이 곧 풀리고 베 짜는 일에 혼란이 올 것이다. 이와 같이 각 부문이 서로 밀접한 관계를 가지고 필연의 순서를 따라서 배열한 담화를 방법적 혹은 체계적 언론이라 말하겠다.

이러한 예와 같이 학이란 것은 반드시 이 방법적 체계적 특질을 갖고 있어야 한다. 동일한 이치를 논할 때 다만 각 일을 경험할 적마다 설명함은 우감적이요 방법적이 아니다. 그러므로 이를 학이라 하지는 못 한다. 우리가 흔히 접하는 논설, 수필, 시화(詩話), 가화(歌話), 문화(文話) 등 혹은 격언, 풍자 등은 다 학이 아니다. 진실로 이러한 논설 중에 존재하는 이치에 이르러서는 이를 편집하여 한 계통의 학리를 이룰 수 있으나, 그 난잡한 원래 형태로는 이를 학이라 칭하기 어렵다. 누가 시화를 가리켜 시학이나 미학이라 하며, 여행기를 지리학이라고 하랴? 학이란 것은 반드시 방법적 특질을 갖출 것을 요한다. 수학은 이 요건을 충분히 갖춘 것이니 정의와 공리로부터 순차로 추론해 가면서 하나의 정리가 다른 정리를 낳고, 앞의 증명은 뒤의 증명을 도와 그 결과가 드디어 크고 깊은 원리를 발견함에 이른다.

(다) 합리적인 것은 학이 반드시 갖추어야 할 제3의 요건이다. 합리적이라 함은 상상적인 것에 대하여 말함이니 함부로 자기 사상에 의하여 가정하지 아니하고, 반드시 무슨 상당한 이유에 기초하여 무슨 추리의 법칙에 의거하여 연역하고 논구함을 일컬음이다. 물론 사

실만 열거하여 기록함은 학의 본래 의미가 아니요 이러한 것들의 사실 가운데 존재하는 관계를 발견함이 필요하다. 그러나 극단으로 흘러 사실 여하를 불문한다든지 함부로 가공의 상상을 하여 자신의 일시적 감정에만 의거하고 도리를 분별하지 않으면 이것도 또한 학이라 하지 못 하겠다. 학은 반드시 합리적이지 않으면 아니 된다. 예를 들면, 인류의 조상이 원숭이의 조상과 같은 종이라는 설을 세울 때에, 다만 두셋의 인류 혹은 어떤 인종이 특별히 원숭이와 유사함을 보고 인간과 원숭이가 조상이 같다고 바로 단언함은 상상적이다. 그러나 인류의 골격, 생리 및 기타 제반 사실을 탐구하여 그 조상이 동일함을 논하면 이는 합리적이다.

이상 세 요건은 상호 관계하는 것이다. 방법적이라는 것은 개괄적인 것을 떠나서는 존재하지 않고, 방법적이지 않고 합리적인 것은 없다. 무슨 까닭인가? 번다한 것을 통일하여 개괄할 수 있으므로 그 사이에서 체계를 제정하여 방법적 연구를 할 수 있고, 방법적 지식을 가짐으로써 허다한 사실을 추정하여 합리적 지식을 얻는다. 그러므로 이상의 세 요건은 분리되어 있는 것이 아니라 언제든지 통일되어 있는 것이다. 요컨대 우리가 학이라 하는 것은 이 세 요건을 갖추고 있는 것을 가리킴이니, 철학은 학이라 함도 실로 이러한 의미로 말하는 것이다. 이로 보건대, 세간에서 흔히 철학이라 칭하는 것 중에는 철학 아닌 것이 많다는 것을 알겠다. 예를 들면, 인생의 난국을 경험하고 세상의 신산을 겪은 외경할 만한 노선생이 그 일평생 중에 발견한 이치와 설명을 듣고 세상사람들이 이것을 철학이라 부르지만, 그러나 이는 참된 철학이 아니요 하나의 철학적 사상에 불과하다. 이는 학적 체계를 갖추지 못한 것이니 고상한 감상을 말한 것이라고나 할 것이다.

위에서 철학은 학임을 설명하였거니와 이것만으로는 철학의 진상을 알기 어렵다. 다만 학이라 하면 식물학이나 천문학과 같이 과학도 학인 즉, 철학의 특색을 보기 어렵다. 그러므로 우리는 다시 한 걸음 더 나아가 철학은 어떤 학인가를 설명할 필요가 있다.

(2) 철학은 근본적 원리의 학이다.

자고로 여러 학자들의 철학의 정의에 대한 견해가 각각 달라서 논쟁이 한결같지 않으나 철학을 근본 문제의 학이라 함에는 일치하는 듯하다. 물리학은 물리 작용의 원리를 설명하고 경제학은 경제 현상의 원리를 논정한다. 이와 같이 철학도 하나의 학인 이상에는 또한 원리를 설하는 것일 것은 다시 말할 필요가 없다. 그러나 그 원리는 다른 학에서 강구하는 원리와는 그 성질이 다르다. 다른 과학은 각각 일정한 범위 내에서 특수한 현상의 원리를 구하나 철학은 어느 국부 현상의 원리가 아니라 일반의 모든 현상(물리학적 현상이나 생물학적 현상이나 또는 그 밖의 어떤 현상이나)에 공통하는 이치를 구하는 것이다. 또 철학은 보통과학이 사변하는 원리보다 더 깊이 존재하는, 상식으로는 생각하기 어렵고 또 여러 과학 원리의 근저가 되며 근거가 되는 원리를 강구하는 것이다. 이 원리는 한 마디로 말하자면 근본적 원리라 하는 것이다. 이 근본적 원리의 근본적이란 말을 분석하면 보편적[普通的], 궁극적[究竟的] 및 통일적 이 세 가지를 얻을 수 있다.

(가) 보편적 원리라는 것은 특수적인 것과 달라서 어느 한 국부에만 치우치지 아니하고 일체 모든 현상에 공통하는 원리를 가리키는 것이다. 무릇 학적 지식은 특수적 개별적 지식이 아니요 이런 것을 개괄하여 동일 종류의 현상에는 다 통용될 수 있게 하는 지식인 것은

위에서 서술한 바이며, 이제 보편적이라 함은 다시 더 큰 개괄을 의미함이니, 다만 동일한 종의 현상에만 한할 뿐 아니라 세계 전체의 현상에 통할 수 있는 원리를 가리키는 것이다. 예를 들면, 물리학은 다만 물질의 현상을 논하고 생물학은 생물의 현상을 논하고 심리학은 오직 심의(心意)의 현상을 논할 뿐이나, 철학은 이들의 어느 것에든지 공통하는 원리를 논구하는 것이다. 그러므로 앞에서 서술한 학적 지식을 얻기 위해서는 개괄이 필요함과 같이 이 보편적 원리를 얻기 위해서는 더 큰 개괄을 필요로 함이야 두말할 것이 없다.

(나) 궁극이란 것은 또 종극이라고도 하나니, 모든 사물의 궁극하여 끝나는 곳을 가리키는 것이다. 그러므로 궁극적 원리란 것은 사물에 깊이 내재하는 원리를 말한다. 대체로 여러 과학은 각각 그 분과가 있어서 그 분과에 관한 원리를 탐구하는 것이므로 그 각 분과 사항에 관해서는 궁극적 원리를 발견하려고 한다. 그러나 한편으로 보면 가정으로서 아직 설명하지 아니하는 부분이 있다. 즉 과학은 그 연구 사항과 그 사항 가운데에 법칙이 존재함을 가정한다. 물리학자는 물질과 '에네르기' 존재에 관해서는 하등의 의문을 두지 아니하고, 또 그 본성이 무엇이며 왜 '에네르기' 보존의 법칙이 진실한가 등에 관해서는 조금도 논하는 것이 없다. 그런데 철학자는 다시 나아가 이 물질 및 '에네르기'가 무엇인가를 탐구하여 그 종극에 도달하고자 한다.

궁극적 원리는 절대적 원리라 할 수가 있다. 무릇 절대란 상대와 같지 아니하여 대치하는 다른 것이 없음을 말한다. 대체로 세간의 사물은 어떤 것이든지 상대적이지 않은 것이 없다. 동물은 식물과 상대하고 동식물은 금석과 상대한다. 이와 같은 상대계의 사실에 관한 원리는 식물계의 원리와 상대하고, 생물 진화의 법칙은 광물 결정의 법칙과 상대한다. 그러나 철학에 있어서는 이러한 상대적 원리를 망라하고 이러한 제반 원리가 기초하는 바의 원리를 탐구하여 그 여러 원리의 의미를 밝히려 한다. 그러므로 철학의 원리는 독립적이요 지고하여 그 밖에 대등한 지위를 가지는 원리가 없다. 이것이 절대적이라 칭하여지는 까닭이다.

(다) 통일적 원리란 제반 특수 사항의 원리를 일체에 포괄하여 그들을 주재하는 원리를 가리키는 것이다. 무릇 학은 체계적이므로 각각 통일적 원리를 갖추고 있다. 예를 들면, 물리학의 '에네르기' 보존법칙과 생물학의 생물진화법칙과 같은 것이다. 물리학은 '에네르기' 보존법칙으로써 각종 물리 현상을 통일하고 생물학은 생물진화법칙으로써 생물 현상의 원리를 통일하려 한다. 그러므로 '에네르기' 보존법칙이 파괴되고 생물진화법칙이 성립되지 못하는 때에는 오늘날의 물리학과 생물학은 그 기반을 잃게 되므로 드디어 파괴되고 말 것이다. 하여간 학에는 각각 통일적 원리가 있는데, 철학에 있어서는 다시 이들을 통일하는 원리를 요구한다. 즉 세계의 모든 원리를 통일할 원리를 구한다. 이러한 통일은 실로 근본적 원리의 특성이다.

■ 실질적 방면의 세 요건

이상에서 철학의 형식적 정의를 말하였다. 무릇 철학은 이상의 요건을 구비하지 아니하면 아니 된다. 그렇지 아니하면 완전한 철학이라 말할 가치가 없다. 하늘 밖으로부터 떨어져 내려온 기이한 발상은 철학이 아니다. 혜성은 태양계에서 속하지 아니함과 같이 그러한 학설은 학적 조직을 가진 철학과는 관계가 없다. 노 세세한 원리를 구장하는 학설은 도저히 철학이라 할 수 없으니 보편이 아닌 입론은 철학이 아니다. 이와 같이 이러한 형식은 철학에 없어서는 안 될 요건이나, 그러나 다만 이러한 형식만으로는 철학을 완전히 정의하였다고 못할 것이다. 이 밖에 철학의 실질을 논하지 아니하면 아니 된다. 실로 실질의 해석 여하에 따라 여러 종류의 철학을 낳고 또 철학에 관한 사상에 광협의 구별이 있게 된다. 그 실질은 곧 철학이 궁구하는 사항이니 자연, 인생 및 지식의 세 가지가 그것이다.

(1) 자연

자연이라 함은 자연계의 의미이니 천지만물의 전체를 말한다. 또 이를 세계라고도 한다. 자연에는 물적 자연과 심적 자연의 두 종류가 있으나 통상 자연이라고 하는 것은 물적 자연을 가리킨다. 즉 이른바 현상을 망라한 것이니 광선, 음향 등의 물리 현상으로부터 동식물 금속 등의 모든 물체를 총괄하는 명칭이다. 이 자연은 일찍부터 학자들에게 주목을 불러일으킨 것이었다. 대체로 사람의 본성은 먼저 밖으로 향하나니 눈을 자연의 상태에 두면 시선이 스스로 먼 곳으로 향하는 것이다. 그러므로 필요상 근접한 곳을 보고자 하면 다소의 힘을 필요로 함으로써 눈이 피로를 느끼게 되는 것은 생리상 확실한 사실이다. 사람의 사상도 또한 이와 같아서 사람은 먼저 이 천지의 위대함에 놀라고 이 사이에 실려 있는 모든 사물이 혹 변환출몰하고 혹은 질서정연함을 경이롭게 여겨 이에 관한 원리를 발견하려 한다. 그러므로 과학으로는 천문학이 가장 일찍 발원한 것과 같이 철학에서는 자연계에 관한 탐구가 먼저 시작하였다. 그리스 고대의 철학은 곧 이것이었다. 그리스 최초의 철학자 탈레스는 물로써 만물의 근원이라

하였고, 어떤 학자는 공기로써 근원이라 하였으니, 이후에 사상이 점점 정치해져서 그 근원적 물질에 관한 견해도 발달하였으나 다 이 사상을 계승한 것에 불과하였다. 그리스뿐만 아니라 인도에서도 이와 같은 사상을 가진 사람이 있었다. 이 모양으로 고대의 철학은 자연계를 설명하기에 전력하였고, 따라서 자연에 대한 탐구는 아주 철학자의 사명이 되었나니, 이른바 우주론 혹은 자연철학이 그것이다. 근세에 이르러 분업이 성행하고 또 정밀하고 세밀한 지식을 요구함으로 도저히 이를 한 사람에게 위임하기 어렵게 되어, 이른바 각종 자연과학이 발생하였다. 그러나 그 논하는 바가 너무 각각의 국부에 치우침으로 특별히 이들 각각의 자연현상을 통괄한 자연계에 관한 탐구는 여전히 필요하다. 자연철학, 즉 자연계의 근본적 원리를 논하는 학의 영역이 곧 그것이다.

(2) 인생

인생이라 함은 사람의 행동으로부터 발생하는 제반 결과를 총칭하는 것이니, 그 내용은 거의 정신현상과 동일하다. 정신현상은 그것이 하나의 객관적 현상이면 광의의 자연 중에 망라할 것이므로 이 현상 전체의 원리는 별로 자연철학원리 외에 있을 이유가 없으나, 이 현상은 다른 방면으로 관찰할 필요가 있다. 대체로 연구자는 필경 한 개인이요 그 견해는 마침내 인간적 입각지 밖에 나가지 못하므로 물리현상을 보는 것과 정신현상을 보는 것과는 그 사이에 차별이 있다. 정신현상 중 특히 사람의 행동운위를 다한 행동운위, 즉 하나의 객관적 정신현상으로 보면 그 가운데 하등 다른 현상과 다른 것을 발견하지 못하나, 만일 그 행동운위가 나와 타인에 대하여 여하한 영향을 미치는가를 생각하면, 우리는 여기에서 일종의 감정을 야기하지 아니하지 못한다. 사람의 행위를 강구하는 것은 사물 세계의 현상을 연구하는 것과 달라서 이를 순 객관적으로 보기 어렵고 직접의 관계가 있다. 이를 연구할 때에 이 현상을 객관적으로 보면 다만 하나의 객관적 현상에 불과하지만 우리는 타일에 몸소 이 현상을 야기함이 없지 아니함을 감지할 것이오, 또 따라서 그 행위의 목적 및 결과를 재량하고 그 가치를 판정하지 아니하지 못할 것이다. 그러므로 냉담하게 조망할 객관적인 것이 아니요 열정을 가지고 대할 통절하게 직접 관계가 있는 주관적인 것이 되고 만다. 이러므로 이 연구는 특별한 흥미를 야기하여 특별한 제목이 되게 된다. 이를 인생철학이라 칭하나니 고래로 윤리론, 도덕철학 등으로 불리는 것은 이를 논하는 것이요 광의의 인생관은 또 이것을 가리킨다.

자연철학은 자연계의 성립에 관한 근본적 원리를 힘써 탐구하는 것인데 인생철학의 요점은 힘써 인생의 목적에 관한 근본적 원리를 탐구함에 있다. 이러한 의미의 인생철학은 조금이라도 인생에 관하여 진지한 의견을 가진 학자의 지극한 힘으로 살피고 조사하는 것이다. 그리스의 소크라테스는 온전히 인생철학만을 탐구하였고 근세의 칸트와 같은 사람도 인생 문제를 철학의 정점에 두었다. 인도의 철학과 중국의 철학은 거의 다 인생철학이라 할 수 있다.

(3) 지식

이상에서 논한 자연 및 인생은 다 객관적 존재를 가진 사실이니, 이를 총칭해서 실재라 한다. 실재라 하는 것은 실지에 존재한다는 뜻, 가현가상(假現假相)이 아니라 실재한다는 뜻이다. 그러면 우리가 외물을 인식하여 가상이 아니라 하는 것은 여하한 이유에 의한 것인가? 우리의 인식에는 왕왕 오류가 없지 아니하다. 예를 들면 황혼 무렵에 산길에서 썩은 새끼줄을 보고 뱀이라고 생각하는 것과 같은 것이다. 만일 이러하면 무엇으로써 인식의 정확을 보증할까? 인식의 진위를 정하는 표준은 무엇인가? 또 우리가 인식할 수 있는 영역에는 한계가 있을 것이다. 그러면 어느 경우까지는 인식할 수 있으며 어디쯤에서부터는 인식하지 못하는가? 이러한 인식의 표준과 인식의 범위에 관하여 논구하고 또 그 인식 작용의 결과인 일단의 지식에 관하여 그 중에 존재하는 이법을 검토하는 것이 필요한 일이다.

이른바 실재의 의의도 이처럼 해야 비로소 확정할 수 있다. 그 까닭은 무엇인가? 인식의 옳고 그름을 검토하지 아니하면, 도저히 그 인식의 대상이 실재인가 아닌가를 정할 수 없는 까닭이다. 이러한 주제를 연구하는 것을 지식철학이라 하나니 이른바 인식론과 논리학이 곧 그것이다. 만일 자연계 연구로써 눈이 먼 곳을 보는 것에 비유하면 인생의 연구는 자기의 신체를 보는 것에 비유할 수 있고, 지식의 연구는 눈동자와 눈썹과 눈을 검시하려는 것과 같다. 자연과 인생의 원리를 궁구함도 심상인이 감히 못하는 바이나, 지식의 원리를 연구함에 이르러서는 사상의 발달이 극도에 달한 사람이 아니면 다소 지식이 있는 사람이라도 도저히 사변하지 못하는 바이다. 우리는 물체가 지면을 향하여 낙하하는 것을 보고 그 작용을 만유인력의 작용이라 인식하고, 바람이 불어 등불이 꺼지는 것을 보고 바람이 불을 끄는 원인이라 인식하나니, 이로서 비로소 보통 사람들은 자기가 이렇게 인식하는 것이 바른지 그른지 의심하지 않고, 이 지식으로써 일상의 행동을 한다. 보통 사람들뿐만 아니라 과학자도 이렇게 하여 그 연구를 진행하고 우리의 인식작용이 사물의 진상을 견지할 능력이 있는지 없는지는 묻지 아니한다. 진실로 과학자는 이 능력이 있다는 것을 가정하고 연구를 진행한다. 그러므로 만일 그 가정한 능력이 실제에는 없다고 하면, 그 가정으로부터 출발한 모든 연구, 즉 과학 연구는 허위의 연구가 될 것이다. 예를 들며, 우리가 물체를 지각하는 것은 오관으로 하는 것이니, 만일 시각을 맡은 눈이 물체를 그 물체 본래 모습대로 감수할 능력이 없다 하면 우리가 눈으로써 얻는 감각은 다 정확하지 못할 것이다. 가령 우리의 망막에 청색 유리와 같은 것이 붙어 있을 것 같으면, 우리는 어떤 사물을 보든지 반드시 청색 물체를 볼 것이니, 비록 붉은 색의 물체라도 청색의 사물로 인지할 것이다. 이는 청색 이외에는 감각할 길이 없는 까닭이다. 이는 감각작용의 사례이겠지만, 인식작용에도 만일 우리에게 정당한 인식의 능력이 없을 것 같으면, 우리가 가진 지식(인식한 결과)이 정당한 것이 아니요 또 그 인식으로부터 나오는 추리도 정확하지 못할 것이다. 그러므로 이 인식에 관한 연구는 그 성질이 마땅히 다른 객관적 연구보다 먼저 해야 할 것이다. 그러나 그 문제 어렵고 깊어서 사상이 상당히 발달한 뒤가 아니면 이 점에까지 생각이 미치지 못하므로 이 연구의 발달은 매우 느렸다. 고대 그리스에서 의식적으로 이 문제를 비로소 제출한 자는 이른바 '소피스트' 일파이다. 근세에 이르러서는 이 문제를 가장 명확하게 연구한 것은 영국의 로크와 독일의 칸트이다.

이상에서 철학의 실질로 자연, 인생 및 지식의 세 항을 논하였거니와 그 세 항에는 각각 현실과 이상이 있는 것이다. 현실이란 현재 실제 그 자리에서 현현하는 상태이니 곧 현재의 사실이다. 이상은 현재 존재하는 사실이 도달할 완전한 상태이니 이성이 상상하는 목적이다. 무릇 무슨 사항이든지 다 이 두 방향으로부터 고찰할 수 있다. 대체로 모든 사항을 다만 현실 방면으로만 관찰하면 그간에 상하귀천의 구별이 없고, 사물은 다만 존재한 대로 존재할 뿐이다. 이상적 방면의 고찰을 덧붙임으로써 인하여 비로소 가치의 판단이 발생한다. 예를 들면, 자연계의 현실을 논하는 자는 다만 눈으로 보는 자연을 연구의 재료로 하고 그 본질의 여하를 검토할 뿐이다. 그러나 그 이상을 논하는 자는 반드시 갑의 자연물을 을의 자연물보다 완전하다고 판단하여 이로 인하여 미추의 구별이 발생한다. 즉 자연의 이상은 미라고 하겠다. 또 인생의 현실적 방면을 보면, 다만 생활의 고락, 인성의 선악 여하 등을 볼 뿐이나, 그 이상을 논하는 자는 고락과 선악의 표준을 정하여 악을 제거하고 선에 나아갈 것을 논한다. 즉 인생의 이상은 선이다. 또 지식의 현실적 연구는 다만 우리가 소유한 지식에 관하여 그 성실을 논할 뿐이나, 그 이상을 논하는 자는 한 걸음 더 나아가 정확한 지식의 조건과 표준을 사변한다. 즉 지식의 이상은 참이다.

이와 같이 자연, 인생 및 지식에는 각각 이상이 있다. 그러나 자연, 인생, 지식 세 가지 중에 그 현실적 방면의 연구를 힘쓸 것과 이상적 방면을 힘쓸 것과의 차이가 있다. 자연은 이상의 방면을 제하더라도 충분히 연구할 여지가 있으므로 통상 이른바 자연철학은 힘써 현실을 논하며, 이상을 논함에는 별도로 심미철학이 있다. 그러나 인생의 연구와 지식의 연구로 논하면 이상적 방면이 대부분을 점한다. 그러므로 이 양자는 양 방면의 연구가 합동한다 할 수 있다. 요컨대 이상의 구별은 편의상으로 하는 것에 불과하다. 철학은 원래 통일성을 가진 것이므로 그 중에 차별이 있더라도 각 부분이 피차 간섭이 되는 것이다.

■ 실재 및 지식의 근본적 학

이상에서 우리는 철학의 형식적 방면과 실질적 방면을 논하여 각각 그 요건과 내용을 알았다. 이제 그 요건을 합하여 철학의 정의를 지으면 다음과 같다.

철학은 자연, 인생 및 지식(의 현실 및 이상)에 관한 근본적 원리의 학이라.

또 '현실 및 이상'을 생략하고 '자연, 인생'을 '실재'로 고치면,

철학은 실재 및 지식의 근본적 학이라

고 할 수 있다. 상세히 말하자면, 철학은 자연과 인생의 원리를 강구하며 인식의 능력과 한계를 명시하는 것이니, 그 연구 방법은 학문적이요 그 구하는 바 원리는 근본적 원리이다.

위의 글로써 간단하고 소략하나마 철학의 윤곽을 짓고 그 형상을 보았거니와 다시 철학의 특질을 명시하기 위하여 문학, 종교, 과학과의 차이를 설하겠다. 문학, 예를 들면 시가는 사람이 천지자연의 광경 혹은 인사의 곡절과 파란 등에 관하여 감상하고 경험한 바를 미묘하게 산문 혹은 운문으로 서술한 것이니, 그 중에는 정신을 집중하여 진실을 바로 보면서 시인의 인생계에 대한 관념을 토로한 것이 많고 그 사상의 미묘하고 깊음이 능히 대철인이 힘들여 만들어낸 것과 부합하는 일이 있다. 철학은 우주 전체의 원리를 논구하는 학이요 시가도 또한 자연 및 인생, 즉 세계 전체를 대상으로 삼아 논하는 것인즉 그 대상과 목적으로 논하면 철학이나 시가나 상이한 것이 없다. 그러므로 여러 명가의 시가 중에서 고상한 철리를 볼 수 있고, 또 고대에는 철학이 흔히 시가의 문체로서 서술되었다. 그러면 종교는 어떠한

가? 종교도 시가와 같이 철학과 유사한 것이다. 종교가는 흔히 각자의 편견을 수립하여 서로 분리하고 의식(儀式)의 형식에 얽매여 정신의 수양을 등한히 하고 우매한 미신에 빠져 진정한 경신(敬信)의 염(念)을 가지지 못한다. 그러나 종교의 본의는 그러한 것이 아니다. 종교가 우리에 대한 관계에는 영원불변하는 것이 있다. 종교적 감정은 각자의 자연적 심정에서 용출하는 것이다. 종파의 여하를 막론하고 그 원천은 우리의 종교적 감정에 있는 것이다. 세계가 무궁하고 인간세상이 무상하거늘 그러나 그 사이에 어떤 제일한 규율이 있음을 볼 때에 저절로 이 세계의 주재에 대한 사상과 감정을 가지지 아니하지 못한다. 이러한 대 위력의 주재를 생각하면 여기에 대하여 동경하고 사모하는 마음이 생긴다. 어두운 밤에 성신이 나열한 창천을 바라보면 스스로 나를 작다 하고 나보다 큰 것을 느끼지 아니하지 못한다. 폭풍노도 가운데 배를 젓는 자는 아무리 강건한 장정이라도 신명의 가호를 기원하지 아니함이 없으리라. 종교심이 가장 현저하기는 이러한 때다.

요컨대 종교란 자기보다 위대한 것에 대하여 갈망의 정념이 발생함으로부터 발생하는 정신적 산물의 하나이다. 그러므로 어떤 사람은 종교는 무한에 대한 빙의의 감정으로부터 발생하는 것이라 하였거니와 그 뜻은 하나이다. 이러므로 우리는 종교에 의하여 천지간에 서서 넘어지지 아니하고 사생의 경지에 존재하되 미혹하지 아니하여 안심입명의 경지를 얻는다. 그런데 철학의 결과도 또한 그러하다. 우리가 만일 철학으로 하여 사물의 진리를 구하고 행동의 방침을 정하면 그 결과는 조금도 다름이 없다. 이러므로 종교가가 안심입명의 경지에 달하기 위하여 설하는 바는 유현한 철학과 부합한다. 이 점에 있어서 종교와 철학이 유사하다 하겠다.

이와 같이 시가와 종교는 그 종극에 있어서는 철학과 서로 합한다. 그러나 여기에 도달하는 경로에 있어서는 명백한 차이가 있다. 그것이 무엇이뇨? 시가와 종교는 학적 지식이 아니다. 시가와 종교는 힘써 사람의 감정에 관계하는 것임으로 그 말하는 바가 반드시 엄밀한 논리의 법칙을 따를 것이 없다. 다만 사람으로 하여금 부지불식간에 자연과 인생의 미를 보고 혹은 귀의와 신앙의 염을 생기게 할 수 있으면 가할 것이다. 그러나 철학으로 논하면, 그렇지 아니하다. 물론 철학자도 또한 하나의 사람, 즉 지정의를 구비한 인간인 이상에는 그 말하는 바의 아주 정의를 돌아보지 않음이 없는 것은 시가, 종교라도 전혀 지식의 법칙을 위반하지 아니함과 같다. 그러나 요컨대 주로 삼는 것은 지력에 있으므로 조금이라도 몽롱하고 난잡한 분자를 용납하지 아니하고, 반드시 학에 갖추어야 할 앞에서 서술한 세 요건을 구비하지 아니하지 못한다. 이것이 양자의 구별이 발생하는 제일 요점이다. 이러므로 시가의 외모를 갖고 있더라도 하나의 학설을 질서 있게 서술한 형적이 현현하면 이것을 철학이라 칭할 것이다. 요컨대 철학은 학적이요 시가와 종교는 학적이 아니다.

■ 철학과 과학의 차이

철학이 학이라 하면 학인 과학과 어떻게 다른가? 양자가 궁구하는 사항은 동일하지만 과학은 특수한 원리를 논하고 철학은 보편적 원리를 논하며, 과학은 전술한 것과 같이 가정 원리상에 서 있으나 철학은 그 가정을 설명하려 하고 또 모든 과학을 통일하려 한다. 흔히 과학은 그 궁구하는 사항을 따라서 자연과학 및 정신과학으로 대별하고, 혹 그 연구하는 방법을 따라서 설명적 과학 및 규범적 과학으로 둘로 나누고, 그 분류 방법에 여러 가지가 있으나 요컨대 이른바 과학의 주된 바는 특수현상의 원리에 있다. 그러므로 특수현상인 물리현상을 연구하는 물리학은 있으나, 자연과학이라는 일반적 자연현상을 연구하는 학은 없다. 우리가 항상 사용하는바 자연과학이라는 말은 다만 자연현상을 궁구하는 여러 과학의 총칭에 불과하다. 그러나 철학의 주안은 일반원리에 있으나, 바꾸어 말하면 근본적 원리에 있다. 그러므로 물리적 현상의 철학, 법률 현상의 철학 등 특수한 현상에만 관한 철학은 없다. 왜 그러냐 하면 철학은 근본적 원리의 학인 까닭이다. 이 점에 있어서 철학과 과학의 상이점을 볼 수가 있다.

4. 최두선, 「철학자 칸트」[6)]

우리는 코페르니쿠스로 인해 수만 대 전래해온 지구 중심적 천동설의 미몽으로부터 깨어나 그와 정반대되는 지동설의 진리에 도달하였다. 현대인으로서 누구라도 코페르니쿠스의 덕을 원하지 아니하리오. 그러나 우리는 코페르니쿠스 선생 사후 180년을 지나 제이의 코페르니쿠스를 얻게 되었다. 전자가 천문학 상에 있어서 지동설을 창도하여 보통 사람들의 우주관을 타파함과 같이, 후자는 철학 상에 있어서 우리의 상식적 관찰을 타파하였다. 우리는 제이의 코페르니쿠스로 인해 우리가 자연(만물)이라 칭하는 것은 우리의 주관을 떠나서 독립하여 실재하는 것이 아니요, 실로 우리 주관의 산물인 것을 배웠다. 이 제이의 코페르니쿠스는 곧 이 주제의 주인공 임마누엘 칸트이다.

칸트는 1724년 독일 쾨니히스베르크시에서 태어났으며 그 아버지는 마구 제작자였었다. 그러나 그의 부모는 당시에 성행하던 경건파의 신도이었고, 빈궁한 생활에서도 자제 교육을 게을리 하지 않았다. 더욱이 그의 모친은 신앙심이 깊고 친절하며 화평한 사람이었다. 칸트는 이리하여 그 부친으로부터 진지, 실질, 엄숙 등의 여러 특성을

6) 崔斗善, 「哲學者 칸트(一七二四一八〇四)」(『青春』 總14號(第4卷3號), 1918.06.16.).

받았다. 칸트는 중학교에 재학할 때에는 고전을 탐독하였고, 16세에 같은 도시에 있는 대학에 들어갔으며, 학자금 부족으로 곤란을 겪으면서 철학, 신학, 수학, 물리학 등의 여러 학과를 배웠는데, 뉴톤의 물리학설에도 많은 흥미를 느꼈다. 대학을 졸업한 뒤 9년 동안은 두어 귀족의 집에서 가정교사가 되었다가 31세 때에 모교인 쾨니히스베르크 대학의 강사가 되었고, 그 뒤 15년 동안 논리학, 물리학, 법리학, 순정(純正) 철학, 수학, 윤리학, 지리학, 인류학, 교육학 등을 강의하였다. 이리하다가 1770년 46세 때에 비로소 정교수가 되었고 73세까지 교편을 잡았다. 그는 평생 결혼하지 않고 사색과 연구로 편안하고 고요한 생활을 계속하다가 1804년에 죽었다.

칸트의 불후의 공적은 철학상 소위 인식론을 대성하여 우리 인식의 능력과 한계를 밝혀 신철학에 광명을 비춘 것에 있다. 그는 구래의 철학을 비판하여 그 옳고 그름을 논하여 신철학의 향로를 개척하였다. 그러므로 그는 근세철학사 상에 가장 중요한 지위를 점한다. 우리는 자연(만물)을 경험하고 인식할 때, 그 자연이 우리의 주관과는 독립하여 그 질서와 맥락은 자연이 스스로 고유한 것이 아니라, 우리가 자연을 인식할 때에 그 자연에 부여하는 것이다. 혹은 시간공간의 형식을 부여하고 혹은 원인 결과의 연결을 부여한다. 자연이 우리의 주관을 떠나서는 여하한 것인지는 모르나, 우리가 자연을 인식한 때에는 벌써 우리 주관의 작용이 첨가된 때이다. 그러므로 자연은 영구히 우리의 주관을 떠나서는 형태를 이루지 못한다. 곧 자연은 우리 주관의 소산이다. 물론 이 주관의 작용은 의식적으로 행하는 것이 아니라 개인을 초월하는 무의식적 작용이다. 그러므로 그 작용은 개인이 의식에 드러나지 아니하고 다만 그 작용의 소산만 현상이 되어 개인의 의식에 드러나니, 상식으로 객관 세계라 하는 것이 이것이다. 이리하여 칸트는 상식의 견해를 타파하고 인식론을 확립하야 이 인식론 상에 신철학을 건설하려고 하였다. 칸트의 저서는 그 수가 많으나 그 가운데 가장 대저요 또 그의 근본사상을 드러낸 것은 『순수이성비판』, 『실천이성비판』, 『판단력비판』의 세 저술이다. 첫째는 칸트 철학의 근본 문제인 인식을 논한 것이요, 둘째는 윤리도덕을 논한 것이요, 셋째는 미학을 논한 것이다.

칸트의 철학은 드디어 전 유럽 철학계에 일대 혁신을 이루었고, 이리하여 그의 명성은 점차 높아졌다. 그러나 그의 외형적 생애는 극히 단순하였다. 그의 정신생활에는 변화가 많았겠으나, 그의 외부 생활에는 아무 굴곡이 없고 동요가 없었다. 그는 일생동안 고향을 떠나보기가 한 번밖에 없었고, 80년의 생애를 쾨니히스베르크의 학생, 교수, 그리고 학자로 마쳤다. 그의 명성이 각지에 널리 전해져 타 대학으로부터 후한 예로 초빙을 받았으나 응하지 아니하였다. 일생동안 결혼을 하지 아니하고 명리를 구하지 아니하고 진리 탐구에 일생을 바쳤다. 선생의 생활은 극단적으로 규칙적이었으니, 그의 하루를 알면 그의 일생을 추론할 수가 있을 만하다. 기상과 취침, 독서, 강의, 식사, 산보 등의 시간이 항상 일정하여 추위와 더위, 맑은 날과 흐린 날을 막론하고 정해진 시간을 벗어난 일이 없었다. 그러므로 시민들은 칸트의 산보함을 보고 시계를 교정함이 상례였다. 선생은 도덕심이 강렬하였으며 개성의 가치를 중시하고 자유를 존중하였다. 그의 성격은 이지(理知)에 치우친 것 같으나 정감에도 둔하지 아니하였으며, 더욱이 의무의 관념은 심히 강하여 친척과 붕우에 대하여도 극진하였다. 실로 선생의 윤리학은 이 의무 관념 위에 건립한 것이다. (끝)

5. 최두선, 「철학의 완성자 –칸트의 생애와 사업」[7)]

고향에서 일보를 떠나지 않은 일생

합리론과 경험론을 조화한 그 철학

18세기는 세계적으로 의미 있는 세기이니 자아에 의하여 판단하려는 이지(理智)와 감정의 해방을 요구하는 계명(啓明) 시대이다. 그 여명기의 모든 장점을 취하고 단점을 버려 막다른 철학에 새길을 주는 사명을 마친 이가 '임마누엘 · 칸트'이었다. 칸트의 정신생활이 복잡한 반대로 그의 실생활은 가장 단순하였다. 1804년[8)] 4월 21일에 동프러시아 '쾨니히스부르크'라는 땅에서 나서 일생 고향을 떠나보지 못하고 거기서 자라나고 거기서 교육 사업에 종사하다가 거기서 죽었다.

---

7) 『동아일보』 「학예」, 1926년 4월 28일.

8) 원문 '1924'는 오자.

유년 시대의 칸트

그가 출생한 가정은 피혁 공장의 집이요 그는 빈민 학교에서 공부하였고, 가정에서는 모친의 경건파의 종교적 감화를 많이 받아 그 결과는 엄격한 도덕적 생활이었다. 후에 그 지역 교회의 목사인 슐츠씨의 추천으로 프리데리키아눔[9] 중학교에 통학하였는데, 그는 중학 시대로부터 고문학, 그중에서도 라틴 문학에 특별한 재주가 있어서 고전문학에 의한 감정적 순화와 엄밀한 도덕적 감화를 받았다. 그가 쾨니히스베르크 대학에 들어가기 전에 모친이 작고하였다.

수학 물리학을 연구

대학시대의 칸트는 수학, 물리학, 윤리학, 철학 등에 주력하는 동시에 모친에게 의를 세우기 위함인지 신학도 연구하고자 하였다. 이때에 그 대학의 마르틴 크누첸(Martin Knutzen)이라는 젊은 학자가 있어 칸트에게 철학과 뉴톤의 물리학 등의 연구가들의 학설을 고취하여 장래 대학자의 기초를 세웠다. 대학을 마친 칸트는 가정교사의 가난한 생활을 7, 8년 지난 뒤에 불에 대한 논문으로 박사학위를 얻었다. 그가 21세 때에 부친이 돌아가셨을 때에 그는 "하나님이 우리 부친에게 대하여서는 그리 많은 행복을 주지 않았다"라고 일기에 썼다.

그의 처녀작인 이 논문은 당시의 프랑스의 데카르트와 독일의 라이프니츠의 논쟁을 조화한 저술인데 후일의 명저 『순수이성비판』에 있는 조화적 태도에 비겨볼 때는 흥미 있는 일이다. 이때에 또한 『천체 일반 자연사 및 이론』[10]이란 저작을 지어 라플라스와 함께 성운설

---

9) 칸트는 1732년 사립학교인 프리데리키아눔(Collegium Fridericianum)에 입학하고 1740년에 졸업했다.

을 제창하였다.

엄밀한 규칙 생활

후세에 명성이 자자한 칸트도 자원 강사의 직을 15년 동안 지냈다 함은 놀랄 만하다. 1766년에 생활을 위하여 도서관장이 되었는데, 그의 강의는 철학, 수학, 물리학은 물론이요 지리, 인류학까지 하였는바, 그 중에도 지리 강의는 호평을 얻었으니, 독일 대학에서 지리를 강의하기 시작한 것은 칸트가 시작이었다.

철학적 사고의 대성 시대

46세에 비로소 정식 교수가 된 칸트는 더욱 규칙적 생활을 하기로 결심하여 건강을 유지키 위하여 장가도 들지 않고 모든 사회생활을 회피하게 되었다. 이때부터 비로소 그는 시간 공간의 관념성을 주장하기 시작하였다. 칸트가 당시의 합리철학에서 벗어가기를 시험한 효시는 '인식론'에 대한 의미이었다. 그는 합리론과 경험론을 절충하여 선험론 내지 비판론을 제창하는 『순수이성비판』, 『실천이성비판』, 『판단력비판』 등의 저서로 분석 비평과 종합 비평의 조화를 대성하였는데, 이 대저 등은 모두 57세 이후의 노년에 성취되었다. 1793년에 『이성의 종교』[11]라는 저서를 지어 국왕의 기휘를 받았고, 그 결과 1797년에 그가 별세하자마자 사상 압박에 대한 불평을 말하는 저술이 나왔다. 칸트의 사생활은 기거동작에 엄정한 규율생활을 하였다. 그에게 도덕적 인격

---

10) 『일반자연사와 천체이론』(*Allgemeine Naturgeschichte und Theorie des Himmels*)은 칸트의 박사학위 논문이다

11) 『순수이성의 한계 내의 종교』(*Die Religion innerhalb der Grenzen der bloβen Vernunft*).

적 경향 감화를 준 이는 영국의 허치슨과 프랑스의 루소이었다. 마지막으로 그의 저서의 한 구절을 인용하건대, "생각하면 생각할수록 길게 생각하면 길게 생각할수록 기이한 것은 저 위에 있는 창공과 가슴 속에 있는 마음이로다."

칸트의 일화

1.

◇ 칸트는 시간을 엄절히 지켰다. 그가 산보 나오는 것을 보고 시민들이 시계를 맞추었다 한다. ◇ 그러나 그도 한번 시간을 어긴 일이 있었다. ◇ 프랑스의 루소의 『에밀』이라는 교육 소설을 읽을 때에 흥미가 진진하여 그 산보 시간을 넘겼다 한다.

2.

◇ 칸트는 유년 시대부터 학자적 기개가 있었다. ◇ 그의 초기 작품서에 이렇게 씌어 있다. "진리의 발견에 반대하는 이라면 나는 뉴톤이거나 라이프니츠라도 존경하지 아니 하겠다."

3.

◇ 칸트가 『이성 내의 종교』라는 저술을 하고 국왕의 노여움을 샀다. ◇ 국왕은 칸트에게 그 종교에 대한 의견을 개정하라 명령하였다. ◇ 칸트가 이를 거절하니까 왕은 다시 칸트의 입을 봉할 것을 명하였다. ◇ 칸트는 은인자중하면서 그 명에 복종하였다. ◇ 그랬더니 그가

별세하자마자 "나는 이제 더 국왕의 명령을 복종할 의무가 없다"고 서문을 붙인 저서를 출판케 하였다.

4.

◇ 칸트는 일생 고향을 떠나지 못하고 박학다식하여 지리적 지식 같은 것으로써 사람을 놀라게 하였다.

◇ 한번은 어떤 영국 상인이 왔을 때 칸트가 영국 런던교의 외형과 내부 구조를 어떻게 상세히 설명하였는지 그 상인은 칸트가 영국에 다녀간 건축가인 줄 알았다고.

6. 최두선, 「근대철학의 선구자 데카르트」12)

중세 유럽의 철학은 옛날부터 내려오던 사상에 얽매여 진부하기만 할 뿐이요 아무런 볼 만한 창견을 드러내지 못하였다. 당시의 학자와 사상가는 다 당시에 대 세력을 차지한 로마 가톨릭교를 위하여 변호하며 설명하기에 열심이었다. 그리하여 중세 사람들은 그 정신이 구습과 종교에 침윤하여 그것을 떠나서 자기네의 이성으로 사물을 사고하지 못하였다. 간혹 관습과 종교를 떠나 자유롭게 사색하며 연구하는 자가 있으면, 교회는 이를 역적으로 보았다. 이로 인해 문물은 계발하지 못하고 암흑하고 적막한 시대를 이루었다. 이때를 당하여 소위 문예부흥 운동이 일어나 암흑하던 중세기를 파하고 신세기를 진로를 열어 인성(人性)을 중세의 냉혹한 감옥에서 구출하였다. 또 얼마 있지 않아 종교개혁운동이 일어나 만인의 정신이 개방되고 사상의 자유가 생겼다. 이미 정신의 개방과 사상의 자유를 얻었으므로 사람들이 다 자기의 이성의 광명에 의거하여 사색하게 되었다. 이때에 있어서 철학도 중세기의 속박을 벗어나 자유로운 신체계가 출현하지 아니하지 못할 것이라. 문예부흥과 종교개혁이 공급하는 여러 재료를 이

12) 覺泉, 「近代 哲學의 先導者 데카르트」(『青春』 제13호, 新文館, 1918년 4월).

용하여 근세적 깨달음 위에서 신철학의 체계를 건설하려는 선봉이 곧 르네 데카르트이다.

데카르트는 1596년에 프랑스 투렌의 명문 가정에서 태어났다. 모친으로부터 폐질환의 유전을 받아 어릴 때부터 신체가 섬약하였다. 그래서 집안사람들은 데카르트에게 여덟 살까지 아무 일도 시키지 아니하였다. 그러나 그는 어릴 때부터 호기심과 연구열이 겉으로 드러나 그 부친이 그를 소철학자라 별명을 지었다. 8살에 학교에 들어가 시, 수사학, 역사 등의 학문을 열심히 공부하였다. 그러나 그는 이러한 학문은 확실한 지식이 아님을 알고 명료하고 정확한 지식을 어떻게 하면 얻을 것인가에 대해 밤낮으로 노심초사하였다. 이로 인해 그가 수학에서 다소 만족을 얻었다. 그러나 이러한 수학으로만은 자연과 인생의 문제를 능준히 명료하게 해결하지 못할 것이다. 그럼으로 그는 그 후에도 늘 자연과 인생에 관한 확실한 지식을 얻기 위하여 한결같이 고뇌할 수밖에 없었다. 전쟁이 일어나 지원병 사관이 되어 참전하였으니, 이는 환경의 변화를 추구한 듯하다.

전쟁 중에도 휴전할 때를 이용하여 철리의 묵상을 계속하였다. 그 후에도 다시 다른 전쟁에 참가하여 다뉴브 강변 노이부르크의 야전 병영에 주둔하면서 겨울을 보낸 적이 있었다. 실로 이 야영생활은 그의 생애에 있어서 가장 중요한 특필대서할 일이다. 엄동을 견디기 위하여 난로를 끼고 밤낮으로 명상을 일삼았다. 그리하여 이 명상 중에서 그가 자기 철학의 기초를 얻었다. 그가 고백한 바와 같이, 그의 철학의 근저가 되는 사상은 이 겨울 병영에서 발견한 것이다. 그가 여기에서 문제 해결의 단서를 얻었으므로 그 후로는 머릿속의 번뇌가 매우 풀리었다. 본국 파리로 돌아간 뒤에 사교의 번잡함과 구교의 속박이 자유로운 연구와 한가한 묵상을 허락하지 않는 것을 보고 자유의 땅을 찾아 신교국인 네덜란드로 갔다. 여기에서 그의 철학을 완성하여 혹은 저서로 혹은 언론으로 신철학을 선포하였다. 만년에 이르러 스웨덴 여왕의 초빙을 받아 스웨덴에서 여왕을 위하여 철학을 강의하였는데, 여왕은 열심히 그 강의를 들어 크게 흥미를 느끼고 그를 경애하였다. 타고난 약질이 북방 한기에 상해를 입었는지 1650년 2월에 세상을 떠났다. 이렇게 시종여일하게 연구와 명상으로 54세의 일생을 마쳤다.

데카르트는 처음부터 확실한 지식을 얻기를 갈망하였다. 그럼으로 종래에 확실하다고 믿었던 모든 사물을 다 의심하였다. 우리들이 확실하다고 믿는 것이 혹 허위가 아닐는지도 모른다. 혹은 마귀가 있어서 우리를 기만하고 있는지도 모른다. 그럼으로 그는 모든 사물, 모든 사상에 대하여 그 진부를 의심하였다. 그러나 그는 아무리 의심하고 의심하나 의심하지 못할 것이 있음을 깨달았다. 그것은 다른 것이 아니라 '나[我]'이다. '나'도 혹은 확실히 존재하지 아니하는 것인지도 모른다. 그러나 나가 어떤 사물을 의심하는 것은 사실이다. 의심하는 바의 사물은 참으로 존재하는 것이 아닌지 모른다. 그러나 의심하는 작용은 존재한다. 의심의 작용이 있으면 의심하는 주체가 없지 못할 것이다. 곧 의심하는 '나'가 존재함이다. 여기에서 그의 유명한 말 "나 - 생각하는 고로 나 - 존재한다"가 성립한다. 이와 같이 그는 진리의 표준을 명료한 자의식에서 구하려 하였다. 이것이 곧 그의 철학이 종래 전해져 내려오는 관습과 고투를 벗어나서 이성의 광명으로 진리를 연구하려 함이다. 이점에 있어 그의 철학이 근세에 계발되어 온 자각, 자의식에 근거함을 알겠고, 또 따라서 근세 신철학의 선봉임을 볼 수 있다.

찾아보기

(ㄱ)

(ㄴ)

(ㄷ)

(ㄹ)